写作范例指南

邹佩写作课

百篇报刊文精选

邹佩◎主编

山西出版传媒集团 北岳文艺出版社
·太原·

图书在版编目（CIP）数据
写作范例指南 / 邹佩主编. -- 太原 : 北岳文艺出版社, 2025. 3. -- ISBN 978-7-5378-7077-1
Ⅰ. H15-62
中国国家版本馆 CIP 数据核字第 2025GW6811 号

写作范例指南
XIEZUO FANLI ZHINAN

邹佩 / 主编

//

出品人
董利斌

选题策划
李向丽

责任编辑
汪恒江

助理编辑
崔润宇

封面设计
朱妮雅

印装监制
郭　勇

出版发行：山西出版传媒集团 · 北岳文艺出版社
地址：山西省太原市并州南路 57 号
邮编：030012
电话：0351-5628696（发行部）　0351-5628688（总编室）
传真：0351-5628680
经销商：新华书店
印刷装订：武汉鑫佳捷印务有限公司

成品尺寸：145 mm × 210 mm
字　　数：290 千
印　　张：11.125
版　　次：2025 年 3 月第 1 版
印　　次：2025 年 3 月湖北第 1 次印刷
书　　号：ISBN 978-7-5378-7077-1
定　　价：78.00 元

编委会

Preface

序　言

文道精神

郭瑞丰

教育的目的不是成功，而是成为自己，真正的自己。

教育伴随着整个人类史，而历史上惊天动地的辉煌篇章，往往由彪炳史册的文人士大夫们谱写。

五年前，我曾在邹佩著作《明天更好》序言里提出“文学从来都由少数精英统治，不同时代造就不同的意见领袖，抑或不同的意见领袖缔造不同的时代。但不同时代的意见领袖在文化品质上却有着相同之处，即对人类存在的上层建筑起着精神化的昭示作用。虽然意见领袖鹊巢鸠占，文学的呈现方式已然从少数精英统治变为大众娱乐，但这娱乐的文化属性仅限于社会生存层面，而在与人类存在的精神层面之间，仍有着文化本质的差异。因而，鹊仍是鹊，鸠还是鸠。娱乐只是娱乐……”

五年转瞬即逝，邹佩在文学创作过程中，始终用“文以载道”的精神和毅力，去触碰古今中外先贤们的灵魂，她沿着圣人的脉络，试图寻求“理想教育”的真谛。邹佩不断学习，深刻总结复盘，果断架起炉灶，开设以自己名字命名的写作课——邹佩写作课。几年来，从全国乃至海外，招募到数千名热爱读书及写作的学员，耳提面命、诲人不倦，大有薪火相传的意味。

在这数千名学员里，有些学员是在高中阶段受到老师或家长的干预，为更易考取大学和就业，被迫选择理科，而放弃了最喜欢的文科；有些学员天资聪颖，却因家境变故，遗憾辍学……不论他们何种学历、何等水平，工作是否称心，人生是否如意，他们都有一个共同点——心中对文学向往的那团火尚未熄灭，不断提升自己，发表出书的梦想依旧在。为助力学员实现他们少年时曾偷偷许下的愿望，邹佩带领学员循着文人士大夫的精神气息，沿着先贤圣人的踪迹，拆解千古歌咏的经典文章，分享传授自己写作十六年来的经验教训，聆听血脉里的回响，感悟代代相传的生命呼吸与力量。在提升写作技巧的同时，为自己增添一抹知识分子的人文底色，成为具备良好品格、独立人格、自由思想且“腹有诗书气自华”的独立的人。

这是邹佩践行“文道精神”的一次勇敢尝试。

在这部著作中，收录了邹佩全国各地部分学员一百五十余篇报刊文作品，涵盖写人记事、写景抒情、历史文化、文学评论等，分为“爱的供养”“山海寄情”“人间有味”“向着美好”“人生风景”五辑，所录作品，已然在省市级乃至国家级报刊公开发表过，文字严谨优美，情感真诚饱满，不禁引人共鸣。

在文学倾向上，有表现人间冷暖的儿女情长，有洞察人性真善美的有感而发，有剖析名篇大作的真知灼见，百花齐放，独具风格。

在精神气质中，我们可以看到浓郁的家国情怀，拳拳赤子怀恋养育自己的故土，热爱故土壮丽山河的一草一木，讴歌一起生活过的劳动人民；我们可以看到修身洁行，积极入世、坚持真理的进取精神与坦然出世、淡泊明志的无畏心境；我们可以看到大胆追求美好未来的精神，好像触摸到伟大灵魂，那高远理想的灯火总是把人引向美好的未来。

读这些文字，行进中的我们可以沐浴“云山苍苍，江水泱泱”

的先生之风，失意中的我们可以高吟“回首向来萧瑟处，归去，也无风雨也无晴”后的快哉释怀，我们还可以从“长太息以掩涕兮，哀民生之多艰”的屈原高贵灵魂上汲取丰富的精神营养。

邹佩敢于捍卫骨子里对母语最深沉的爱，在有限时空中，寻求生命的价值；敢于在乱象丛生的文艺界站出来，振臂一呼，放声呐喊；敢于做“文道精神”的衣钵传人，以自己的认知和良心，用实践来承担道义和社会责任。

这本凝结着邹佩和她的学员心血与智慧的作品，属于她们，更属于中文世界。

（郭瑞丰，《人民日报》海外网能源频道原总编辑，著有长篇网络小说《长安宴》）

Contents

目　录

第一辑　爱的供养

第二辑　山海寄情

第三辑　人间有味

第四辑　向着美好

第五辑　人生风景

附　录

后　记

第一辑

爱的供养

姥姥只是万千乡村老人的一个缩影

他们恋着小院

守着小院

在日复一日的辛勤劳动中

给儿女以爱的供养

父亲像座温暖的山

肖 波

我的父亲，生于农村，长于山野，他的人生就像一部丰富多彩的长篇小说，每个章节都充满了动人的情节和丰富的情感。当我试图描绘我的父亲时，心中总是充满了敬仰。他在我眼中，就像一座温暖的山，既是我人生的导师，也是我生活的榜样。

父亲七岁上学，十岁就握起了农具，一边学习一边与大地开始了亲密接触。也许是灵智开得早，父亲打小就懂事顾家。高二那年，因为家里条件困难，父亲不愿继续读书，为了多挣些工分，就跟着一位太爷爷学着做起“赤脚医生”。

那个时代，资源匮乏，医疗条件艰苦，做“赤脚医生”亦农亦医，更是辛苦。父亲平时要做农活，参加集体劳动，遇到乡亲有个病痛时，他就跟着太爷爷去行医。那段时光，父亲学到了很多药理知识，也经常跟着太爷爷上山采药，认识了很多中药材。除了常见的蒲公英、茅根、枸杞子、桑葚，还有车前草、半边莲、猫爪草、大黄、皂角刺、七红花、半夏……这些草药有些长在水边，有些藏于石缝，有些混迹在杂草之中，要足够细心才能寻得。

这段经历成了父亲的医学启蒙，尽管生活艰辛，但他从不抱怨，反而把这些辛苦视为成长的动力。后来，太爷爷去世，父亲便独自行医，他经常背着草药篓，穿过麦田，走进乡亲的家，用满是泥土气息的双手，为病人解除病痛。他的笑容总是那么温暖，像是烈日下的一缕清风，为人们带去希望。

由于卫生条件差，乡亲又普遍有户外纳凉和露宿的习惯，20世纪 80 年代初，家乡流行起丝虫病。这种寄生虫病早期无任何症状，潜伏期长达十个月，而一旦发病，便会出现淋巴结炎症。为了把病症消灭在潜伏期，父亲积极响应政府的防治指令，经常在夜里出门，为十里八乡的人们扎耳垂、取血样，拿回来化验，判断是否有微丝蚴。白天就为疑似病例上门发放药品，讲解预防知识。

那些山间小道、沟渠小桥，父亲不知道走了多少遍，很多时候一天吃不上一顿热乎饭，睡不上一次安稳觉。父亲曾经说过："那些经历就像是在参加战斗，那些吃过的苦让我更加坚韧，让我明白了从医的价值。"在父亲守护的岁月里，家乡没有出现过一例丝虫阻塞期重症，并且达到了基本消灭丝虫病的标准，父亲也因此备受乡亲们的信赖和感激。

1988 年，为了让这条从医之路走得更远，父亲自学考上了省职工医学院，毕业后回到老家的乡卫生院成了一名外科医生。他始终秉持着"赤脚医生"的初心，对待每个病人都如同对待自己的乡亲们一样,以病人的利益为先,用善良和敬业赢得了病人的信任和尊重。

有一次，凌晨时分，卫生院突然送进来一位受创严重的车祸伤者，是非常典型的腿部开放性粉碎性骨折，需要立即手术，但值班医生从没做过这种手术，不敢主刀，便联系了父亲。父亲那时刚刚睡下，一听情况这么严重，连忙嘱咐他们安抚伤者，做好术前准备，并以最快的速度赶了过去。为了让伤者尽快脱离危险，父亲来不及休息，就立即开始救治。整台手术用时四个多小时，父亲尽管疲累，却始终全神贯注，连最后的缝合都要一丝不苟地亲自完成。直到做完所有工作，父亲紧绷的神经才松了下来，连口罩和手套都没来得及摘下，便虚脱地一下子坐到地上。后来这位伤者痊愈出院，还特意给父亲送来了一面写着"仁心仁术，德医双馨"的锦旗。

从医四十余年，父亲消灭了无数的病痛，拯救了无数的生命，温暖了无数的心灵，他的医术和人格魅力使他赢得了广泛的认可与尊重，没有任何一次医闹事件发生在他身上。

父亲总是告诫我：“人生的价值在于能做什么，而不是得到什么。我们必须脚踏实地，诚实守信，尽自己的责任。”这些原则成了我成长的指南，让我学会了怎样去爱，怎样去付出，怎样去承担责任。而今，父亲已年近花甲，脸庞被岁月刻画成一幅复杂的地图，每一道皱纹都充满了故事；他的身影如同一座温暖的山，永远屹立在我生命的路上，为我指引方向。

而我，也将带着父亲的期望、教诲和爱意，坚定信念，继续前行。

（发表于《春城晚报》2024 年 3 月 15 日第 14 版）

父亲的鼾声

史金焕

“呼噜呼噜”，睡觉从不打鼾的爱人今晚居然打起了鼾，这突如其来的鼾声打破了夜的宁静，让我不由自主地想起了我的父亲。

记忆里的幼年，父亲在家的时光格外少，他总是带着打铁器的工具外出找活儿做。经常一去便一年半载，母亲一个人在家操劳着一切。

临近春节的时候，父亲才带着行李回到家。他会把在外锻打农具、厨具的辛苦钱交给母亲，也不忘带回一些糖果。我和弟弟边咀嚼着糖果，边跟在父亲身后问东问西，他也乐此不疲地回答着。父亲的归来，让我们的春节变得幸福而圆满。父亲多才多艺，会写毛笔字、拉二胡、吹笛子，还会给我们做灯笼。

每逢春节，我们姐弟几个，分工明确。姐姐帮妈妈做饭，我和弟弟打扫卫生。父亲则买了红纸，细心裁剪，然后挥毫泼墨，一副副春联便会在他手里出现：大门、东屋、西间、厨房的一应俱全。在“天增岁月人增寿，春满乾坤福满门”的春联里，拉开了新年的序幕。

春节是我最喜欢的节日，可以不用上学，提前把寒假作业写完，在接下来的日子里，可以随意玩耍。看电视、踢毽子、下棋，这些都玩腻了，便叫上弟弟将正在埋头看书的父亲拉起来，央求他给我们做灯笼（那个年代带电池的灯笼还没有普及）。

父亲便找出来一些竹篾，把它们裁成一根根极细的竹条，用手编成长方形镂空的竹片子，再首尾相接，便成了一个椭圆的灯罩，用透明的塑料薄膜给灯罩穿上“外衣”。找块木板削成圆形做灯笼的底座，在底座上钻两个小孔，用铁丝穿过做提手，将灯罩安放上去。父亲又拿出花花绿绿的彩纸，用剪刀剪出一朵朵花儿、一片片叶儿，再粘上黄色的花蕊，然后把它们一样样地装饰在灯笼上。父亲还会剪一些像禾穗一样的流苏，固定在灯座下做穗子，一盏精巧的灯笼就这样诞生了。

于是在元宵节的晚上，我和弟弟得意扬扬地提着灯笼东村走西街逛，在流光溢彩的烛光里，收获了许多小伙伴的青睐和赞美，也照亮温暖了我们的童年。多年后每逢忆起，心里仍是对父亲满满的崇拜和叹服！

“呼噜呼噜”，爱人鼾声依旧，我的思绪又回到了中学时代。一天晚上，我做噩梦了，当我从梦中哭醒时，首先传入耳中的是父亲的鼾声，让我一下子清醒许多，意识到刚才的是梦境。而父亲的鼾声才是现实生活啊！那一刻我觉得他的鼾声很有节奏，时而舒缓，时而强烈；时而高亢，时而低沉。是温柔和深沉的柔和，是一种美妙的乐章。有了那熟悉的鼾声，我的心里一下子充满了安全感，很快又进入了梦乡。

恍惚间，我又回到了幼年时光。父亲依然睡在隔壁房间，那熟悉的鼾声，将我带回那遥远甜蜜、纯真无邪的童年岁月……

（发表于《石狮日报》2024 年 7 月 19 日第 7 版）

那些笨拙的父爱

徐　静

傍晚，父亲发来消息：“今晚有雨，记得把电瓶车移到车棚里。”不由得心头一暖。中国式父爱是需要子女用心去感受、去阅读的，最近，我愈发感受到父亲对我笨拙而温柔的爱。

那天，吃早餐时，我习惯性地打开微信，突然发现上面一下多了好多点赞，不免好奇。再定睛一看，原来是父亲所为，又不禁纳闷，父亲什么时候学会使用微信了？

午休时，我给父亲打电话：“爸，您什么时候学会使用微信，还给我点那么多的赞呢？”电话那头传来父亲爽朗的笑声：“哈哈哈，昨晚让你弟教我的，刚学会！”随即又说：“你妈说你最近在微信上发了好多条状态，所以，我就让你弟帮我也弄了一个，看看你都发了啥。其实，我就是闲来无事、消遣时间呢！”父亲在电话那头认真地给我解释。

有一阵，我咳嗽老不好，某天晚上睡觉前，我在朋友圈里发了一句牢骚：“肺都快咳出来了……”然后，我就睡着了。

未曾想，半夜却被父亲的敲门声惊醒。父亲满头大汗地冲进屋，问我怎么不回信息、不接电话。原来，父亲看见我发的朋友圈之后，发信息询问我病情，没等到回复，又给我打了电话，结果我一直没有接。父亲不放心，便在夜色中匆匆赶到我的住处，还带了食材来熬制我最喜欢喝的冰糖雪梨汁。

看着眼前的雪梨汁，望着手机上 20 多条未读信息和 30 多个未接电话，我扭过脸，压抑着愧疚的心情，尽量不去看父亲。父亲好像洞察到了我的情绪，连忙说："我就是晚上睡不着，过来看看你咳嗽好点没，出门时，你妈说让我带几个梨给你熬点梨汤喝，可以润肺。"我的泪水像决堤的洪水一样汹涌而来。在那一瞬间，我突然领悟到父爱的深沉与厚重。

从我牙牙学语、蹒跚学步，到临池学书、长大成人，父亲含辛茹苦……少年不懂父爱深，现在，我渐渐读懂了父亲的心。他为子女操劳了大半辈子，一旦闲下来，不再为儿女操劳了，就觉得自己没用了……于是，我也决定寻找"各种借口"去爱父亲，让父亲时刻认为自己是重要的，是被需要的。

"我发了朋友圈，您快给我评论一下。""微信上传了您外孙女跳舞的视频，需要转发、拉票、集赞……"对于我提出的这些"要求"，父亲总是乐呵呵地答应，当然，父亲的完成质量也一定是最高标准的，有他帮忙拉票，外孙女如愿获得了比赛一等奖。每当这时，父亲脸上总是洋溢着一种自身价值得以实现的喜悦。

这就是父爱。这种笨拙而温柔的父爱，是无形的动力和支撑，是不求回报的付出与陪伴，让我每每想起来，想笑又想哭……

（发表于《教育导报》2024 年 6 月 13 日第 3 版）

自行车后座的拥抱

盛旭雯

父亲在院子里小心翼翼地练习骑电动车。年过古稀，父亲终于把交通工具从自行车升级为电动车。母亲看着父亲局促的背影，笑着打趣：“别看他骑了这么多年自行车，不仅不会带人，连骑电动车还不能上手就会。”我不禁诧异：明明小学三年级前，每天都是由父亲用一辆看上去和他差不多年龄的老自行车带着我上下学。

记忆中，每天早上我都会跨坐在自行车后座上，两只手合抱父亲的腰，伏在父亲的背上眯着眼睛续上未醒的梦。傍晚，我又跳上后座，两手拽着工作服，摇头晃脑地和父亲描述当日学校里发生的事，被自行车吱吱呀呀地载进落日熔金的黄昏里。

父亲话不多，任我趴着打瞌睡或是叽叽喳喳，却时不时地伸手拍拍我的背。当时的我不明白父亲为什么要伸手来拍我，直到后来，我成为母亲，问题的答案才渐渐清晰起来。

要是碰上雨天，我就躲在宽大的红雨衣里。雨衣下的狭小空间里，安静得只能听见雨滴打在雨衣上的噼啪声和自己的呼吸声，父亲后背的温度贴着脸颊传来，雨衣笼罩的世界干燥且温暖。当我下车时，才看清雨水在父亲的脸上像蜿蜒的小溪，从眉毛、眼角、脸颊一直流到下巴，膝盖以下的裤子也被身边行驶而过的汽车溅起的泥点画得斑驳，父亲却不在意地摆摆手催我买了饭快进教室。撑着雨伞回望，在氤氲的水汽中。红色雨衣越来越小，我心上的水汽却怎么也散不去。

一天放学后，我和往常一样把一天的事抖搂给父亲听。说到班上新换了一位年轻女老师，上课声音有些小，我坐在后排听得吃力。父亲当时并未说什么，到了周六却早早地拉我起床。我站在床上穿衣服时，突然看到楼下自行车把手被挂着的三袋水果扯得歪向一侧。不知父亲从哪里打听到了新老师的住址，在上班前骑了半小时的车赶了过去，送上水果请老师尽量关照一下坐在后排的我。回家路上，自行车在村口粗粝不平的石子路上打滑，我们"哗啦啦"一齐摔倒。想起父亲在老师面前小心翼翼的样子、早起的困意、陌生的环境、连人带车摔倒的窘境、手掌破皮的疼痛，我的委屈排山倒海一般，化成眼泪夺眶而出。父亲起身抱起我，用大手掌根抹去我的眼泪，柔声安慰我一切都没事了。待我止住哭泣，父亲扶起了自行车，弯腰用大拇指和食指捏了捏轮胎，把我放在自行车后座，又掸掸裤腿，上车送我回家。如今，我早已忘记了新老师的模样，也不记得她家在何处，只记得那天我在自行车后座把父亲抱得格外紧。

上了初中，依然是父亲用他的自行车载着我往返于家和校车上车点之间。父亲像一个摆渡人，用他的自行车将我渡到每一个我想去的渡口，尽职尽责，无怨无悔。只是我不再从背后抱着他，把脸贴在他的背上摩挲了。

不知何时，巨大的年龄鸿沟让父亲对我尤为慈爱，却也让父女间的亲昵隔了一道屏障，自行车后座的拥抱算是为数不多的自然亲密。有首名为《单车》的歌，其中唱道："任世间再冷酷，想起这单车，还有幸福可借……怀念单车给你我，唯一有过的拥抱。难离难舍想抱紧些，茫茫人生好像荒野，如孩儿能伏于爸爸的肩膀。"

在我思绪万千时，父亲骑着电动车歪歪扭扭地朝我们驶来，我转过头对身边的母亲说："爸爸会带人呀，稳稳当当的！"

（发表于《山西晚报》2024 年 6 月 12 日第 14 版）

父亲的麦子

孙 伟

六月，仿佛一眨眼的时间，麦子就铺天盖地地黄了。在阳光的照射下，田野里的麦田像着了火，一路摧枯拉朽地燃烧开去，一直燃到了天边。镰刀磨起来，木耙木锨拿出来，一卷一卷的麻袋掏了出来……麦场上的父亲，神情里有了些期盼，也有了些紧张。

一春的风调雨顺，麦秆子齐刷刷的，麦穗沉甸甸的，麦芒子在风里抖动着，扎得人心里都痒痒。属于麦子的季节，只剩下短短的几天了。这几天，一点儿风吹草动，一点儿乌云都让人心惊胆战。要等那饱满的散发着香味的麦粒入了仓进了囤，父亲的心才会踏实下来。

父亲走在田垄里，他的身边荡漾着齐腰深的麦浪。麦秆和麦叶已经枯黄了，一阵风吹过，麦穗互相摩擦着，发出窸窸窣窣的声响。这声响让父亲的心变得喜悦起来。他清楚地知道，这是一片好麦子。今年雨水好，天气也好，气温恒定，麦粒长得实诚，有分量。“一片好麦田，十年无饥荒。”父亲自言自语地说。

父亲的目光，柔和地抚摸着每一丛麦子。这目光是如此欣喜、如此信任。仿佛每一丛麦子都是高高扬起的手臂，托着一捧捧巨大的希望。

布谷鸟的叫声此起彼伏，回响在田野上空和树林、河畔。诗人眼里的布谷鸟和父亲眼里的布谷鸟，是完全不同的。只有乡村的农人，才知道布谷鸟叫声的含义，那是催促土地的主人——“芒种”就是“忙种”。快收快种吧！一年的指望，就在这个时节呢！

父亲脚步轻快地走下河堤，芙蓉河在这里拐了一个弯，河水哗哗地拍打着河岸。河边的缓坡上，一块参差不齐的麦地突然映入了眼帘，父亲不禁皱起了眉头。这块麦地，是本家的一个堂侄的地，他中学都还未毕业，就因为打架斗殴辍学了。父母为了却心事，早早给他娶了媳妇成了家，结果他却天天跟一群不三不四的人混在一起，没几年，媳妇跟他离了婚，孩子也给带走了。爹娘气得跟闺女住了。他孤家寡人更乐得清闲，索性天天不着家，把田地都撂荒了。

父亲惋惜地看着这块麦地。多好的一块地，离村子又近，灌溉又方便。如果别人来种，怎么会长成这个样子呢？看那麦垄，歪七扭八，麦穗都瘪瘪的。无人看管，有人抄近路从麦田里穿过，好几行麦子都踩扁了。父亲心疼地扶起一丛麦子，麦穗没有几颗麦粒。父亲叹口气，快步走过麦地，走着走着，心里就有了主意。

饭桌上，父亲跟母亲商量着，河边那块地，如果堂侄子不种的话，他就租过来。“人已经废了，地不能继续糟蹋下去。”他说。

“中，你看着办。”母亲一直是听父亲的。

“一块好地，种好了得一千多斤麦子呢！”父亲说。

打麦的机器早就定好了。麦场也清理干净了。各种晒麦、扬麦、装麦子的工具早就准备好了。一场迎接丰收的战役就要开始了！父亲有把握打一场必胜的战役！

到了晌午，父亲躺在土炕上美美地睡着了。他听见太阳风风火火地从头顶走过的声音，他听见熟透了的麦粒发出“毕毕剥剥”的轻响，他听见打麦场上机器的轰鸣和人声的欢笑，他看见田野里金黄的麦浪不见了，取而代之的是一片玉米、一片高粱……

父亲梦见，他用双手捧起了那金灿灿的太阳……

（发表于《朝阳日报》2024 年 6 月 5 日第 4 版）

麦 香

孔芬芬

每个人的父爱都不相同，有的父爱如山，有的父爱无言，而我的父亲是个地地道道的农民，他能给我的爱，都藏在了田间地头，藏在了他种出的麦子里。

儿时，麦子熟时，空气中都洋溢着一股浓浓馥郁的麦香，清新绵长。父亲不等天亮，只扒拉两口饭就着急忙慌地出去，直到很晚才会拖着疲惫的双腿迈进家门，我便请求帮忙去收麦子，父亲答应了。燥热的阳光直射大地，刚到地头，豆大的汗珠便顺着脸颊流下来，我手足无措地站在那里。父亲轻轻将我拽到身边，把他戴着的遮阳帽扣在我头上，躬身走进了金黄色的麦地，左手搂一把固定住，右手握着镰刀，在这利索的手起刀落间，随着清脆的“嚓嚓”声，麦子秸秆下面的部分和埋在土里的根部分开了。

父亲耐心地说：“你来试试看，别怕，有爸教你。”便把镰刀递给我，点头示意我尝试着做。虽然我抓不了几棵麦穗，动作也略显笨拙，父亲却始终在我身后，不厌其烦地给予指导和鼓励。

高考结束后，我仅被第二志愿专科学校录取，只能躲进被子啜泣。下午，父亲让我帮他推车，那辆两个轮子的木质排车上面，整齐地码放了十几袋麦子。父亲熟练地把车前的带子套在肩上，身子前倾，双腿一前一后，使劲蹬地。

在隔壁村的粮所，父亲手里拿着一整车麦子换来的钱，脸上带着掩不住的笑意，他一脸轻松地跟我说：“只管去读书，钱的事有爸呢。”我莫名红了眼眶。粒粒麦子堆积起来，像山一样。是啊，有了父亲的托举，我才能安心地飞向更高的地方。

虽然流连于父亲的呵护，但人总要学着长大。工作后事业并不一帆风顺，有次遇到瓶颈，我回家住了段时间。返程前夕，父亲说要给我带点东西，只见他拿出大铁盆，装好清水，舀出新收的麦子，倒进水里。麦粒较重，便会沉到盆底，而混杂其中的小麦皮，稀稀疏疏地漂在水面上；而后，父亲又用竹条编的笊篱，将不能食用的部分一一撇出，不厌其烦地清洗了三四遍；最后，晾晒至小麦干燥，磨成面粉。

父亲把面粉递给我，说道："麦子需要一遍遍清洗，才能磨成面粉，人也只有经历失败才有机会成功，再不济，回来爸养你。"拎着这袋面粉，我感受到了父亲沉甸甸的爱。那一瞬，我忽然便有了迎难而上的勇气。

如今，每当我孤独彷徨时，总能感觉到父亲就站在我的身旁，萦绕在他身上的那抹麦香，恰似父亲宽厚而又温暖的手掌，指引着我人生的方向，给我无惧风雨、勇往直前的力量……

（发表于《南方工报》2024 年 6 月 14 日第 8 版）

母亲的歌声

罗民燕

母亲的歌声，像是一枝毫不起眼的野菊花，在故乡广阔的大地上盎然盛放。每次回乡，还没进家门，母亲的歌声便先传入耳中，如婉转灵动的小溪奔了过来，闪耀着灿灿金光。

我的心为之一暖，儿时的记忆便突然打开了闸门——母亲时常在田间地头劳作，或是割草，或是插秧，满地的野菊花就在她身边盛放，黄灿灿的，鲜艳明亮。每逢这时，母亲便会一边忙碌，一边唱歌。她对着野菊花唱，对着青青小草唱，对着手里的镰刀唱，对着身旁的背篓唱……她的歌声时而如裂帛，石破天惊；时而如一泓清泉，清清冽冽，连绵不绝。那优美的旋律回荡在空中，徘徊半晌，又跌落田间，躲进花草间，藏进泥土里。

打记事起，我就很少见到母亲脸上有愁苦，尽管岁月在她脸上犁出了些深深浅浅的沟壑，里面却依然洋溢着从容与淡定。几十年的时光，她总是这么乐呵呵的，怎能让人不喜欢？怎能让人不亲近？

母亲与父亲的缘分，也是因为她的歌声。他们同在一个村庄长大，母亲从小就喜欢唱歌。一次，母亲一边采茶，一边唱《茶山情歌》，空灵的歌声，飞入了父亲小鹿乱蹦的心。于是，父亲便鼓起勇气，去母亲娘家提了亲。

在婚后的时光里，母亲依旧保持着对唱歌的热爱，而父亲，也享受其中，若是哪天听不见母亲的歌声，便浑身不自在，总觉得缺少了点什么。前些年，父亲患肺癌。起初，一家人都无法接受这个残酷的现实。那段时间，家庭的氛围很是沉重，谁也不敢大声说话，每个人都在尽量掩饰心中的哀伤，生怕一不小心哪句话说错了，悲伤的河流就会扑面而来。然而，我们都不是专业的演员，拙劣的演技，红肿的眼睛，无一不展示着我们的无力……

一个月后的清晨，厨房里，母亲又亮开了久违的嗓子，唱了起来。她的歌声像长了一双翅膀，顺着炊烟，爬上房顶，越过田野，越过溪谷，飞进群山之中去了。她的歌声，也将睡梦中的我们唤醒。清晨的阳光慵懒地铺在窗台上，暖暖的，茸茸的，我的心“嘭”的一声，热泪涌满双眼。一种生命的力量，蓦然注入心间……

我翻身起床，挽着父亲和母亲，沐浴在柔和的朝阳里，我们一同在山野间漫步，黄灿灿的野菊花铺了一地。母亲哼着小曲，像无数个曾经的时光一样，她的脸上又恢复了风轻云淡的模样，而我的父亲，也在母亲的歌声中，终于露出了笑容。

是啊，当我们摆脱不了疾病，不妨退一步，去接受它，去面对它，去战胜它。

我也相信，只要母亲的歌声还在，我们的心里，就又会流淌出那种叫作坚韧的力量……

（发表于《北海日报》2024 年 5 月 20 日第 7 版）

（发表于《通州日报》2024 年 5 月 16 日 A3 版）

（发表于《邳州市报》2024 年 5 月 15 日第 4 版）

甜蜜的母爱

马晓琼

在童年记忆的柔和光影中，母亲的爱如同甘露般滋润着我幼小的心灵。她教我唱的歌曲里，有那么一句歌词，仿佛是温暖的阳光穿透了时光的缝隙：“妈妈的爱，是那甜蜜的爱。”这句话，恰似一朵盛开的花朵，温柔地拥抱着母爱无尽的温暖与甘甜，这是对母亲无尽柔情的贴切赞颂。

妈妈出生在1959年，在家里排行老大。作为长女，她早早地承担起照顾两个弟弟和一个妹妹的责任。在我们温馨的大家族里，她是那根坚强而温暖的纽带，将每一颗心紧紧相连。尽管妈妈未曾有机会接触文字的世界，但她以自己的智慧和毅力，成了我们这个大家庭中的当家人。她如同明灯指引着家族的航向，让每个家庭成员无论大小事宜都感受到了她的爱与支持。她是我们心中的英雄，用行动书写着自己的传奇。

小时候，妈妈十分重视的就是我们的教育。上小学时，每年六一儿童节、春节，妈妈必定会带着我们去一趟昆明。我生活的小县城在当时还是个很落后的地方，想要去一趟昆明，基本上要坐三天的车。有一年春节，妈妈带我们去书店，买了一套三百多块的百科全书，整个新华书店就一套，那时的三百块钱相当于在财政局上班的舅舅半个月的工资。

初中的时候，县城里开了一家书店，叫“鸿鹄书店”，妈妈迫不及待地把我和弟弟妹妹们叫过去买书，满地都是邮寄的包裹，店员甚至还没来得及把书放在书架上售卖。

我读初一的暑假，妈妈把我送到县城里仅有的一家复印店去学电脑，我学会了使用五笔输入法、文档排版和装订。妈妈说，将来这个社会肯定是要学电脑的，她身上这种具有远见性的眼光和胸襟也是我最佩服的地方：高三寒暑假她叫我去旅行社当导游，大二时她叫我去学开车，大学毕业的时候叫我出国读书；让贪玩的妹妹学美术学设计……

妈妈说人要多见世面，要多出去走走。她带着我们去很多地方旅行，火车、飞机和轮船我们很早就体验过。去北京旅游的时候，她在广场上留影，说能来看看北京的“金太阳”，她也算是实现了儿时的愿望。在那个特殊的年代里，妈妈是县里砖机厂的小能手，原本被选上可以去北京培训，回乡以后还有可能留在昆明当工人，但是由于妈妈不识字，加上外公的反对，最终未能如愿。

妈妈心里一直对北京有着执念。她常说，就是因为她儿时没有读过书，所以她竭尽全力让我们兄弟姐妹三个读书，了却自己的遗憾。现在，妈妈每次打电话，都会提醒我让女儿多读书，我理解母亲的遗憾，但我更爱妈妈身上那种永远乐观、无畏的生活态度。

母亲的故事，就像一部生动的史诗，记录着她坚韧不拔的精神和无私的母爱。她的每一个决定、每一次牺牲，都成为我们成长路上的基石。随着时间的流逝，我们渐渐长大，而母亲的教诲和影响却永远镌刻在心。

现在，当我看着自己的女儿，就会想起母亲的话，想起那些温暖的记忆，想起那些书本中的智慧。我会告诉她关于外婆的故事，关于一个伟大的女性，如何用甜蜜的爱和勇气，书写了自己的传奇。

（发表于《广饶大众报》2024 年 5 月 31 日第 4 版）

（发表于《迪庆日报》2024 年 6 月 17 日第 4 版）

家庭理发师

李　珊

母亲虽然没有专门学过理发，但凭借她一贯的耐心细致与勤劳的巧手，成为我们的家庭理发师。

最近天气炎热，一岁多的女儿头发太长，她害怕去理发店，于是母亲提议在家里给女儿理发。女儿坐在小凳子上，我细心地给她围上围裙，奶奶则拿着玩具逗她开心，我则小心翼翼地扶着她的头，但一岁多的女儿并不配合，总是动个不停。

母亲手法熟练，有目标地快速修剪着女儿耳后的头发、刘海以及脖子后面的头发。几分钟后，浓密如黑缎子的西瓜头发型就完成了。看着女儿摇晃着小脑袋，笑眯着眼睛，展示着她那整齐可爱的西瓜发型，我不禁想起了小时候母亲给我理发的场景。

自我记事之初至初中岁月，母亲一直是我的专属发型师。我小心翼翼地举着那面小镜子，随着母亲手中剪刀的灵活舞动而紧张地左右摇摆，生怕那锋利的刀刃在我的秀发上留下不可挽回的痕迹。阳光偶尔洒落在镜面上，再反射到母亲温和的脸庞，她总以微笑回应："你再这样照，我真的要剪残了哦。"于是，我匆忙放下镜子，乖乖地坐定，任由母亲施展她的美发技艺。

随着母亲每一次挥舞剪刀，我的头发逐渐变得利落而精神。我总是催促着向母亲撒娇："好了好了，再剪我明天就没法上学了！"然而，母亲总是很淡定，她以一贯的从容收尾，轻轻扯下围在我脖子上的围裙，就像完成了一件精美的艺术品，胸有成竹地说："好了！看，多利索，多精神！"我迫不及待地拿起镜子，仔细看着新发型。大多数时候，她都能稳定发挥，将我的发型打理得恰到好处。

母亲也会不定期给奶奶和爸爸理发。奶奶每次都对母亲为她修剪的发型感到非常满意。奶奶安详地坐在凳子上，母亲轻轻为她围上围裙。我看着母亲那熟练的手法，左手持梳子仔细比量，右手持剪刀贴着奶奶的脖子，从右至左小心翼翼地移动。随着剪刀的开合，银发随风飘舞，滑落在地。

爸爸的头发难度是最低的，也是用时最短的，母亲用一把电动推子，像用电熨斗一样，从左向右，从下向上走过一遍，理发间隙吐槽爸爸："出门就得整理好头发，干净利索的，多好！"爸爸总是沉默不语，等黑白相间的头发散落一地，爸爸微笑地欣赏着母亲的杰作，似在默认妈妈的吐槽。

给女儿剪完头发后，母亲提议说："今天天气不错，要不我也染染头发吧。"我吃惊地看向母亲："你有白头发了吗？"母亲轻描淡写地回答，她已经多次染发，只是因为近期农忙，没有时间打理。那一刻，我心中涌起了深深的愧疚，我竟然没有注意到无情的岁月留在母亲身上的痕迹。从来没有给母亲染过头发，我努力回想在理发店时理发师的操作，笨拙而小心翼翼地用沾满染发膏的小梳子一缕一缕地梳理着母亲的头发。看着镜子中的母亲，皱纹已爬满了她的眼角和额头，我心中五味杂陈，眼泪在眼里打转。

母亲的头发又变成了熟悉的黑色，她熟练地整理着理发工具，似乎重新找回了年轻时的自信和活力。虽然我知道每个人都会老去，但还是希望岁月能温柔地对待母亲，让妈妈的头发白得慢一点，再慢一点。

母亲，不仅是我们家的家庭理发师，让我们以清新干净的面貌示人，也用她的细心与耐心，成为我们的生活整理家，日复一日地整理着我们琐碎的生活，给我们一个温馨有爱的港湾。

（发表于《金陵晚报》2024 年 5 月 9 日第 14 版）

一缕粽香

王彭波

端午节临近，我不禁想起，那年母亲从医院门口的小摊上给我买粽子的情景。

那是一个中午，我从医院输液室打完点滴出来，身子软塌塌的，走路都有些打晃，抖动得就像风中的草叶，舌头也苦得像黄连一样。快走到医院大门口时，我忽然被一阵香气吸引，香气的来源是一个小小的粽子摊。看到这个摊子后，母亲把我扶到挨着医院大门的石阶旁，她让我坐下来，对我说："你别乱跑，我等一下就回来。"我当时还没来得及问母亲要去做什么，她已经走远了。

我坐在石阶上，把头埋进双臂中，这样的姿势能让我稍微舒服一些。不一会儿，一阵香气流入鼻尖，我抬起头，一个剥开的粽子出现在我眼前。母亲对我说："赶紧吃吧，就当过节了，咱们回家再吃一次，过两次节。"看着冒着热气的糯米，我先咬下尖尖的粽角，刹那间，满口的软糯，浸入我身体的角角落落，让我顿感舒畅，接着吸吮蜜枣的甜，嘴里的苦味瞬间像是穿上了一层糖衣。

不到一分钟的工夫，就只剩下几片粽叶在我手里，而我嘴边沾满黏乎乎的糯米粒。看着我憨憨的样子，母亲一脸微笑，仿佛粽子里包的是她心中的幸福。

如今的粽子品种繁多，我也品尝了不少，但总感觉比不上母亲从路边小摊上买来的那个粽子，它成为我记忆里最深刻的端午节。母亲就犹如那一片片粽叶，寻常无奇，却总能用爱紧紧地把我包裹，她对我，诠释的则是一生的牵绊。

（发表于《石狮日报》2023 年 6 月 19 日第 5 版）

又是一年花草美

苏笑俐

家里不大的院子里，都是母亲从各处寻来的形态颜色各异的花花草草。母亲几乎每天都会把自己埋在小植物园里，格外地忙碌，她要为每一株植物施肥、浇水、修剪，让它们茁壮成长。烈日炎炎，母亲会为花草遮阳，防止它们被晒坏。每次她看到植物园中有枯萎的花，都会暗自神伤一阵，再慢慢地将枯萎的花朵换成新买的花。

可天公不作美，一天，母亲正好外出办事。忽地，下起了大雨，狂风卷着雷声砸向地面，暴雨如万箭涌来，母亲见势，连雨披都没来得及穿，迅速地顶着大风大雨跑回家，将露天院子中的植物一一搬回家中，任由身体被风雨吹打，可还是没来得及挽回损失，大部分花草的叶片夹杂着泥土散落一地，被吹得支离破碎。唯有一盆万年青依然挺立。

那年，我正处于叛逆期，不喜欢母亲事无巨细地询问学校的生活。一次，面对母亲的老一句“学校里发生了什么有趣的事情呀？”我一如往常，用冷漠的口气说出“没什么”三个字将话题终结。失落、担忧的神色挂在母亲脸上。

雨后天晴，母亲背对着我把万年青移出到大盆中，蹲在地上，一串串泪珠滚落到地上，哽咽地说：“一切都会好的！”

后来，母亲到处拜师学艺，才知道养花如养人，需要了解花的秉性，正如养育孩子需要了解他们的需求和特点。没过多久，她的植物园换了新面貌，像是把春天装进了院子，花草各自绽放出了内在的魅力。母亲从书中看到：“青春期孩子反叛的不是其父母，而是反抗父母的权力，以及基于这份权力的言行方式。如果父母从孩子出生起就能更多地依赖非权力的方法来影响孩子，那么，孩子在进入青春期的时候也就没什么可反叛的，也就没有了所谓的叛逆期。”于是，母亲不再大事小事都插手，而是专心摆弄她的花草。当我有需求的时候，她再指导我一二。

说来也奇怪，当母亲放手，不再无微不至地管我，反而我也不再叛逆，青春期就这么悄无声息地过了。

再后来，我结婚生子，在我的孩子呱呱坠地时，母亲将她喜爱的万年青送给我，说寓意万古长青、万事顺意。我也学着她的样子，打理属于自己的植物园。看着院子里碧绿的万年青，我忽地想起那个夏天。原来母亲是在告诉我：生命中的大雨只能我们自己淋，适当放手、鼓励孩子，让孩子能够掌控生活并承担结果。

又是一年花草美，看着盛开的万年青，我仿佛也看到了母亲。母亲的智慧如同她的植物园，在季节流转中不断生长。我继承这份爱与力量，传递给下一代，生命因此延绵不息。

（发表于《云浮日报》2024 年 5 月 26 日第 3 版）

囤的是菜，藏的是情

宛　萱

岁暮天寒，零星的枯叶依然怀着对秋的眷恋，挂在枝头随风摇曳。如果说冬天有颜色，那一定是银白色的。大地被盖上了一层白霜，窗户凝结了一层宛如薄纱般的轻雾，行人的呼吸也在空气中瞬时化成了一抹轻烟。

冬季仿佛让一切事物的节奏慢了下来，年末将至，家家户户开始不紧不慢地筹备着迎新。最具人间烟火气的场所，莫过于热闹喧嚣的菜市场，菜品丰富多样，个个新鲜。商户们小心翼翼地将案板上新鲜的时令蔬菜摆放好，菠菜鲜嫩、萝卜圆润、韭菜油绿……吆喝声高低起伏。顾客只需购买两到三天的食材，避免储存不当而造成浪费，这不由让我想起童年时和妈妈一起冬储白菜的情景。

在我的幼年时期，过冬食材较为单调，白菜最为常见。因为它更易在低温下储存，且是餐桌上百搭的蔬菜，营养丰富。白菜要天不亮去排队登记购买，后续由商户把菜配送到家。

六岁那年，我央求着妈妈带我一起去排队囤菜，妈妈不肯，劝我多睡会儿，一是心疼我，二是怕我在又黑又冷的路上哭闹，反倒成了拖累。我执意不肯，妈妈无奈地答应了。

第二天凌晨，我被妈妈叫醒，美梦被打断，带着些许起床气，半睡半醒地穿着衣服。那一刻我真是有些后悔做出一起去囤菜的决定，简单洗漱后，和妈妈一起匆匆出了门。

冬天凌晨气温更低，夜空宁静漆黑，街边的路灯散发着光晕。路上一个人都没有，我心里害怕极了，下意识地拉紧妈妈的手。每走几步，就会不自觉地回头看，仿佛有个怪兽悄悄地跟在我身后。几颗明亮的星星在空中闪烁，陪伴在我的左右，仿佛在安抚着那些不安的情绪。

大概走了一刻钟，街上的人渐渐多了起来，包子铺的笼屉升起了蒸气，油条摊也烧起了热锅。那时年龄小，我还未能体会到生存的艰辛，只觉得无处不在的烟火气让人觉得安心。

到了储菜市场，队伍已经排到了五米开外，白菜被整齐有序地摆放在货车上。商户一个站在车内将菜投掷，另一个则站在车下接应，两人动作麻利而敏捷，脸上洋溢着热情和希望。

妈妈订购了一百多斤白菜，二十棵左右，完全可以熬过一个冬。当天下午，商户就把菜送到了，把它排放在院内一角。饱满的白菜，青绿的菜叶，飘来阵阵清新气息，放眼望去，它们给这个冬天增添了一丝活力与生机。虽说白菜耐寒性强，但储存方法也颇讲究，平时要定期挨个翻动，让白菜得到均匀而充分地晾晒，还要勤查看白菜的新鲜度，如有烂叶或虫蛀要及时处理，遇到雨雪天气，得提前罩上塑料布。

老话讲："萝卜白菜保平安。"白菜实属冬季物美价廉的绝佳菜品，暖香四溢的白菜丸子汤、热气腾腾的白菜馅饺子，这都是母亲的拿手美味。她盼着家人归，忙前忙后张罗饭菜，只为其乐融融地在一起团聚。如今生活便利，母亲也上了年纪，我依旧很怀念那段往事。感谢她的伟大，为了家庭的付出，也给我的童年留下了难忘而美好的记忆。

年末的冬，既是当下的片尾曲，也是新年的开场白。寒风侵袭，因为有白菜和亲情，又让人的心中多了一份暖意和珍惜。

（发表于《金陵晚报》2023 年 12 月 5 日第 11 版）

陪父母游中山陵

操梅林

毕业后定居南京，闲暇时将父母接来南京小住。南京好玩的地方很多，父母却点名一定要去中山陵逛一逛。从没想到，大事小事总是分歧不断的父亲母亲，在这件事上想法却出奇地一致。

从最近的地铁站到中山陵的大门口有很长一段路程，父亲拒绝搭乘景区内的观光车，执意要一步步走过去。父亲说："多走几步，以后记忆更深刻一些。"我笑父亲有些痴傻，这样用体力劳动换取记忆的方法，是否有些得不偿失？便向母亲投去求助的目光。母亲却说："还是听你爸的吧！"好吧，我原本应该想到这个结局的。

一路上，父亲有些激动，时而围着路边的梧桐树转圈，时而用食指和大拇指丈量树围的大小，颇有些"刘姥姥进大观园"的感觉。我有些错愕，路上的景致虽美，但从小就在山村里摸爬滚打的父母，早已见惯了大树丛生、百草丰茂的景象，不至于见了几株高大的梧桐树，就发出无数的感慨吧？

中山陵的台阶又陡又高，攀爬到一半的时候，母亲有些气喘，父亲也明显有些膝关节不适。我建议点到为止，半山腰已能远眺到远处大部分的景致，没必要一定要爬到最高点，毕竟父亲的膝关节早已退化多年，医生说要避免劳累和爬梯。没想到，一向善解人意的父亲立即变得严肃起来："今天，我和你妈一定要爬到山顶的。"说罢，两个人互相搀扶着继续向上走。

劝说无效，只好作罢。登到最高处时，年迈的父母气喘吁吁，父亲也坐在石阶上揉着膝盖，但二人的欣喜之情却溢于言表。父亲摩挲着中山陵上的石栏，仔细阅读着墙壁上的雕刻字，还向母亲解释着字的意思，虽然只是他自己的理解，但认真的模样堪比导游。

回程的途中，父亲笑着对我说道："我从小就从课本上知道了中山陵，那时就想着这辈子一定要去一趟。后来和你妈结婚后，我们就想着好好养猪，等圈里的猪卖了钱，我们就找时间去南京看中山陵……"父母结婚时家徒四壁，最值钱的就是猪圈里的两头猪。为了能多存钱，别人家养一头，我家养两头，父亲母亲日夜辛苦，只为了早日实现他们心中的这个愿望。我的脑海里浮现出母亲起早贪黑打猪草，父亲熬夜在猪圈清理猪粪的场景。在父母夜以继日的辛苦中，我和姐姐慢慢长大，我们的愿望一个个实现，而他们内心深处那真诚而朴素的愿望却一再搁浅。

父亲娓娓道来，母亲则是安静地听着，像是听昨天的故事。我有些欣慰，也有些愧疚。欣慰的是，阴差阳错间，稀里糊涂地帮父母完成了夙愿。愧疚的是，作为子女，只一味地享受着父母的付出，却从不知他们内心还有这样一个多年未完成的心愿。

母亲帮父亲整理了衣领，父亲替母亲挽了挽鬓边的白发，我们在中山陵的门口郑重地拍了张全家福，父亲一再叮嘱我，一定要将这张照片加洗放大，他要挂在老家的房子里，"几十年的心愿了，有生之年能完成，也算是一种幸运！"

在南京读书三年，去过中山陵无数趟，只有这一次是全程靠脚力游玩的。正如父亲所言，这一趟的记忆尤为深刻。我们这辈人轻轻松松就能到达的地方，不承想却是父辈人做梦都想完成的宏愿。今日，我们不仅用脚步丈量了中山陵的高度，也衡量出中山陵在父母心中的重量。

（发表于《燕赵都市报》2023 年 3 月 10 日第 12 版）

爷爷的长寿秘籍

五　星

爷爷今年九十岁了，是个名副其实的“老寿星”。爷爷“九十大寿”这天，本家的亲戚小辈都来庆贺。看着眼前的鲐背老人依然精神矍铄，身体硬朗，大家不由得纷纷感叹，想讨要一份“长寿秘籍”。

爷爷的长寿，除了天赐福祉外，我想更多的是爷爷自身的修为。爷爷的“长寿秘籍”就藏在爷爷健康的生活、过人的自律、平稳的心态里。

爷爷的个子很矮，不过一米六左右，中等身材。一头白发修剪得干净利落，两条弯弯的长寿眉自然下垂，似倾泻的月光，诉说着九十载的故事与沧桑。脸上的每一条皱纹都藏着人生的智慧，古井般无波的眼眸里蕴含着对生命的感悟。

爷爷每日清晨伴着鸡啼起床，继而来到院子扫地。“刷拉刷拉”的扫地声，是开启新一天的前奏曲。吃过早饭，爷爷会去田间山野溜达一圈。“饭后百步走，活到九十九”是爷爷的人生格言。

儿时的我也会蹦蹦跳跳地跟在爷爷身边，折一枝春日的新桃，采一捧夏日的野花，吹散秋日的蒲公英，团一个冬日的雪球，在山明水秀间锻炼了身体，陶冶了性情。爷爷总会眼眸含笑地望着我，只在有危险的时候提醒一句。此外，从不干涉我做什么，玩什么；即便衣服脏得像泥猴，或是小手被冰得通红。回家后，奶奶少不了一番数落，爷爷也会落个“失职”的罪名。但爷爷依旧眼眸含笑，不争、不辩、不急、不恼。

爷爷喜饮酒，每日晚饭都会温上一小盅醇酿，但是爷爷从未喝过大酒。每当有人劝酒时，无论用恭维法还是激将法，爷爷都淡笑不语。待到对方扯着醉醺醺的大嗓门喊累了的空当，爷爷只摆摆手说一句“过犹不及”，真是一位自律且智慧的老头呢。

“欲长寿，必修长寿之心。”爷爷的长寿秘籍的至高境界便是平稳的心态。《论语》有言“六十而耳顺”，爷爷是真正做到了“不痴不聋，不作家翁”。打我记事起，爷爷的耳朵便是间歇性失聪的状态。一是听力的退化，但更多的是爷爷内心的选择。听自己爱听的，屏除不好听的，忽略不想听的。保持温厚开明的态度，不干预他人的人生，专心于自己的生活。

爷爷这一生，从未与人红过脸，从未发过脾气，甚至连大声呵斥都不曾有过。奶奶在世时，每天都是风风火火、唠唠叨叨，爷爷被念叨烦了,便默默地拿过帽子戴在头上,裹紧外套,上山散步去了。

很多见过爷爷的人都会感慨一句：“这老爷子真有福！”可是爷爷真的有福吗？我十一岁那年，父亲因病去世，当时已古稀的爷爷经历了白发人送黑发人的悲恸与绝望。没过两年，孙子意外离世，更是给全家人致命的打击。奶奶终是没能挺过这接连的重创，一病不起，不久也离开了人世。短短几年，爷爷先后送走了儿子、孙子、老伴，“节哀顺变”这四个字在爷爷的身上是如此苍白无力。

尽管命运如此残酷，爷爷却依然能够在忧伤后调整好心态，整理好状态，接受命运的安排，允许一切的发生，接纳所有的可能。

读书看报，品茶小酌，闲散于山野，坐卧于庭院。从不与人较长短，从不与人辩是非。得之坦然，失之淡然。安之若素平常心，不悲不喜看风云。我想，这便是爷爷的“长寿秘籍”吧。

（发表于《乌海日报》2024 年 4 月 10 日第 6 版）
（发表于《燕赵都市报》2024 年 3 月 29 日第 12 版）

爷爷的时间胶囊里装满爱

张娴睿

我和爷爷之间有个秘密，那就是爷爷有一个“时间胶囊”。那是一个普普通通的抽屉，外表看起来与其他抽屉别无二致，但只有我和爷爷知道其中的奥秘。

我是偶然之间发现它的，有一次，我在爷爷的房间翻找东西，就发现了这个“神奇的”抽屉。里面有很多东西，小相册、通讯录、我得过的奖状……我好奇地拿出那本相册，细细翻看，里面全是家人的照片。有我小时候姑姑抱着我的、爷爷奶奶带我出去玩的和全家福等等。我看得津津有味，全然没发觉爷爷走了过来。

“终于还是被你发现了。”爷爷笑着看我翻看那本相册，坐下细细地给我讲着每张照片的故事。

“这张是你小姑姑结婚时照的，那时你才六岁，就这么调皮了，非得站在窗台上玩游戏，带着一群小孩子，你就像山大王一样。”我顺着爷爷手指的地方看过去，果然是我，站在窗台上，准备往床上跳的照片，身后还跟着两个“小弟”。

“这张是你小时候去老家照的，那时老房子还没拆，我还在家里给你搭了一个秋千，还记得吗？”爷爷指着那张照片对我说。

“记得记得，那秋千是一根大麻绳拴在房梁上搭的，还硌屁股呢。”我清楚地记得那个秋千，后来因为硌屁股，每次爷爷都会给我垫上两条毛巾，虽然无济于事，但爷爷对我的这份关爱让我难忘。

“那这张呢？这是去哪里玩了呀？”我指着一张爷爷在海边的

照片问。

“这张呀，是我去海南的时候照的，大概是零几年吧，那时候你还是个小豆丁呢。”想起往事，爷爷眼中满含爱意。

翻完相册，我又开始翻我从幼儿园一直到小学的奖状。

“爷爷，这些你都保存着呀。”我惊喜地看着这一堆奖状，每一张都能牵出许多回忆。

“当然了，你的所有东西我都帮你保存着呢，就等着你长大了。”爷爷慈祥地笑着，摸了摸我的头，我也笑着。

那天，我和爷爷就这样在那个抽屉旁坐了一下午，我叽叽喳喳地说，胡乱翻着里面的东西，爷爷就这么慈爱地看着我，回答着我幼稚的问题。回忆起往事，我的眼睛又开始湿润起来，好像爷爷去世后，每次想起关于他的事，流泪已经成为我的本能。我长大了，爷爷帮我保存的东西也还在，可是，他却不能亲手把这些东西交给我了。

现在回想起来，那个下午是我和爷爷度过的最美好的时光之一。那个神秘的抽屉，也成了我们回忆的载体，里面不仅装着爷爷的宝贝，也装着爷爷对我深厚的爱。如今爷爷已经离开我们了，但每当我打开那个“时间胶囊”，都会感受到爷爷带给我的那份温暖而又深刻的爱。

（发表于《老年日报》2024 年 7 月 18 日第 4 版）

爷爷的菜园子

孙 伟

瓜藤长了有尺把长，一条绿色的虫儿直往上爬。爬了半天爬累了，吐了根丝，吊在花枝上打起了秋千。

爷爷放下烟袋荷包，挽起袖子，提起水桶笑嘻嘻地说：“大孙女，跟爷爷一起浇园去吧！”

绿树阴浓夏日长呀！知了和伏天儿在树上声声叫，叫得特别卖力刺耳。太阳挂在西边的天空上，散发出万道光芒。风儿躲在树荫下，轻轻摇动那些翠绿的叶子，好生可爱。天上像下了火，太阳下站了一小会儿，我的额头就冒汗了。

爷爷说：“人缺了水会渴，菜缺了水也会口渴。你看，咱家的菜口渴了，菜叶子都耷拉了。”

可不吗！茄子秧垂着叶儿，韭菜叶也瘪了，又细又长的小豆角卷了起来，老南瓜和紫眉豆的花也没精打采的，像瞌睡人的眼，没有一丝儿精气神。

老压井孤单地立在院子的角落里，旁边有一棵耷拉着叶子的指甲花。我奔了过去。压井的把儿滚烫，我一摸上去就喊了一声。

“莫急！莫急！”爷爷把围在脖子上的白毛巾沾上水，缠在压井把儿上，用老葫芦做的大舀勺，舀上引水，吱扭吱扭压几下，压井把儿重起来，水就涌上来了。

刚压出的水温热温热的，再压几下，就凉了，沁凉沁凉的。我把胖胳膊递到水流下，汗毛孔瞬间就支棱起来了，舒服得我不由自主打了个寒战。

“赤身子就怕凉水浇，”爷爷拦着，“小孩子家容易落下病。”他一边说着，却一边学着我，豁愣着水往自己的胳膊和腿上撩。

爷孙俩四目相视，咯咯笑起来。

水流个不停，流到韭菜畦，流到茄子畦，流到辣椒、黄瓜、豆角、土豆畦……

土豆秧里的小紫花，一嘟噜一嘟噜的。紫花斑蝶落在紫花上，大翅膀一开一合。披着黑袍子的天牛晃着长须子在扁豆架上来回溜达。黄蜂嗡嗡地唱着，如同小飞机一般，在婆娑的光影里一闪而过……

爷爷忙着用铁锹一条条开垄闭垄。眼看着细细的水流像一条会发光的小蛇，蜿蜒游在泥土做成的河道里。我小小的人儿挂在压井把儿上，努力跳起来又使劲压下去，老压井发出咯吱咯吱的轻响。眼看着，满园的菜叶子舒展开来。那绿色变深了，变浓了，变厚重了。菜秧里的小黄花小紫花开得更多了，开成一片花海了。

太阳慢慢地向西天斜下去，树的影子转过来了。风从树林里吹出来，架子上的花和叶形成了波浪。爷爷和我，在明明暗暗的波浪里起伏着、荡漾着，像两条游动的鱼。

“爷爷，爷爷，”我跑着、嚷着，“你看，我浇的园子！这菜园是我浇的！”

“当然了。”爷爷直起身子，擦擦额头的汗说，“俺大孙女给爷爷浇园子，这园子以后谁也不给，就给我大孙女。”

“这院子不是你的吗？”我不解地问。

“爷爷以后走了，就是你的了。”

“你要走到哪里去呢？”我追问着。

“爷爷去的地方很远很远。这院子，以后就交给你咯！”爷爷摸着我的头笑着说。

我信了爷爷的话。

但爷爷不知道的是——这园子，他早已经给我了。在那些永远忘不了的夏日里。他把那些关于种子和土地、树叶和微风、阳光和水流的记忆都留在了这个菜园里，他把所有美好的记忆都留给了我。即使他已离开了那么多年，这个园子的一草一木、一花一叶，仍会记得那个穿着破破烂烂白色汗衫的老头儿吧！

如今，每次浇园子的时候，我都禁不住会想：爷爷也许正躲在哪处阴影里跟我玩捉迷藏呢！他可真是一个好玩的、有趣的、爱生活的老头儿啊！

（发表于《西安晚报》2024 年 5 月 17 日第 7 版）

家有“老戏骨”

刘佶洋

爷爷爱演戏，经常模仿戏台上的名段，尤其喜欢扮成戏中角色逗我玩，久而久之，他成了家里的“老戏骨”，每次表演都像春雨般滋养着我，润物无声。

儿时的我总吵着要看电视里的孙悟空，爷爷怕我伤眼睛，便扮成悟空逗我。他戴上孙悟空的面具，换上长靴，束好虎皮裙，扛起金箍棒，对着镜子眨了眨眼睛，转头喝道：“老孙来也！”

爷爷的戏步迈得有些笨拙，却会在走到我面前时，大喊一声“定”，把我唬得一愣之后，爷爷又唱起了自创的台词，还不忘将一条棒子舞得虎虎生风。我兴奋地站在原地，目不转睛地盯着爷爷。突然，爷爷一个失误，竟把脸上的面具挑了下来，我和爷爷一时都蒙了。只听爷爷学着猴声问道：“小孩，你看俺老孙变得可像你爷爷？”我们同时大笑起来。那时的我并不明白爷爷的用意，只当是一场玩笑。

初中时，学校要演出《负荆请罪》，我饰演蔺相如。想到爷爷是个“老戏骨”，我自然找他排练。整个过程爷爷一丝不苟，最后一幕，他竟赤膊上阵，将扫把当荆条绑在背上，单膝下跪，悔愧难当地道歉：“鄙贱之人，不知将军宽之至此也！”起身时，爷爷突然“呀”了一声，又跪了下去，我一个箭步上前搀扶。

“多谢将军，廉颇尚可用！”爷爷扮演的廉颇发出一声自负的大笑。

演出很成功，而后来我才知道，爷爷起身急了，闪了腰，需卧床数日。他用笑掩盖了自己的伤痛，却藏不住那颗舐犊之心。

近日，翻到一张爷爷年轻时意气风发的演讲照片，我又想起一桩往事。有段时间我数学学得不好，但爷爷却热衷于当我的“学生”。他向我请教勾股定理，我便直接把公式告诉他，爷爷却一直追着我不放，非要问其中的推导过程。我一时语塞，意识到这块知识我并没很好掌握。怀着愧对“学生”的心情，我翻阅资料，终于给了爷爷满意的答案。我想着往事翻过照片，竟然发现背面有一行爷爷的笔迹：摄于 1960 年 6 月 1 日，数学教员岗。

我震惊了：爷爷竟然当过数学老师！为了让我把知识掌握得更牢固，他当了多久的“笨学生”啊！泪水模糊了我的视线，此刻我多希望爷爷能再演一回“学生”。可爷爷不在了，世上再无“老戏骨”。

如今，每每听见咿咿呀呀的唱腔，我都会想起爷爷，他那“精湛”的演技背后，都是对我无声的关爱。

（发表于《现代家庭报》2024 年 6 月 28 日第 6 版）

挽联上的名字

杨　颖

我再次见到奶奶的名字，是在她葬礼的挽联上。

那天天气格外好，虽是冬日，却不怎么冷，连风都安静得一动不动。按照我们老家的说法，如果葬礼这天风和日丽，说明去世的老人心疼子孙；若是风雨交加，则是死者在摆架子，磋磨小辈。这样看来，奶奶还是疼惜我们的。

可惜，葬礼繁杂，每个人都有自己的职责，鲜少有人注意到这点。而我的职责，是跟在姑母婶娘等一群女性长辈后面哭丧。

说是哭丧，我却一滴眼泪没掉。一是因为自父亲去世后，我对生死看淡了不少；二是因为我对她的敬爱，都在她日复一日的偏心中消磨掉了。

是的，奶奶更喜欢她的孙子们。我不怪她，父母给我的爱早已足够，她的爱于我而言，不过是锦上添花。我理解她，她的思想与行为，是旧时代的遗存物，而她作为女人，也曾被这些摧残，甚至连姓名都已被人遗忘，大家只知道她是爷爷的妻子，是宝祥家的媳妇。

可是，若想让我对她产生多么深的感情，实在有些强人所难。因此，葬礼上，我尽量把自己缩小，猫在人群后面的墙角里，好掩盖自己并不悲伤的脸。

突然，一阵烟味儿呛得我眼泪直往外涌。我转头一看，是我的堂哥们——奶奶偏心的孙子们。他们穿着孝衫，系着麻绳，头上勒着白布，正悠悠然地吞云吐雾，凑在一起，低声聊着自家的房子、车子、孩子。聊到尽兴处，还会窃窃地笑几声。我闻不惯烟味，便顺着墙根出去了。

此时正午刚过，日头正烈，太阳打得我眼睛眯了一下，再次睁开时，眼前是一副白纸黑字的挽联。挽联的内容我记不清了，只记得上面有一个女人的名字：刘翠芝。这是奶奶的名字。我凝视着这个名字，思绪将它从挽联上拓刻到老院的黄土地里。

二十多年前，我还是个一年级的小学生，刚刚笨拙地学会写自己的名字。那天，我和堂哥堂姐们在奶奶家的院子里玩，他们说要去捉螳螂，捉回来后要给它“截脉”，意思是用指甲将螳螂的长颈切瘪，这样螳螂便瞬间瘫痪，再不能咬人了；又或者将它两颗可怜的大牙掰掉，只剩下连花瓣都嚼不动的细齿。无论哪种，螳螂都必死无疑。我觉得太过残暴，不跟他们去，自己便留在院子里玩。

我生性安静，不大会找乐子，便随手捡来一根树枝，蹲在地上划拉着自己的名字。

“你在写名字吗？”奶奶不知道何时站在我身后，吓了我一跳。不容我回答，奶奶又说：“我也会写我的名字。”她一边说着，一边弯下腰，眯起眼睛，在地上仔细挑了一根顺溜的树枝，将斜出的枝杈掰去，留下笔直的那段，又拿袖口轻轻拂去上面的尘土，蹲在我旁边，一笔一画地写起来。

“刘——翠——芝。”她拖着长长的尾音，手里的树枝写一笔想三笔，磕磕巴巴地费了好大劲才写完。

“我写的——对吧——”奶奶搓着手，挑起眉眼问我。

我歪着头，左看看，右瞧瞧，“刘”字我倒是认得，只是“翠芝”二字，对一年级的我来说确实有些陌生。可我不想失了面子，只能咬牙肯定道：“对！”

奶奶笑了，扬起皱皱尖尖的下巴，眼神里满是骄傲。她接着说：

“这是我在与你爷的婚帖上学来的，不会错！”

忽然一阵刺耳的唢呐声将我的思绪拉了回来。我这才回过神来，不禁为奶奶感到惋惜。是呀，时间的手将黄土地上的名字挂在了阴白的挽联上。亲属与宾客从挽联旁来来往往，可不曾有一人，肯施舍一个眼神给它。

奶奶会悲伤吗？自己的名字郑重其事地出现在人们眼前只有两次——一次是婚礼，一次是葬礼。两次她都是主角，可惜，没人在乎主角的名字。而她此生仅有一次亲手写下自己名字时，观众又只有我一个。

想到这里，一抹悲凉的气息从心底渐渐晕染开来。我望向灵堂，红漆松木棺材静静地摆在那里，灰蒙蒙的遗像上不见任何笑容。桌案前的瓦盆里烧着纸钱，烟顺着门框飘出来，熏湿了我的眼。

我抬手抹去眼泪，顺着墙根又回到哭丧的队伍后面。这一次，我把手搭在了灵柩边，抚摸了一次又一次，眼泪也不知何时，跟着“吧嗒吧嗒”地落了下来……

（发表于《滁州日报》2024 年 4 月 11 日第 6 版）

清明思故人

清小禾

清明时节，春雨如丝，滋润着大地，也润湿了人们的心田。每逢清明，总会想起北宋词人晏殊的“燕子来时新社，梨花落后清明”。

关于“清明”两字的来历，《岁时百问》说：“万物生长，此时皆清净明洁，故谓之清明。”在二十四个节气中，既是节气又是节日的只有清明。我国古代将清明分为三候：“一候桐始华；二候田鼠化为鹌；三候虹始见。”

明代诗人高启的“风雨梨花寒食过，几家坟上子孙来”，宋代诗人高翥的“南北山头多墓田，清明祭扫各纷然”，将清明节的祭祖场景描写得淋漓尽致。

唐朝诗人白居易《寒食野望吟》诗云：“乌啼鹊噪昏乔木，清明寒食谁家哭。”宋朝诗人高翥也曾于《清明》一诗中描写道：“南北山头多墓田，清明祭扫各纷然。”这些诗句都描写了清明时节凄美的景象和人们祭祖的哀思。

清明，是追思故人的日子。我的爷爷虽然去世二十多年了，但他永远活在我心中，从未离去。爷爷退休前是一名小学老师，他是央视标配的国字脸，从细细的眼缝能看出年轻时曾是个俊朗的少年，只是经过岁月的沉淀，眼角爬上了水波纹，戴着新中国成立初期很多文化学者特有的大镜框眼镜，淡淡的白加黑络腮胡衬托着硬实的下巴，愈发显得刚强有力。无论春天，还是秋冬，爷爷常常都穿着“毛式中山装”，是那个年代特有的标志服饰。

我出生的时候，父亲母亲重男轻女，不太喜欢我，准确地说，我们村乃至那个时期大部分人都重男轻女。可我的爷爷不是，他说男孩女孩一个样，都是我家的宝儿。于是，为了更好地照顾我，奶奶把我接到了他们家里……

爷爷很爱读书，他的房间里有很多红色文学书籍，那也是我最早的启蒙书籍。在我还不太识字的时候，爷爷就会读一些简单的内容给我听，后来识字了，爷爷就常常陪伴在我左右一起看书。在那个经济匮乏的年代，我们这样的贫困农村很少有书籍供给，爷爷便会拿出为数不多的工资帮我买书，他希望我能好好学习，考上师范学校，将来也能和他一样教书育人。

在爷爷的耳濡目染下，我从小就喜欢看书，语文成绩一直名列前茅。在我小学快毕业的时候，爷爷也退休了，刚退休觉得突然一下子没事做还不适应，毕竟在学校忙碌了大半生，后来渐渐适应过来，但是他比较内向，话不多，很少出门。昔日的同事经常上门叙旧聊天，他心情也会好了许多，可惜好景不长，爷爷突然身体不舒服，要扶墙才能走路，医院给出的诊断是小脑萎缩，很多忙碌了大半辈子忽然闲下来的人很容易患上这个病，刚开始爷爷还能自主说话，后来渐渐地说话不清晰了，也不能走路了。为此我经常哭，爷爷便安慰道："别伤心，人的身体终有老的一天，但区别在于灵魂年不年轻。你现在虽然不在学校上学了，但是你的底子很好，不要放弃终身成长啊！那是一辈子的事情。"这些话如雷贯耳，我记忆犹新。

爷爷瘫痪在床的那些日子，奶奶一直守候在旁，弟弟假期回家后会帮他擦洗身体，我休假也会回家陪他聊聊天。忽然有一天，我在单位接到奶奶电话，说爷爷不行了，想见我最后一面。我心急如焚地请了假，急匆匆往家赶，到家时爷爷已经仙逝了，奶奶说他嘴巴一直张着在等我回来。我泪流满面拉着他的手，当时他的手还有余温，后来渐渐地冰冷僵硬。在家办丧事的三天里，我一直守在他身边，仿佛他只是睡着了，一会儿拉拉他的手，一会儿摸摸他的脸，陪他说说话，念书给他听，就像小时候他陪伴在我身边一样。

如今，爷爷早已是挂在墙上的黑白照片了，但我每次回家时依然会陪他说说话，清明和周年时会去他坟上打扫祭祀，他也经常来我的梦里看我。如果有来世，我还做爷爷的孙女。

思念爷爷在每一天，不止清明……

（发表于《黄海晨刊》2024 年 4 月 3 日第 14 版）

爱美的奶奶

清小禾

奶奶是家里的老幺，出嫁前备受祖父母宠爱，她从小就生得好看，眉若远山，明眸善睐，清秀的巴掌小脸，两片薄薄的嘴唇微微上翘，即使如今脸上爬满了岁月的痕迹，但眉眼间依然淡定从容。在我的记忆中，无论奶奶从前的白加黑发，还是现在的全白发，什么时候都梳得整整齐齐的，身材虽然瘦小，但里里外外的家务活都打理得井井有条，每次出门都把自己打扮得美美的，在我的印象里，她整天喜笑盈盈，福光满面，让人很想亲近。

奶奶烧菜的手艺很好，特别是红烧菜，所以我那么爱吃红烧菜，正是奶奶做得好吃呀！奶奶是个眼光很好注重细节的人，小时候我觉得她买的衣服鞋子甚至袜子都很好看。在那个经济匮乏的年代，我们只有逢年过节才能吃到丰盛的饭菜，穿新衣服，所以小时候特别期盼过年过节。

奶奶手很巧，经常会把旧衣服改个款式就变成新衣服，从小，我受奶奶的影响，对衣服面料搭配有自己独到的见解，只是那时候家里经济条件不好，我常常只能穿别人的旧衣服，没有办法去考虑搭配的事情。但是奶奶跟我说了一句话，改变了我当时的想法，她说："我们要在有限的条件下，创造无限可能，把美感发挥到最大化。"

于是，很多衣服在她的修修改改下焕然一新，从那时起，我在生活美学方面有了启蒙。可能大部分女孩子都有一个开服装店的梦想吧，我就是其中一个。这个梦想，一直延续到了今天。

现在奶奶八十多岁高龄了，上街第一件事依然是买新衣服，基本都是一个人去，她有着自己独特的搭配理念和想法，偶尔也会带上我，不过也只是问哪一件更漂亮，而不是你觉得哪件适合我。我后来能独立思考，有自己的主见，也是受奶奶影响。

奶奶性格乐观开朗，人缘很好，有几次回家，没有事先给她打电话，结果吃了闭门羹。去村里找了一圈，不是在这家打麻将就是在那家聊天，每天乐呵呵的。如果有一小段时间没有给她打电话，她便拿起电话就说："呀！你终于想起来还有个奶奶啦！我没事，打打牌、吃吃零食、聊聊天，蛮好的，不用担心哦！"说到零食，奶奶一直爱吃零食，特别愿意尝试新品，还时不时问我广告里的旺仔小馒头、QQ糖、小鸡爪、沙琪玛和巧克力等好不好吃，什么味道。奶奶俨然变成了一个老小孩。

奶奶从不惧怕衰老和孤独，敢于尝试新事物，她有一颗年轻的心，从我记事起，仿佛没有什么事能将她打倒，除了爷爷去世那几年，奶奶明显憔悴了很多。后来她想通后，还反过来安慰我们道："在天上的爷爷肯定也不希望我们这样忧伤，我们要打起精神，替他好好看世界。"就是这样乐观向上的奶奶深深影响了我，即使到了近四十的年纪，我依然爱美，敢尝试新鲜事物，也一直努力向着自己的目标与梦想迈进。

（发表于《日照日报》2023年10月19日第15版）
（发表于《格尔木日报》2023年10月21日第7版）
（发表于《长宁时报》2023年10月23日第4版）
（发表于《盐城晚报》2023年10月31日第16版）

竹林深处的爱与坚守

成　洁

在这个酷热难耐的盛夏，城市的喧嚣与燥热让人无处可逃，于是，我们一家来到了乡下的老屋避暑。

老屋的后面，有一片郁郁葱葱的竹林，宛如一幅充满诗意的画卷。微风拂过，竹叶沙沙作响，仿佛是大自然演奏的一曲轻柔乐章。微风轻拂着我的面庞，似一双温柔的手，轻轻抚摸，让我的心灵瞬间舒畅起来。

清晨，我独自站在阳台上，静静地凝视着这片小小的竹林。那一根根竹子，繁茂而挺拔，高过了我家二楼的房檐。在这简陋的屋子里，能与这片竹林相伴，我竟生出了“斯是陋室，惟吾德馨”的感慨，想来刘禹锡当年的心境，大抵也是如此吧！

在这片竹林旁，我读书、写字，一种文雅的气息在我的身体里弥漫开来。尽管身患疾病，但读书让我暂时忘却了病魔的折磨，让我有勇气与之抗争。如今，在这竹林之畔，我养病、读书、书写心情，与尘世的纷扰隔绝，别有一番滋味在心头。

我钟情于这片竹林，古有陶渊明在桃花源中饮酒作乐，自唐以来，牡丹备受世人喜爱。而我，独爱这竹子，爱它那“千磨万击还坚劲，任尔东西南北风”的高尚品质。竹子顽强的生命力令人赞叹，无论在何种贫瘠的土地上，它都能坚韧地生长。

傍晚时分，漫步在这片竹林中，那一棵棵顶天立地的竹子，不禁令我仰望。拖着我这残缺的腿在竹林中摇摇晃晃地走着，尽管吃力，也无数次摔倒、受伤，但在我伤痕累累时，便想到屋后那竹子坚韧不拔的品质，让我坚持着一步步走下去，我觉得胜利的终点就在我不远的将来。

竹林在我，我在竹林。

看到眼前的竹林，我便会想到奶奶，想起奶奶曾无微不至地照顾我。

幼时，我也随奶奶在老屋这里居住。当时我身子弱，软绵绵的，就像一个不倒翁。家里人为我的身体绞尽脑汁，家境贫寒的我只有锻炼身体这唯一的出路。天蒙蒙亮，奶奶便把我背进竹林。五岁的我四肢筋骨无法活动，少许白发的奶奶双手搀扶着我，用双腿夹着我的双腿，做下蹲运动。当时奶奶年过半百，发丝还未白。她露出甜美的微笑："一、二、三、四……二十，不错，坚持……五十……再坚持……真不错……"这种声音至今仍在我耳边不断地回响。

身体残疾的我屡受挫折。每当我摔倒在地，就会想到竹子那种在风雨中还是坚韧不拔的精神，我便擦干泪水，努力地从原地爬起来。因为我知道只有靠自己努力爬起来，才会站着走向人生的下一个驿站。

快三十年过去。如今我走入这片竹林，想到八旬奶奶这三十余年为我的付出，如今看到病魔缠身、身材瘦削的她，我流泪了。

竹子，它没有牡丹的雍容华贵，没有桂花的馥郁芬芳，但它那坚韧不拔的品质，却让我深深着迷。而奶奶给予我的爱，就像这片竹林一样，永远是我心灵的依靠和力量的源泉。

（发表于《今日涟源》2024 年 8 月 22 日第 3 版）

爱的供养

李　珊

姥姥年已八十，她整日守着一方小院，独自在乡下生活多年。

一到夏天，满院瓜果飘香。前几日，我和母亲、表妹等去看望姥姥。刚走进大门，抬头便是丝瓜藤缠绕的瓜架。瓜架用竹竿、树枝、麻绳、铁条织就，就像一张纵横交错的巨大绿网，罩住了满院刺眼的阳光。带刺的嫩绿黄瓜、一丛白毛的小胖冬瓜、刚开小花的北瓜，它们或隐匿在绿叶中，或垂挂在瓜架上。

低头穿过瓜架，靠西墙位置是一块长方形的菜地，满挂垂落的豆角、发紫的圆茄子、修长的大辣椒、略微青涩的西红柿、两排直立的大葱，还有几垄细细的韭菜，菜地挤得满满当当。菜地南面，是一棵高大的核桃树，仰头一看，如鸡蛋大小的青绿核桃三三两两地挤在一起，好生可爱。

“开饭啦！”一盆冒着热气的粉皮土豆地锅鸡被端上来，我们围坐在桌旁，不等菜上齐，便迫不及待地吃起来。土豆鸡肉鲜嫩入味，蘸着汤汁的发面饼酱香浓郁，唇齿留香。不一会儿，凉拌黄瓜、凉拌西红柿被摆上桌。这样简单的午饭配置，却是我们多年吃不腻的美食。

看着满院瓜果，我仿佛看到晨曦中头发花白的姥姥，弯腰种菜，踮脚搭架，一趟趟提水浇菜。舅舅多次让姥姥去城里住，可她坚决不去。去年因为浇菜提水，她的腰闪了，在床上躺了一段时间，大家都不让她再种菜了，可是，那段时间她郁郁寡欢，等到腰好了，便又重新侍弄起这满院瓜果。

整个夏天，我家和两个姨家、舅舅家的餐桌几乎都被姥姥种的蔬菜承包。我们挂念她的安全，所以隔三岔五地来看她，给她买爱吃的肉食。每次回去，姥姥总是大包小包地让我们带回她的劳动果实。如果因为忙碌，我们没有按时回去，她就带着刚摘的蔬菜，骑着三轮车去看我们。

姥姥只是万千乡村老人的一个缩影，他们恋着小院，守着小院，在日复一日的辛勤劳动中，给儿女们爱的供养。

（发表于《工人日报》2024 年 7 月 28 日第 3 版）

编织时光的外公

陈守玲

我先生的外公今年九十七岁高龄，尽管岁月在他的脸庞上留下了无尽的斑驳痕迹，但他的双眼仍闪烁着智慧与活力的光芒。外公身体硬朗，甚至比一些中年人还要矫健，让人难以相信——他已经走过近一个世纪的风雨历程。

我从未见过外婆，听说她去世前瘫痪在床八年。那八年里，外公无微不至地照顾着她。每当提及这段往事时，我总能从外公眼中捕捉到一丝淡淡的忧伤，但更多的是坚定与坦然。

外公是个坚强的人。他有八个孩子——四个女儿和四个儿子，本应有个儿孙满堂的幸福晚年，但命运却屡屡与他开玩笑。三十年前的一次海难，无情地夺走了他的两个儿子，儿媳改嫁后，留下两个嗷嗷待哺的孩子。面对这突如其来的变故，外公没有倒下，他毅然挑起了抚养孙子孙女的重担。可是，几年后，老天又给了他沉重的一击，二儿子又因病离世。虽然生活处处不如意，命运也一直在和外公开玩笑，但外公却硬是在本该颐养天年的时候担起了照顾、养育这几个晚辈的重任，挑起了整个家的大梁……

外公一生中，最喜欢编篮子。他的手指灵活而有力，一根根包装带在他手中翻飞，仿佛有了生命一样。他编的篮子形态各异，大的可以挑担子，小的则精致小巧，适合放些零碎的小物件。因为外公编的篮子结实漂亮，常常有人慕名上门来定做。外公也会做一些送给亲朋好友。我也曾收到过外公送的一个大篮子，结实而美观，用作洗衣篮再合适不过了。

编篮子的过程看似简单，实则需要极高的耐心和技巧。要先用剪刀将包装带修剪整齐，然后一根根地编织，再用力拉紧。外公的动作娴熟而优雅，仿佛在进行一场无声的舞蹈。我时常坐在他身旁，静静地看着他编篮子，感受着那份宁静与美好。

婆婆和姨姨们很是孝顺，他们心疼外公，不希望外公这么大年纪还要干活。他们想不通：外公有退休工资，而且这么大年纪了，为什么还要辛苦地编篮子卖钱呢？几个晚辈也尤为懂事，早已有了自己的工作和家庭。按理说，外公可以不用这么辛苦了。家人轮番劝外公不要再编篮子，我也曾被要求去当说客，可外公却笑着说："不累！我喜欢做这个，也想给你们多留一些。"听得不禁让人泪目。

外公有一个朋友，两人年龄相当，他们经常在一起看电视、下棋、聊天……一年前，外公那位朋友去世了。从那以后，他编篮子的时间更长了。他常常独自坐在楼下，默默地望着远方。我知道，他是在怀念那位老朋友，也是在怀念自己曾经的青春岁月。那份孤独与寂寞，只有他自己能够体会。

外公常说："人老了，总会有些孤独。但只要有事情做，就不会觉得无聊。"他的话语中透露出一种豁达与乐观。是啊，生活总会有不如意，但只要我们保持一颗乐观的心，就能够战胜一切困难。

如今，九十七岁高龄的外公，依然坚持每天编篮子。他的双手虽然不再那么灵活，但他的眼神依然坚定。我相信，外公也会继续编织他的时光，直到生命的终点。

在这个喧嚣的世界里，外公用他的坚韧和乐观，为我们树立了一个榜样。他用那双布满老茧的手，编织了一个又一个美好的故事，也编织了自己精彩的人生……

（发表于《大连晚报》2024 年 4 月 13 日第 6 版）

外爷的旱烟袋

徐　妮

外爷有两件宝贝，一本陈旧的《故事会》，一个破旧的旱烟袋。

就是这破旧的旱烟袋，外爷走哪儿带哪儿，从不离身，不是揣在兜里，就是别在腰带上。

旱烟袋褪了色，黑一块灰一块的，满是岁月的褶子，瞧一眼便知它有些年头了。烟袋里装着烟叶，上端口用绳子穿着，勒紧绳子，袋口自然就合上了，烟叶便不会撒出。绳子的另一端则拴着烟袋锅子，由烟锅嘴、烟杆子、烟锅头三部分组成。其中烟锅嘴是玉质的，烟杆子是木质的，烟锅头是铜质的。

每当外爷想要吞云吐雾时，他就会用烟锅从烟袋里舀取一小撮烟末，将烟嘴含在口中。随后，用汽油打火机点燃烟末，深深吸上一口。这时，氤氲的青烟便在空中缓缓升腾，一缕又一缕。

从外爷那微微眯起的眼神中，我感受到了旱烟带给他的那份惬意和满足，甚是逍遥自在。

小时候的我，总喜欢蹲在外爷身旁，像只猴子，一动不动地望着云海滚滚。“外爷，外爷，你给我讲个故事吧？”我央求道。

外爷笑眯眯地看着我，摆摆手说：“我的好外孙，外爷哪有那么多故事可讲。”

我不服气地说：“我妈说的，外爷超喜欢看《故事会》哩。”

外爷拍拍我的脑袋，笑着说：“行，那你去把书拿来，在……”

没等他说完，我就“嗖”地一下站起来，兴奋地喊道：“我知道在哪儿，我去拿！”

外爷被烟雾呛得咳嗽两声，笑着说："你个小机灵鬼……"

我飞快地跑回屋里，小心翼翼地抬起毡毯，取出那本破旧的《故事会》。那本书不知道被外爷翻阅了多少遍，泛黄的封面已经渍痕斑驳，内页的边缘也卷曲起来了……

外爷将书放置在毡毯下，原来并非要将它藏匿，而是想要借助毡毯的厚重，将那些卷起的书角压平整。

其实，书里的每一个故事，外爷都已烂熟于心，外爷让我拿书来，无非是让我看着书听故事。

"从前有个元帅，生了两个儿子，大的叫大宝，小的叫小宝。在他们二十岁那年，元帅决定分给他们每人三十两银子，让他们各自到外地去做生意，以此锻炼他们的能力和见识。元帅告诉他们，十年后务必回家相见，看看各自的成就如何……"

外爷讲得多么认真，我就听得多么入神。我觉得那是我听过的最有意思的故事了。直到有一年，我上中学后的一个夏天，外爷到我家住了一段时日。他的旱烟袋日渐空瘪了，但县城很少有卖旱烟烟末的，于是，我妈叫我给外爷买两盒纸烟。二十年前，一盒纸烟，五块钱，外爷心疼钱，一天只抽几支，很快就抽完了一盒。而另一盒，他兴许是不舍得抽了，却说自己抽不惯纸烟的味道。

有一天，我看见外爷蹲在庭院里，手里摆弄着旱烟袋，似乎在沉思。我好奇地凑了过去，与他聊起天来。我打趣地对他说："外爷，要不咱们把这旱烟给戒了吧，烟味太大了，呛得您老咳嗽。"外爷听了我的话，摇了摇头，感叹道："怕是戒不了，这旱烟袋跟了我几十年喽。"

我又打趣道："那好，外爷，我让我妈想办法买些烟末。要不您再给我讲个故事。"外爷答应了，讲了自己的故事。我这才知晓，外爷在参加抗美援朝战争时，曾两次与死神擦肩而过。一次是在一个漆黑且风声呼啸的夜晚，他与一名战友一同去河边抬水，回来途经一片树林时，一颗子弹惊险地从他的一只脚底擦过。另一次则是在飞机上，子弹呼啸着直奔头顶而来，竟被一个水壶阻挡了，让他侥幸逃过一劫。

听完外爷的故事，我的内心涌起一阵从未有过的敬意，我的外爷可是参加过抗美援朝的勇士。我仿佛看到了他年轻时的身影，穿梭在战火纷飞的战场。而后，他又回归宁静的田园生活，在平淡的一日三餐、四季更迭中，悠然自得地慢慢变老。

从那以后，我也更加明白了：外爷在无数个寂寥的日子里，抽着旱烟，读着《故事会》，这何尝不是在感慨他当年参加抗美援朝的那些日子？经历过生死的他，明白生命只有一回，便像珍视生命一样，珍惜陪伴在他身边的一书一物。外爷自身的故事，就是一本精彩的《故事会》呀！

外爷刚离世的那些年，我时常梦见他还活着。但一睁眼，他就不见了。我想，外爷定是找了个清净之地，一个人躲在那里，逍遥自在地抽着旱烟，津津有味地看着《故事会》哩！

（发表于《姑苏晚报》2024 年 6 月 29 日第 8 版）

我的五个可爱的外婆

谢明珠

我有五个外婆，五个可爱的老太太。每年过年，她们就跟相互约好了一般在我外婆家小住一段时间，而我成了她们的小跟班，给她们端茶倒水，帮她们把藤椅搬到门口，藤椅上放上外婆自己做的垫子，中间放两把大板凳，板凳上是茶水、坚果等，扶着她们一个个坐好，自己则拿一把小板凳坐在一边，听她们唠嗑。

我的亲外婆是五姊妹中的老大，要撑起这个家，外公是入赘的。自然而然，外婆家就成为另外四个外婆的娘家，有事没事就会来小住一段时间，比如某个外婆生病了要休养，就来外婆这里住几天，或者跟家里人吵架了，也会来找外公外婆调解。

我是外婆的第一个外孙女，在当时，我也是这个家族里唯一的孙子辈，所以这几个外婆最喜欢做的就是拿我逗趣。

很多小时候的事情我早已没了印象，后来都是听这几个外婆唠嗑时说起，才发现那时候的自己好傻，可也好幸福。

因为她们是亲姐妹，长得也挺像，小时候的我除了自己的亲外婆外，经常分不清这几个外婆分别是几外婆。外婆家是一幢两层楼的房子，有一次，三外婆动了手术来外婆家休养，二外婆离得近，怕她无聊也来陪，外婆在楼下厨房忙。没人管我，我就扶着墙壁一点点爬到楼上去了。三外婆嫁到了城里，她总能拿出一些我没见过的零食。她看到我出现在房里，会笑眯眯地说："叫我一声。"我乖巧地叫："外婆。"她继续问："我是几外婆啊？"这个问题一下子就把我问住了，几外婆啊，我歪着头看向另一张小床上坐着的外婆，不都是外婆吗？

她也不急，笑着继续逗趣道："说出来给你糖吃。"我小小的脑袋里实在想不出来，便小心翼翼地下楼去问自己的外婆："外婆，楼上是几外婆？"外婆笑着说："躺在大床上的是三外婆，小床上是二外婆。"我嘴巴里不断重复着。接着吭哧吭哧再次爬上去，等我爬到楼上早已经忘记了外婆说的，看着两个长得差不多的外婆已经分不清谁是谁了，可我也没有力气再爬一遍楼梯，只能扶着门口，冲着楼梯间大声喊："外婆，楼上是几外婆啊？"后来，这个故事我听她们说过很多遍，多到我自己的记忆仿佛都清晰了。

几个外婆闲来无事的时候，也喜欢玩牌，她们玩"十点半"，不需要技巧，只需要一点点运气和胆量，而且这个玩法不限人数，谁都可以参与，也是我小时候喜欢玩的游戏。就是把一副牌全部盖住，一个一个翻牌，从坐庄的开始，她的牌不给大家展示，然后下家开始翻一张打开一张，数字就代表点数，花牌代表半点，如果翻到七点，可以继续翻也可以选择不翻，翻了有可能会超过十点半，不翻点数可能会比坐庄的低，这时候就靠运气和胆量了。

外婆们的胆子都不大，一般不会翻，而我总是手痒再翻，来一张四点就爆了，来张花牌那就是七点半。当然运气好的时候，比如坐庄的点数更少，或者他两张牌已经爆了也说不定。有时候一个人连着好几张全是花牌，看起来张数很多，可加起来点数不大，几个外婆就开始大笑着说："还翻吗？再翻就炸了。"也会怂恿道："继续翻，说不定下一张就会到十点半。"

如今，几个外婆都已经七八十岁了，也都老眼昏花了，过年的时候，我也会陪着她们再玩"十点半"的游戏。这时的我就充当了她们的眼和手，耐心等着她们一点点地算，每次看她们赢了，笑起来就像十几岁的小姑娘一样灿烂。

近日，突然很想这几个可爱的老太太，真希望快点过年回家，陪她们再玩一回“十点半”，再和她们坐一坐，聊聊我儿时的趣事……

（发表于《衢州晚报》2024年1月18日第7版）

（发表于《现代家庭报》2024年2月2日第6版）

生命中的第二份父爱

孔芬芬

在生命的长河中，我们往往会收获许多珍贵的情感。而有一种爱，它默默无声，却如山高，如海深，那便是父爱。而我何其有幸，我的生命中有两份父爱，第二份，便是公公给我的。

初次见公公，是随爱人第一次回家见家长的那天。他早早地立在村头，阳光洒在他那如古铜般粗糙且泛着微微褐色的皮肤上，耀眼极了，那是常年在田间地头辛苦劳作的印记。最为显眼的，是他右眼角上方那一块凸起的红痣，很是独特。记忆中的他，脸上挂着笑，眼睛眯成两条缝，犹如两弯月牙儿，这笑容仿佛带着温度，让我少了初见时的拘谨。公公不爱说话，只是静静地忙碌着，仿佛把所有的言语和热情都放进了手中那丰盛的晚餐里。

饭桌上，最为亮眼的就是那盘红烧肉，爱人说这是公公最拿手的一道菜，特地为我做的。很明显，五花肉是经过精心挑选的，肥瘦相间，与岩浆般赤红光亮的汤汁融为一体，从盘中翻腾出的热气，夹着浓郁的肉香，溢满了屋里的每一个角落，只是看着和闻着，便让人欲罢不能。自此，每次回家，公公总是亲自下厨，为我们准备各式各样的美食，公公在世的日子里，我几乎没有下过厨房，这独一份的宠爱，是很多家庭都给不起的。

婚后第二年，我和丈夫迎来了我们的第一个孩子。由于产后身体虚弱，我不得不卧床休养。我的月子正值夏日，公公不懂年轻人的月子餐，就跟爱人要了菜单，一样一样地学着做。我时常看到他，在厨房里一边擦汗，一边戴着老花镜眯着眼睛研究菜单，心中总是涌起阵阵感动。公公为我准备的每顿饭都是荤素搭配，为了保证奶水充足，每天都有两种营养汤，熬汤甚是耗时，他便几乎一天都耗在厨房里。北方人坐月子，要吃大量的鸡蛋，公公怕我吃腻了煮的鸡蛋，就给我做成鸡蛋羹，又滑又嫩，总也吃不够。我知道，那是他多次尝试失败后研究出来的配方，一直给我做到了孩子半岁的时候，每天每顿都有。虽然他不说，但我看得见，他的每一份用心，满满都是对亲闺女的疼爱。

然而，家庭生活并不总是风平浪静。春节前夕，刚下完雪，天空阴郁，寒风刺骨，因妹妹嫁人，我决定回娘家陪父母过年。公公怕村里人说闲话，对此事非常不满，与我发生了激烈的争吵。随后，我赌气哭着跑出家门，只穿了薄薄的睡衣，还没走远，便听到公公叮嘱爱人："给，拿着她的羽绒服！"我回去后，他眉头紧锁，脸色阴沉，但手里却拿着几盒礼物放在了我的面前，他的妥协和理解，让我觉得那年的冬天似乎没有那么寒冷。

时光悄然流转，世人总也逃不过生老病死，真到了面对离别的时刻，有太多太多的不舍。我承认，我是真的贪心，希望公公带着他的爱，能伴儿女再多些时间。公公胃癌晚期，拖着孱弱的身体，还在为自己拖累儿女而感到愧疚，该是多么善良的人啊，这又戳到了我内心最柔软的地方。如今，这份爱变成了身上最坚硬的铠甲，给了我在人生的道路上披荆斩棘的勇气。

《诗经》有云："哀哀父母，生我劬劳。"公公给我的父爱，虽没有血缘的羁绊，却有着比血缘更浓的深情。他用他的行动诠释着对女儿的关怀与照顾，这份生命中第二份父爱，将永远陪伴着我，让我在人生的道路上，如他所愿地坚定前行。

（发表于《兰州晚报》2024 年 7 月 3 日第 16 版）

夸夸我的好婆婆

张　萍

岁月如梭，不觉间，我和婆婆已经相处了十五年了。我的婆婆是我生命中重要的存在之一。她不仅是一个慈爱的母亲，更是一个勤劳、无私、疼爱子女、有智慧的人。

婆婆是一个勤劳的人。从结婚起，她从未停止过工作，无论是家务事还是照顾孩子，她总能够胜任并做得非常好。女儿是由婆婆一手带大的，因为我没有奶水，所以女儿几个月时便交给了婆婆照顾，我则找了工作上班去了。她每天不辞辛劳地照顾我们和女儿，洗衣做饭，带孩子遛弯，从不抱怨。她的勤劳和付出让我和丈夫感到非常安心和幸福，她的勤劳和努力更是我们家庭能够正常运转的重要因素之一。我和丈夫经常戏称：“感觉我们就是没长大的孩子，一辈子离不开咱妈。”

女儿很小的时候，我的公公不幸得了脑中风，幸亏发现及时，得到了救治，但后期需要很长时间做康复训练。每天婆婆陪着他去我们当地的中医院做康复，她用瘦弱的身躯搀扶着公公，风雨无阻。在漫长的十几年里，婆婆细心照顾着公公的生活起居，甚至到后期公公行动不便，不能出门，每天只能坐在椅子上时，他的身上都没有过一丝异味，每天干净而清爽，而这一切，都离不开婆婆无微不至的照顾和关爱。

结婚前，都说婆媳关系难处，也听了周围一些婚后怎么“智斗”婆婆的方法，但是当我真的踏进婆家，相处了一段时间后，才发现这些所谓的“锦囊妙计”“过来人的经验”是那么多余。我的婆婆很“聪明”，婚后我们虽然一直住在一起，但她从不干涉我们的任何事情和决定，小到点外卖、买衣服之类，她也不干预，更不会唠叨我们浪费钱，甚至还能愉快地受邀一起享受高价钱的美食，一起逛街。因此我们在一起生活的这十几年里，从没有发生过矛盾，这一切都源于婆婆的睿智和包容。

我的婆婆是一个疼爱子女的人。她总是关注着我们每一位家庭成员的需要和感受，并尽她所能来满足。她的爱是无私的，她总是愿意为我们付出一切。她的爱也是包容的，无论我们做什么，她总是能够理解和原谅我们。这让我们时刻都感到心安与幸福。

有句话是：“老人有德，子孙兴旺；老人无德，子孙遭殃。”是婆婆的德行，才有了这个大家的和谐共处。

我的婆婆是一个勤劳、有智慧、充满爱心的人。我非常感激她在我的生活中所扮演的各种角色，并毫无保留地爱着我们。她是我生命中重要的人之一。我感谢她，更会像她爱我们一样，用心来爱她、理解她、包容她，陪她到老……

（发表于《老同志之友》2024 年 7 月第 676 期）

我的四叔鬼脚四

沣　野

鬼脚四走了。抗了几年的癌症，终究还是没有放过他。

刚与老家大伯通电话时，他告诉了我这个消息，我其实并不意外，但仍然感到惋惜不已。虽然已记不起上次见到鬼脚四是什么时候，但只是略一思索，他那满是胡茬的憨厚笑脸便清晰地浮现在了我的脑海中。

鬼脚四是先天性小儿麻痹症，家中贫苦无钱医治，导致左腿肌肉萎缩，落下残疾，从我记事起他就是一瘸一拐的样子。他排行老四，住在村头老屋，按同村辈分我应该叫他四叔，但儿时的我很不懂事，总也不愿对他用尊称。那时正好李连杰主演的《黄飞鸿》系列电影非常流行，剧中“鬼脚七”的角色也是跛脚，我便与同村几个顽童一起给他冠了“鬼脚四”的绰号，一碰到他就“鬼脚四、鬼脚四”地叫闹。他也不恼，憨厚地笑着，继续做着手里的活计。久而久之，这个绰号就这样传开了，连村里的大人也都这么叫他，他也总是笑一笑，还打趣说：“鬼脚怎么啦，鬼脚七能做大英雄，我鬼脚四就差一个字，也不赖。”

鬼脚四确实不赖，这是村里人对他的一致评价。他性格虽然内向一些，但脾气很好，而且脑子很好使，动手能力极强，村里有什么农具破了、房顶漏了、电器坏了之类需要修修补补的事情，他都能找到办法解决。于是，村里各式各样的维修工作，基本上都去找他，他从不推却，也从不收费，都是义务帮忙。有时主家实在过意不去，硬要塞钱，他便拿上几个鸡蛋、红薯，还要给主家道声“谢谢”。

可惜的是，因为跛脚，且清贫，同村没有姑娘家愿意委身于鬼脚四。直到他四十多岁了，才有人牵线，给他说合了个邻村的寡妇。因为人缘好，迎亲结婚那天，村里人每家每户都随了份子，还有不少人提前去义务帮忙，打扫房屋挂起红字，在屋前摆开桌椅支起大席，喜气洋洋，热热闹闹，让鬼脚四着实风光了一回。那天我也跟了去看，那新媳妇长相普通，但素净且面善，就是眉宇间似带着一丝苦相，手里还牵着一个男娃，仿佛与我一般年纪，脸色有些发白，怯生生的，不敢说话。结婚后，鬼脚四便把这个孩子视若己出，没有再要子嗣。

后来，我家搬去了镇上，我又到外地读了大学，参加了工作，回村机会就少了，也只在过年才有机会请假回来一趟。而每次我回到老家，鬼脚四都要找过来，跟我聊一聊，他总说我是大学生，又出去那么远，见过世面，来跟我沾沾文化气息。其实我也知道，他是想听我讲讲外面的世界，于是我便挑拣些经历和见闻，细细地说给他听：红花湖上的桃李芬芳、丰渚园里的荷叶田田、罗浮山下的风物秀丽……还有台风肆虐时的海岸巡防、烈日当头时的卡点驻守、寒冬子夜时的满装行军……他总是一边聚精会神地听着，一边情不自禁地点头，眼中满是闪亮的神采。作为面朝黄土背朝天的农民，我说的这些在他眼里都是珍闻奇事，是扎根在农村的他一辈子可能都接触不到的事物，更何况他行动不便。

然而，让我没想到的是，后来鬼脚四真走出了这个小山村。在他婚后的第三年，继子被检查出有严重的心肌缺血，据说是要做心脏支架手术，并且要不间断地服药。这个消息不啻晴天霹雳，对于一个清贫的农民家庭来说，这高昂的医疗费用是无论如何都承受不起的，同村人听闻之后纷纷来捐助一些钱物，但也只是杯水车薪。也有人劝他再要个孩子，万一这个孩子治不好，至少能留个根，但鬼脚四想都没想就拒绝了。一番决断之后，他毅然决然地背起行囊，拖着跛脚，加入了出省打工的人潮。

后面几年，他去北京洗过碗、去河北搬过砖、去甘肃摆过摊……随着同乡的打工队伍走南闯北，披星戴月，省吃俭用，每月按时给家里汇钱，只是再也没有见他回来，连过年也不曾回。可能因为长期的劳累，再加上营养不良，鬼脚四罹患了胃癌。一开始他还当作是普通胃炎，胃痛了就忍一忍，忍不了就吃点胃药，然而，有一次他胃痛到昏倒，从砌墙的脚手架上栽了下来，把同乡工友都吓坏了，送到医院一检查才知道已经癌症二期末了。可即便是这样，鬼脚四还是选择了坚持，一边吃着抗癌药，一边硬撑着继续打工。直到疫情暴发，他才终于停下打拼的脚步，回到老家。

曾听大伯说起，他回来时已经是形销骨立，全不似离家时的样子了，但面对村里人的关心，他的笑容依旧憨厚。这三年里，因为身体得到了治疗和静养，鬼脚四的精神恢复得很快，即便是在病痛的折磨下，身子骨也还是结实了一些。他还曾笑言，还要出去打工。可如今，疫情是解封了，鬼脚四却长眠在这个生他养他的小山村，再也不能走出去看看这个世界了。

鬼脚四这一生，淳朴、简单，却不平凡。即便是天生残疾，即便是身陷苦难，他也从来没有对生活敷衍过、绝望过，依然能够用坚忍强大的内心，活出自己的价值和担当。这人世间，总有太多难以预料的打击，虽然我们无法选择删除苦难，但我们可以选择如鬼脚四这般，让内心强大起来，让自己的坚强超乎所有人的想象。毕竟，人生无法天胡一把好牌的时候，我们能做的，就是拼尽全力，打好每一手牌。

（发表于《春城晚报》2024 年 4 月 26 日第 14 版）

初冬里的怀念

繁　繁

初冬的枫叶着实好看，红黄相间，煞是可爱。一阵凉风吹来，枫叶便在错落有致的树枝间跳起了舞，婀娜多姿，楚楚动人。趁你不注意时，还偷偷地吻上了你的红脸颊，真是调皮。我喜欢这样亲切的感觉。晚秋萧萧，我又想起了我的舅舅。

舅舅是我最喜欢的亲人。小时候我总听姥姥念叨，舅舅最疼爱我。我上小学时，每逢寒暑假，舅舅都来接我回姥姥家。那时候他还没成家，总带着我出去兜风、逛街，并允许我去喜欢一切的一切。在我父母那里，这是绝不允许发生的。比如路边摊上的一个发夹，倘若是父亲，他会拿起这个发夹，左右端详一番，然后略带不屑地告诉我："这有什么好的，不值钱。"而舅舅则不是这样，他会因为我找到喜欢的东西，和我一起高兴。他会将发夹第一时间递给我，眼神和语言也同时向我确认："就要它了是不是？那舅舅给你买了。"他与其他人最大的不同，就是不会用成年人衡量价值的眼光去看待我所看到的一切。

读中学后，我和舅舅见面的次数越来越少。但他每次去德州出差，回自己家之前，都会来我母亲那里，放一袋好吃的，还特意交代母亲："繁繁最爱吃这个。"我每次回家一打开，便是我最爱吃的德州扒鸡……

后来，我长大后，一天下午，舅舅开着白色汽车在姥姥家附近的镇上等我，小时候见到舅舅时的兴奋重现了，上一秒刚从男朋友的车上优雅地走下车，下一秒就跑着跳着向舅舅奔去。他很早就站在自己的车旁等我们来，当见到男友的车停在离他不远处时，他很快打开后备厢，准备给我们取些好吃的。他还没来得及张开手臂迎接我，就被我的热情拥抱撞了个措手不及。

舅舅向后备厢那边打了一个趔趄。他摸着我的头说：“舅舅买了不少吃的，你们把这些带上。这是繁繁的对象吧？”说着舅舅把吃的递向男友。男友连连道谢，微躬着身子双手接过，紧接着又给舅舅递烟。我笑着说：“第一次见面换烟，男人们的友谊就此建立。”我们的笑声在整条街上回荡着。

上车前往姥姥家的路上，男友满足地听着我小时候的故事。他时不时将羡慕的目光移向我：“你和你舅舅的感情真好，你真幸福，有一个这样的舅舅。”二十分钟就到了姥姥家，在这二十分钟里，男友不止一次回忆刚刚发生的一切，他告诉我：“你飞奔向舅舅的那个拥抱，真的很温暖。他待你就像爸爸爱女儿一样。”

这让我想起，每次舅舅回家时，我都会重现杜牧笔下“稚子牵衣问，归来何太迟”的场景，我们相处得确如父女般。我知足地回应他：“舅舅只有儿子，没有女儿，所以他总是格外疼我些。”而我们之间的感情，真挚而温暖，因为在我的老家，亲人之间好像很难表达爱意，拥抱尤其难得，这是我和父母也没有过的。

可是意外来得很仓促，去年夏天，舅舅因车祸离世。和舅舅经常一起出差的叔叔特意找到我，讲了不少舅舅的事情，可那天我就像聋了一样，什么都听不进去。

晚上，我坐在窗前盯着月亮，任晚风拍打着脑袋，陷入了深深的回忆，突然想起了那个叔叔说的一句话：“你舅舅每次去德州，必须去买那个扒鸡，说你最爱吃了。”也许亲人的爱就是这样吧，无论身在何处，总会念及你，想起和你有关的一切。

那段时间，我的心情就像冬雪来了一样，整日浑浑噩噩。这让我又想起了每次我跑着跳着奔向舅舅时，他总也站不稳，但还是笑着接住我的拥抱，可是现在离开的他，是否能够接住我的思念，我的无限思念……

如今又要立冬了，枫叶的吻越发冷了，听着窗外凉风卷起残叶的声音，叶子轻轻地敲打着窗户。顿时，我的眼前仿佛又出现了这样一番场景：我亲爱的舅舅，站在我家门前，拎着大包小包，一片枫叶正从他的肩上落下……

（发表于《黄海晨刊》2023 年 11 月 9 日第 15 版）

姐姐的田园生活

王丽莎

一到周末，我就会被姐姐催促着去她老家取一些当季的土特产。那日，我的车子开到路口，便见她早已等在那里，一边朝着我招手，一边灿烂地笑着。

寒暄了几句，姐姐便迫不及待地开始向我展示她的劳动成果。土鸡蛋、自制的点心、一大把新鲜的苋菜、丝瓜、西葫芦等，摆了一大堆。退休后的姐姐，热衷于田园劳作，她的生活自给自足，兼顾家人，常以美食装点生活，把日子过得活色生香。

“走，带你去我的园子看看，再摘些新鲜的带回去。自己种的，吃着可放心了！”她拉着我，来到顶楼——前后阳台都是她打造的田园。

夏日的阳光下，农作物把整个园子占得满满的，蓬勃茂密，生机盎然。一整片橙黄色的金铃子，像挂满了小灯笼一般，闪着成熟的光芒；桃子渐渐染上了红晕；橘子碧绿绿地挂在枝头；西红柿藏在浓密的叶子里，娇俏可人，色泽明艳；丝瓜藤攀着绳索爬满了墙面，圆润的果实垂挂下来，曲线流畅，优雅沉静。

姐姐的脸上洋溢着热情与自豪，她指着那一片瓜果：“你要哪根？我帮你摘下来。”接着，便忙碌地起身为我采摘去了。

我望向这个园子，枝繁叶茂，长势喜人，令人眼花缭乱，姐姐忙碌的身影也渐渐融入了绿油油的农作物中。枝叶斑驳处，我仿佛看到她在这里躬身劳作，精心照料每一株植物的模样，看到了她脸上的红晕与汗水，也看到了她浑身环绕着的满足与喜悦……

不一会儿，就见姐姐乐呵呵地捧着蔬果向我走来。接过这份沉甸甸的心意，顿时，我感到这炎炎夏日里平添了一份别样的甜蜜。

这时，我又想起前段时间带女儿来这里玩的情景。姐姐带着我女儿蹲在那小一片圈起来的地里，两人有说有笑，有商有量，一个松土，一个铲地，专注得像寻宝一般，看着肥沃的泥土里不断地冒出圆润可爱的小土豆来，女儿兴奋极了，一边捡，一边笑，用泥乎乎的小手擦着额头上的汗珠，眼里闪烁着欢喜与好奇的光芒。

中午，姐姐又撒了葱花炒一盆土豆，女儿像小尾巴似的黏着她，看着自己的劳动成果变成食物，吃得尤为香。不管春夏秋冬，姐姐的果园一直新鲜又丰富，像个有趣的百宝箱，不断地为我们产出惊喜和快乐。

姐姐还在后院的棚子里养了十几只土鸡，经常催着我们去领鸡蛋："土鸡蛋更有营养，你们以后可不要再去外面买了！"那一次，有两只母鸡老了，只见她熟练地一把抓出来，满意地在我面前晃了晃："这只不错吧？还有一只，等我煺好毛，你带回去给囡囡（我女儿）补补！"她心里老是记挂着我女儿，我女儿也与她特别亲近。

姐姐的园子里，藏着她最踏实的幸福，累累果实中，装着她最朴实的奉献。她心系土地，心系着我们每一个人，她用自己的方式，谱写着蔬果与光阴的故事，用勤劳的双手，为家人撑起一片最美好的田园……

（发表于《金陵晚报》2024 年 7 月 16 日第 12 版）

（发表于《溧阳日报》2024 年 7 月 18 日第 5 版）

属于他的蓝天

王　锋

一个无风的午后，柳丝毵毵如金，芳草萋萋胜碧。

坐在飘窗上玩着积木的三岁半的小儿子忽然喊叫了起来："妈妈，妈妈，快来看呀！"

我从床上跳了起来，凑了过去。他只是一言不发地望向我，脸上浮现出神秘的、耐人寻味的笑容。

"什么事呀？"

他不讲话。

我摸着他婴儿肥的小脸说："到底什么事？"

他抬起一只肉嘟嘟还带着小窝的小手，指向了窗外。

我顺势看了过去，窗外除了对面的楼宇，并未有什么新鲜的玩意儿。

"到底看什么呢？"我有些不耐烦。

他好像发现了什么宝藏似的微笑，只透露了一个字"天！"

我顺着他的手看了出去，果真看到了习以为常、广袤无垠却令人惊呼的蓝天，千古存在、日日往复却让他惊诧的蓝天。我在无数次自然教育活动中跟他提过的蓝天，却仍然在今天让我们一时愣住了。

于是，我安静地坐在他的旁边，和他一起看向那富有神迹的天空。平时他是个活泼的小男孩，今天竟然被这片蓝天震撼住了，从那稚嫩的面庞流露出的是对这片天空的向往和惊讶。

就这样，我陪他坐着，听着他由这片蓝天开始延伸出的联想：

小鸟展翅自由地翱翔；他甚至把这无边无际的蓝天比作了大海，这大海里还有巨轮在航行；当偶尔飘过一片白云，他说那是孙悟空的筋斗云，我倾听着他的讲述，如同泉水般汩汩而出。

是的，他的眸子中是当下美丽且神圣的天空，他和属于他的天空相遇了。我握着他的小手，甚至能感受到他那强烈的生命流动，他不再是单纯地从笔画结构上认识所谓的“天”了，他正在与属于他的生命奇奥和繁复相遇。

他轻轻地扑入我的怀里，他的头深抵我的颈间，我抚摸着他的头发，这个夏天的午后长得不能再长，一个小男孩用他的生命启迪了我的生命。

哲学家雅斯贝尔斯说过：“真正的教育是用一棵树去摇动另一棵树，用一朵云去推动另一朵云，用一个灵魂去唤醒另一个灵魂。”

这片深蓝的天空似乎在我心底产生了强烈的碰撞，物质的、功利的、快速的，都在被颠覆。

这个夏天，我愿意停下急匆匆的脚步，去感受、体会一颗种子如何茁壮、葱茏，拥有了属于他的广阔蓝天，进而可以自由翱翔。

让我们一起等等正在慢慢长大的孩子吧！去看看他们在这蓝天里画出的那五彩斑斓的颜色……

（发表于《海口日报》2024 年 7 月 3 日第 12 版）

剪短青丝付流年

肖　波

八月的骄阳炽热如火。烈日悬挂在天空，阳光似熔铁般洒落，天空中无一丝云彩，似乎它们都被炎炎热浪所吞噬。偶尔吹过的风也饱含着热力，卷走地面上的每一丝水分。这样的天气，仿佛连时间都变得缓慢而沉闷。家中的女儿显得格外烦躁，特别是那一头厚厚的长发，成了她在盛夏里情绪爆发的源头。

“爸爸，我热得受不了了，我要剪短发！”一日，女儿终于忍不住开口要求剪发，坚决的声音带着孩子特有的不耐烦。

我的心微微一震，不禁凝视起她黑亮浓密的长发。在很多人的观念里，女孩子的长发不仅是一种发型的选择，还常常被看作是女性柔美、优雅的象征，是传统审美的延续。自女儿懂事起，我与妻子就一直鼓励女儿蓄长发，做个秀外慧中、知书达理的贤淑女孩，这头长发就再没剪过，而今已快及腰了。然而这一次，面对女儿因炎热而显得烦躁的脸庞，我知晓她的决心已定。

去理发店的路上，女儿叽叽喳喳地控诉着长发的不便。一进店门，她却突然安静下来，只是定定地看着理发师围着顾客各种花式修剪。轮到女儿了，她紧张地坐着，围布下小小的身体动也不敢动。理发师比了比头发的长度和位置，剪下了第一刀，“咔嚓”一声脆响，我看到女儿轻轻地颤抖了一下。接下来锋利的剪刀开始在长发上忙碌地舞动，每一下清脆的剪裁声都在宣告着不可逆的变化。女儿紧紧盯着镜中的自己，眼中有着些许不舍和挣扎，是对过往美好的留恋吧，或许还有对迈向未知的犹豫。

“爸爸，我会想念我的长发的。”感觉到围布上落满发丝，女儿的声音带着一丝哽咽，如同秋天长街的落叶般萧瑟。

“宝贝，选择了就不要后悔，你可以有一个全新的形象，而且它还会再长出来的。”我试图安慰她，同时也安抚自己心中涌起的复杂情绪。

记得20世纪90年代初流行港星的中分头，那时我正值初中，留起长发便不愿意再剪短，它曾是我自认为帅气的标志，是阳光男孩的象征。可随着时间的流逝，我渐渐意识到这一头帅气中分也成了自己逃避改变、固守旧我的一种方式。每当我想尝试新的发型，都会因为对长发的留恋和莫名的惧怕而止步。长发给了我体面的安全感，却也成了限制我的枷锁。直到我决定去参军报国，剪了寸头，才又看到了那个渴望改变、渴望成长的自己。

我还能依稀记起当时的感觉，每一根落下的头发都像是卸下了一层过往的包袱，让我感受到前所未有的轻松和自由，也让我准备好迈向新的旅程。

随着一缕缕青丝坠落，女儿被散乱的发丝遮住的面容逐渐清晰，从孩童的稚气中透露出少女的轮廓。她似乎也感受到了一丝凉爽和解脱，身体靠在椅背上放松下来。我知道，这不是一次简单的理发，而是女儿对过去的释然，她将迎来一次成长。

“好了，看看怎么样？”理发师最后吹了吹发型，解开围布，展示他的手艺。

女儿站在镜子前，略显惊讶地看着自己的新发型。她的双眼闪烁着不确定与新奇，小手轻抚着自己的短发，仿佛在重新熟悉这个陌生的自己。

她转向我，一脸期待地问道：“爸爸，我看起来不一样了吧？”

“是的，宝贝，你看起来很漂亮。”我微笑着回答，心中涌起一股自豪感——女儿正在以一种独特的方式觉醒内心，为自己书写人生。

出了理发店，夏日的微风轻拂着女儿的短发，她转过头来对我说："爸爸，头发会再长出来的，我也会变得更好，谢谢你陪我。"那一瞬间，我看到了成熟和感恩，心中一阵酸楚与欣慰交织。女儿长大了，她在面对变化时表现出的勇气和乐观，让我觉得她已经不再是躲在我怀中的那个小宝宝，而是一步步走向独立、坚强的少女。

在人生的长河中，我们不断舍弃，也不断收获。女儿这一次剪发，就像生命中的每一次选择和决断，无论出发点是什么，都会经历内心的挣扎与成长，学会感恩过去，收获对未来的勇气，预示着一个旧我的结束和一个新我的开始。

剪短青丝付流年，剪短的青丝，是与岁月流年告别的见证。生命不息，变化不止，每一次的修剪，都是为了更好地生长，是一次心灵的解放，是对未来无限可能的拥抱。我们应该带着感恩之心，接受生活中的每一次变化，珍惜和回味过去，同时勇敢地迈向未来，让生命之舟在时间的长河中勇往直前，无畏地迎接每一个新的挑战。

（发表于《春城晚报》2024 年 8 月 19 日第 14 版）

此生与雪共白头

简拾陆

冬天的浪漫，或许就是长街吻过千堆雪。2023 年的第一场雪，赶在立冬前如约而至。

华灯初上，他的大手牵着我的小手，我们相互偎依着走在雪地上。我喜欢听脚踩在雪上“吱吱”的声音，喜欢看白皑皑的大地上，留下我们歪歪扭扭的脚印。

我仰着头，让一片片雪花飘在脸上，留下一丝丝的凉意。他看着我满脸的雪花，宠溺地问我冷不冷。我眯起了眼，看着高高大大的他，摇头说：“不冷。”然后身后的路灯亮起，把我们的影子重叠，拉得好长好长。

这是我们在一起的第二十七个年头，两鬓都有了白发。那个当年娶我的男孩，守着他的誓言，护我多年。“岁月悠长，执手相伴”，这八个字是他写给我的。那时候我不在他身边，彼此的联系断断续续，但每一次的只言片语，都让我坚定地知道，他在，我不怕。就像此刻，虽然大雪封路，但是有他，我可以闭上眼，只感受此刻雪花带来的浪漫。

我该是不幸的吧？ 2006 年的冬天，我从单元门出来，被二楼掉落的花盆砸到，失去了意识。再醒来，已是在医院的 CT 室里，旁边是送我来的邻居。

我该是幸运的吧，因为有他。当他匆忙赶到，我刚刚做完检查，被推到观察室，人完全是懵的。那天之后，他衣不解带地照顾我，满眼的心疼和后怕。

记得刚刚好转能吃下东西的时候，他跑到肯德基给我买了一份儿童套餐，只为了那个小小的玩具——一只粉色的布艺小狗，他想看到我的笑脸。回家那天，天上也下着雪，他执意背我上楼，那坚实的背好暖。

上班那些年，赶上年底结账，我都会非常忙碌。有时会忙到后半夜，无论几点，他都会在小区的门口等我，帮我停好车，握着我的手，就像今夜一样，领着我回家。我现在依然能记起，小区门口、路灯下、雪地上，高高大大的他，披着一身月光等待的模样。

从相识到此刻，我们走过了二十七个有雪的冬天，磕磕绊绊，却也简简单单。有他在，我的心就是踏实的，过日子虽是柴米油盐，却是幸福的。

今夜有雪，我的一生有他，朝朝暮暮，平平淡淡，就这样手牵着手慢慢变老吧！

（发表于《兰州晚报》2023 年 11 月 30 日第 16 版）

素手相执，足以慰风尘

肖 波

“还不回来吃饭吗？这都几点了？工作重要，身体就不重要吗？非要饿着肚子……”电话那头唠唠叨叨，话语间的怨气顺着声音钻进了我的耳朵。

“好好好，这就回，这就回。”我不耐烦地挂断电话，扭了扭僵硬的脖子，用力揉了揉酸痛的肩膀，开始收拾桌上的材料。长期伏案导致的肩周炎最近好像又加重了，左肩沉重得像是压了一座山，止不住地隐隐作痛。

我叹了口气，成年人的世界哪有“容易”二字，上有老下有小，每个月还着各种贷款，还有一家子吃喝拉撒，不拼命哪儿扛得住呀，可是家里还有个“火药桶”……想到她，我又叹了口气，如果不是为了那点加班费，谁不想早点回家，要忙到这么晚呢？

夜色薄凉，走出公司门口时，我忍不住缩了缩脖子，看到远处夜幕下暗淡的路灯，更是觉得有些凄冷了。我打开自行车锁，把公文包放到车筐里，又掏出手机看了看时间，快九点了，原来已经这么晚了呀。正准备收起手机的时候，我突然定住了，我再仔细一看，这日期，今天……今天是……没错，今天是结婚纪念日！我脑子嗡地一下，糟了，这么重要的日子我怎么给忘了呢，怪不得她那么生气呢！

我急忙跳上自行车，铆足了劲儿往家里骑去，风声在耳边呼呼掠过，左肩仿佛也没那么疼了。我一边骑行一边整理乱麻一般的思绪，结婚纪念日，还耽误到这么晚，回家免不了又要被“批斗”了。

其实她也不容易，刀子嘴豆腐心，一直操持着家里的事务，从没给我添过乱。倒是我，除了谈恋爱和刚结婚那会儿，这么多年也没怎么让她开心过……开心？对了，我应该准备个礼物，让她开心一下，对对对，就这么办！一念至此，我急忙顶着风把眼睛又睁大了几分，搜索起街道两边的商店来。

忽然，一家花店门前的霓虹灯闪入我的眼中，我心中一动，好像是挺多年没买过花了呀。我连忙放慢速度骑过去，准备挑选一下。花店里馨香扑鼻，布置得非常温馨，几排全透明的玻璃展示柜上，灯光布置得恰到好处，把店里的花束映照得更加娇艳欲滴。

年轻的小店员上前问我："先生您好，请问您需要什么花呢？"

我看着店里琳琅满目的花束，一下子犯了选择困难症："那个……结婚纪念要送什么花呀？"

小店员了然一笑，说："结婚纪念，也是纪念美好的爱情，当然要送玫瑰啦！"说完就熟练地帮我拿来一束剪好的玫瑰花。

"哦，对，是应该送玫瑰。"我一边应着，一边看向这束花。花分九枝，都是含苞初放的红玫瑰，娇嫩的花瓣从花芯处一圈圈向外绽开，挂着一颗颗小小的水珠，在温润的灯光下泛着晶莹的光泽，煞是好看。翠绿的茎叶被精心修剪过，用粉色的玻璃纸细致地包裹着，腰间用淡紫色的丝带系着漂亮的蝴蝶结。看着这美丽的玫瑰花，想着她看到花的样子，我竟一时间有些痴了。

"先生，这束花您还满意吗？"小店员打断了我的遐想。

"哦，可以可以，就这束了。"我回过神来，赶紧扫码付了款。

"结婚纪念日的礼物应该早点准备的，您要是再晚来几分钟，我们都要关门了。"小店员开好了单据，连花束一起递给我。

"啊，对，谢谢啊。"我心中更是羞愧，抱起花逃跑似地出了店门，继续往家里赶。一路上，为了保护玫瑰不被迎面而来的劲风伤到，我把花束用上衣挡住，护在了怀里。想着她，想着小店员的话，我不由得深吸一口气，骑得更快了。

终于,我一路风风火火奔回了小区,把车子一停,都来不及上锁,便回身一口气冲上了楼梯。到了门前，正习惯性地准备掏钥匙，我忽然念头一转,努力压下急促的呼吸,把花背在身后,轻轻敲了敲门。

“谁呀？”门内传出了她熟悉的声音。我想要回应一句，可突然间喉咙一紧，张了张嘴却没发出声来。

“谁呀？这大晚上的？”门内的声音大了几个分贝，脚步声由远及近，我竟有些紧张起来，再加上刚才的狂奔和努力压着的呼吸，我的额头上渗出了一层细密的汗珠。

家门“吱呀”一声打开了，她的身影带着家中温暖的灯光涌进我的眼帘。我动了动有点僵硬的脸强笑了一下，还未及开口，一串埋怨便轰了过来：“你怎么回事呀你，这么晚不回家，饭也不知道吃，身体不要了吗，出门还不带钥匙，你……”一看她大有滔滔不绝的架势，我赶紧把背后的玫瑰花拿了出来。

“哎，停停停，纪念日快乐！”二话不说，我先把漂亮的花儿送上。她一下子愣住了，看看我，看看花，一时间竟也说不出话来。

这时的气氛有些微妙，我俩看着对方，都不说话。不知是因为我紧张的手还是顽皮的风，红彤彤的玫瑰花瓣，随着我的心脏一下紧似一下地跳动，也在有节奏地微微颤动着，映得我的脸也越发地红了。

“你……”她吸了口气，好像在确认这玫瑰花香是不是真的，“你买花干什么？这么贵，几百块钱够我们买好多菜了。”她的声音放低，仍然习惯性地数落我。

“怎么，你不喜欢？那我去退了吧，省点买菜钱。”我接上她的话茬，作势要转身下楼。

她一把抢过花束，抱在怀中，没好气地白了我一眼：“退什么退，这大晚上的退给鬼去？再说了，你连结婚纪念日都不记得，不得让你出点血，加深一下记忆啊！”说完，喜滋滋地抱着花转身往屋里走去。

我心中暗笑，跟着走了进去，嘴上还在打圆场：“看你说的，哪儿会不记得呢，我可早早就买好花了，就是加班有点晚了而已嘛。”

她正在左看右看，在客厅里找摆花的位置，头也没回就怼我：“切，我还不知道你？你能对我有那么上心？再说了，这花瓣上的水珠还没干，外面的包装都被攥出汗了，拿在手里都烫人，明显就是回来路上刚买的吧！”

女人啊，这第六感和观察力，真是堪比福尔摩斯。

我苦笑了一下，看着她的背影，忽然觉得很惭愧，又有些感动。我上前轻轻抱住她，她身子一震，又抱着花靠在我怀里，抬起头瞟了我一眼又低下去，嘴里轻轻说了声“干吗呀”，脸颊上浮起一抹醉人的酡红，这让我瞬间想起了徐志摩的诗句：“最是那一低头的温柔，像一朵水莲花不胜凉风的娇羞。”

我把她转过来，捧住她的手，连着玫瑰花一起捧在我胸口，深情地说：“我买了玫瑰花，并不是因为我喜欢玫瑰花，而是因为它的美丽让我想起了你，我想象着你拿到花的样子，我想象着你一定会开心，那样我也会很开心。”

听了我的话，她的眼中忽而闪出亮丽的神采，靠前一步，也深情地对我说：“其实，我接受你的玫瑰花，也不是因为我喜欢玫瑰花，而是想到你为了给我买花，花费的时间和心血，我也喜欢看你哄我开心的样子。”

四目对视，秋波流转，暖暖的情意在这方小小的空间里蔓延、回荡、升温，被我们四手交握的玫瑰花也愈加烫人，在我们跳动的两颗心之间更加色彩艳丽，红得仿佛要燃烧起来。

“叮！”突然一声脆响打破了此时的旖旎。她一下子惊醒过来，忙松开手向厨房跑去，“哎呀差点忘了，饭菜还在蒸锅里保温，为了等你，我自己都还没吃呢！”

我哈哈笑了起来：“那不正好，咱俩来个烛光晚餐呗！老婆，我能喝点酒吗？”

“喝呗，今天我陪你，老公！”

此时此刻，素手相执，温一壶酒，足以慰风尘了。

（发表于《家庭百事通》2023 年第 8 期）

第二辑

山海寄情

岁月温柔　山海远阔
随时保持一颗自在豁达的心
带着一双找寻美的眼睛
才会遇见藏在山海之间的浪漫
才能成为这些美好风物的主人

最后一通电话

舒 悦

说起来，那是二十年前的一通电话了，却让我记忆深刻。

那日夏至，天气十分闷热。我的小风扇“吱呀吱呀”地摇晃着，热风一阵阵扫过房间，真叫人更加烦闷。

“叮铃铃”电话铃响了，家人接通后，唤我听电话，我感到意外，临近期末考试，都在家里复习功课，谁会给我打电话呢？

我拿起话筒“喂”了一声，对面的人兴奋又小心地说道：“梦梦，猜猜我是谁？”我实在听不出来，便胡乱说了个名字。那边说：“不对，你再猜。”于是，我把班上的同学想了个遍，还是没能猜出。那边略显失望，不过很快，她在话筒里笑着说：“我是袁静啊！”

“啊！是你呀！”得知是袁静后，我尤为开心。曾经，袁静、范楠都是我儿时的好友，整天和我形影不离，不过她俩上完初中后就辍学了，一别两年，都未曾联系过。

“你现在在哪里呀？”一瞬间，我感到既陌生又兴奋，不知从何聊起。

“我在广州，在工厂里做工。”她回复我，语气开心，依然是记忆中那样爽朗的笑声。

“你呢，你还在上学吗？……是不是快高考了？”她似乎也很激动，想和我聊天，却似乎又不知道聊什么，犹豫着问我。

“是啊，到九月份就高三了，明年六月高考。”我认真地回复她，怕她不明白，又补了一句：“我选了文科，理科学得太差了。”

沉默了几秒钟。我打破了沉默：“你呢？上班怎么样？”

“还好，三班倒，管吃管住，比干农活轻松多了。”她笑着回答我，却不似刚才那么自信了。

“哦，那就好，你什么时候回来呀？”我怕氛围尴尬，在她回复我的时候便想好了这句，待她回复完，赶紧问出口。

“我初中上完过来的，还没回去过，再过一两年吧，再攒攒钱。”她的语气里已没了笑声，平淡如水。

“那好呀，等你回来了给我打电话啊。”我似乎也找不到话题了。

又沉默了几秒钟，两人道别。我回到书桌前，窗外依然骄阳似火，想起初中时，我们三个疯玩的暑假，也是这样炽热的夏天。

我在附近的镇上读初中，因为离家近，许多同学放学后都要回家务农，种地、打草、收麦、收玉米，这是他们的日常。夏忙时，班上一大半同学下午不上课，回家抢着干农活。我家没有农田，我也没干过农活，农村的这些事情对我来说很是有趣，便跟着他们去田野放羊、收麦子。我最喜欢夏至前后，正值收麦子的季节，金色的麦浪一望无垠，麦穗沉甸甸的，我欢喜极了。

当时年少，只觉有趣，哪里晓得那些金黄的麦穗是同学家里的收入来源。一些家庭举全家之力支撑孩子读书，实在供不起，很多孩子便在初中毕业后辍学，去南方打工挣钱，来减轻家里负担。

此后，我按部就班地考大学，和初中辍学的同学再也没有联系过，那一通电话，留在了那年夏天的风里，也留在了我年少的回忆里。

直到后来，我工作后，在空调房里码字，四季恒温，和节气也疏远了。偶尔得知夏至将近，那风吹麦浪的辽阔和她们灿烂的笑脸，又清晰地浮上了我的心间。又是一年夏至，很想问一句：“我儿时的小伙伴，你在他乡还好吗？”

（发表于《民声报》2024 年 6 月 20 日第 4 版）

荒屋与樱桃树

杨 颖

在我的少年时代，老家身后的那间荒屋，一直是一个秘密基地。

那里是村中少有的人迹罕至的地方，衰木荒烟，屋前的杂草长得比七八岁的小孩还高，密密麻麻地拥着挤着，连一方落脚之处都没有。远远看去，荒屋仿佛孩童的涂鸦，歪歪斜斜，全无一条直线。荒屋极小，只有一扇虚掩的斑驳的木门，与两扇缺了玻璃的窗。屋内也长满了杂草，萧森的茎叶从窗口门缝中挣扎了出来，仿佛已是半身堕狱的幽魂拼尽最后一丝力气，也要抓住人间的一束光。

荒屋东侧原本住了一对老人，双双去世后，这里的人气便又减了几分。东侧倒是住了一户人家，可那家将房子盖得老高，每到日暮时分，阴云般庞大的影子压下来，让本就晦暗的荒屋更加郁气森森，就连屋前那株结满了果实的樱桃树，也如鬼火般幽幽地勾着你。

一年夏天，我和几个馋嘴的小伙伴商量着去那里摘樱桃。有个胆小的孩子不肯去，说那屋里住着一条大黑蛇，专吃前来摘樱桃的小孩。我们几个胆大的虽不想临阵脱逃丢了面子，心里却实在打鼓。可那樱桃长得极好，又大又圆，红得要滴下汁来。恐惧终究败给了诱人的美果。

我们将隔壁二婶家的胖狸猫抱过来，派它去对付屋里不知是否存在的黑蛇。大家又各自捡来一根棍子，左右抽打着草丛，小步小步地往里进。走到一半，我们的动静惊扰了屋内的鸟雀，一群叫不出名的灰鸟“扑棱棱”地争抢着飞出幽暗的窗子。狸猫眼睛一亮，尾巴一甩，轻快地跃到墙边捉鸟去了。被狸猫抛弃的我们不敢再向前一步。此时正值黄昏，残阳如血，余晖闪熠在阴魂般的荒草上，暮鸦几点，愈增荒寒。我们顿觉鬼气森森，赶紧收住脚步，跑回院子，仿佛又回到了人间。

自此之后，我再没去过那里。

荒屋依旧垂头而坐，讲述着神秘的故事，红樱桃烂在枝头，哀伤着无人问津的甜蜜。

春去秋来，时间已将这里遗忘，任由雨雪风霜一点点抹去它的痕迹，就如它从未来过一样。我原以为此生再无机会踏足这方荒地，却不想在十几年后的夏天，窥探了屋内的秘密。

隔壁二婶家的儿子要结婚盖房，便将荒屋与东侧的旧宅买了下来。我回家时，荒屋已被机器捣成断壁颓垣。工人拿着镰刀清理屋前的杂草，左邻右舍围在废墟旁与二婶说话。幼时玩伴口中的黑蛇早已成为无稽之谈，屋中神秘的故事也化为了尘土。我独自一人在废墟上走来转去，偶一低头，忽然发现废墟下有一张黄棕色的信纸，纸张已被灰封虫蛀得面目全非，字迹也模糊不清。我捏着边角，眯起眼睛，透过阳光细细看了半天，终于看到一句完整的话：暌违日久，拳念殊殷，庭中樱桃树硕果累累，切盼吾妻早日归家，樱下团圆……

我心头似是被什么东西撞停了一拍。这是没有寄出的信吗？丈夫等到妻子归家了吗？他们吃到满树清甜的樱桃了吗……我举着残信问遍了在场的人，没有人知道其中缘由，也没有人知道荒屋的主人姓甚名谁。他们似乎真的被遗忘了。可是没有人生来是被遗忘的，一定还有别的什么记着他们。

樱桃树！

我转身去寻，却发现樱桃树已经被工人连根掘起，丢在杂草堆里了。树上还挂着串串樱桃，又大又圆，红得要滴下汁来。我折下一段樱桃枝，将它扦插在自家园中。

樱桃树啊，你要快些生根发芽，只有你活着，荒屋的故事才能延续，谁都不会被遗忘啊！

美丽的樱桃树啊，在这茫茫世间，只剩你还记得他们了啊！

（发表于《西安晚报》2024年7月3日第8版）

旧衣表旧情

唐瑶瑶

我平日在深圳生活工作，这里气候温暖，一年中即便最冷的那几天，穿短袖和裙装的年轻人依旧比比皆是。而在我的家乡湖南，春节时需要羽绒服御寒。可过年回家无非也就那么几天，我思忖着大可不必为了短短几天添置新衣，便年年穿着同一件羽绒服回去。

终于有一次，我妈忍不住开始念叨了："过年回家能不能换身新衣服，每年都穿着一件旧衣服像什么样，你让别人怎么看？一聚餐，大家都问我你闺女怎么年年就一件衣服？"

旧衣过新年，几乎等同于你那年混得不如意，而且还毫不掩饰地将这份不如意展露于人前。但细细一想，现在物资已然极大丰富，谁又缺那一两件衣服呢？而又有谁会因为一两件衣服而高看你一眼呢？观念的陈旧令人生畏。

新置办的衣服是否可以长久喜欢，这很难说。但旧衣服不同，它能在多次断舍离中逃过一劫又一劫，必然经过了无数的审视、琢磨和思忖。旧衣的材质必然是好的，款式也是经典的，历经岁月，穿出去依然能合时宜；它也必然是为你所喜爱的，不然早已泛白陈旧的它，你怎会愿与之一起对抗岁月的侵袭呢？

在以前，人们对旧衣是心存感念的。新三年，旧三年，缝缝补补又三年。一件衣服穿了又穿，人们对衣的珍惜可见一斑。就如同木兰拒绝封赏，只求归故里，到家第一件事便是"脱我战时袍，著我旧时裳"。《诗经》有云："岂曰无衣，与子同袍。"试想，当家人捧上旧时钗裙，木兰竟泪洒当场："我离家多年，替父出征，劳苦功高，为什么不给我添置新衣？”当沙场战士满脑子都是同生共死之情慷慨激昂赠袍时，被赠之人回一句：“你居然好意思把自己穿过的旧衣当礼物？”如此场景，将是何等的尴尬？可正因前人并不作如是想，才使存于旧衣间的深情，跨越千年，荡气回肠。

如今，穿旧衣的人确实少了许多，服装品牌四季上新，衣服成了快消品中的最大板块。不停地、快速地弃旧换新，在商家一波波广告中，在一篇篇软文的宣传下，正成为人们主流的生活态度和方式。

“新”，俨然成了最时髦、最有成就的代言词。可快速遗弃真的好吗？在时代的洪流里，被快速遗弃的又何止是衣服，迅速从新变旧的又岂止是衣服？你三五个月淘汰衣服，笑语“昨天的衣服已经配不上今天的我”，将其舍弃，而这社会也冷眼将你视为“旧衣”，青春还未彻底散去，三十五岁便被辞退的现象屡见不鲜。

也许是因为我自己恋旧，所以交往的人也多是恋旧的。朋友多是相处了几十年的。老朋友相处，少了客套，多了几分随心随性，或一杯清茶或一壶淡酒，挑灯闲话，你的过往他皆知，而他的往事你也了然于心，不必多言解释，一个眼神便心领神会。

我是做外贸的，客户虽然不多，可都是合作了数十年的老客户，大家早已磨合出了默契；工厂也是合作了数十年的老工厂，一张订单过来流程如何，产品生产该注意的点又是哪些，完全不必啰嗦，下单、付款、出货，整个过程如行云流水。

熟悉的人和物契合，总有种舒畅的美。旧衣又何尝不是如此呢？它熟悉你的体温、你的身形、你的气息，妥帖地为你遮身蔽体，不似新衣个性张扬，自有姿态，衣者，依也。旧衣表旧情，人皆愿换新，我却只愿旧时天气、旧时人、旧时衣。

（发表于《中国应急管理报》2023年10月26日第8版）

山楂树下

孙　伟

开春，三娘娘家院子里的山楂树开出了小白花。山楂树下，大雁回来了，在房檐下筑起了巢。

阳光晴好，三娘娘把炕上的被褥从一头卷起来，卷成一个圆筒，然后夹在胳肢窝下出了门。她冲屋里喊一嗓子："秋葵，看好门呀！"

"娘，我要吃山楂葫芦。"十岁的秋葵，从屋里探出头，一只手塞在嘴里，口涎横流。

"嗯，等结了山楂娘给你做！"三娘娘应着。秋葵三岁时高烧烧坏了脑子，就爱吃糖葫芦，天天要。

"春生，带秋葵出去玩一会儿吧！等山楂熟了娘娘多给你做山楂葫芦。"三娘娘央求我。秋葵傻，没人愿意跟他玩。三娘娘经常拿出零食央求周围的孩子带秋葵出去玩一会儿。

村里半大的孩子很多，有的孩子稀罕这点吃的，就带秋葵出去玩。但也有孩子捉弄他，不是把他推到泥坑里，就是给他抹一脸灰。秋葵也不恼，哈哈笑。

回到家的时候，三娘娘就叹着气，给秋葵洗洗擦擦。

经夏至秋，山楂在秋葵的注视下，一天天变红变大变得饱满了。直到九月底，暑气尽退。找个清凉的好天气，三娘娘会跟秋葵一起，从枝叶丛里摘下小灯笼似的果子，洗净晾干，然后串在竹签上。再在大锅里熬一锅糖水，等锅底糖水冒泡儿时，把山楂串放进去转一圈，糖葫芦就大功告成。

熬糖水的时候，烧火的总是秋葵。这时的秋葵很听话，脸儿洗得干干净净，她烧火的时候不急不躁，总是恰到好处。三娘娘蘸一串，他递一串。一串串山楂葫芦并排躺在面簸子里，一个个油光锃亮，闪着诱人的光泽。

秋葵小心翼翼举着硕大的山楂葫芦，站在街门口。也许是山楂葫芦的香甜味随风穿堂入户，也许是秋葵的咂嘴声惊动了别人，很快，三娘娘家门口就聚满了小孩子。

“那你以后会带秋葵出去玩吗？”

“会！肯定会。”

每个孩子最终都会许下不一定能实现的诺言，然后心满意足地吃到三娘娘的山楂葫芦。厚厚的糖衣又脆又甜，含在嘴里甜在心里。

秋天，天高云且淡，大雁们排成“人”字飞向南方。原野上，秋风扫过大地和田野。举着糖葫芦的秋葵在沟壑间奔跑，和小伙伴追逐打闹，赢了就让他吃一个山楂葫芦。秋葵笑得好开心呀！

糖葫芦总有吃完的时候，这时候山楂树都落尽了叶子。后来雪花会飞了，雪落后是年。年过后，春风又会来，山楂树又要发芽，开白色的小花，大雁又要回来了。秋葵还是会眼巴巴地问三娘娘。

“娘，俺想吃山楂葫芦。”

“好，等山楂红了，娘就给你做！”

三娘娘总会这么笑眯眯地说……

四十年过去了，三娘娘早已经去世了，秋葵后来去了敬老院。

大雁每年都在三娘娘的旧屋檐下垒窝筑巢。山楂树老了，没人采摘施肥，果子也越结越小。但它的花总是那么多，白花花一片呀！

我们痴痴地在山楂树下等着，等它给我们结一树的山楂葫芦……

（发表于《扬子晚报》2024 年 2 月 29 日第 3 版）

送你一座皖南乡村小院

操梅林

皖南的乡村小院里有什么？小院里什么都有。

你下了车，站在了小院门口。院墙边郁郁葱葱的绣球花映入眼帘，硕大的花朵一簇一簇地探着脑袋，淡雅的蓝色和鲜艳的红色花朵争奇斗艳，但你很难说哪株更夺人眼球。小院的木门长年累月地打开着，随时准备着迎接远方的客人和归来的家人。

你走进了院子，转身抬头看见右侧的院角落里是一棵柿子树。眼前的这棵柿子树，还是这座小院刚建成时，父亲亲手栽下的。十几年过去了，曾经的柿子树苗如今早已长成高大威武的柿子树了，葱郁无比的树叶间缀满了大大小小的柿子。你低头看去，时有被风吹落的柿子掉在地上，引来鸡啄食。

你怕打扰鸡吃食的雅兴，转身来到院子的左边，倚着院墙而栽的是一排排韭菜，有些才被收割后撒上了草木灰，有些一茬一茬地冒出新发的韭菜苗，还有宽大而青翠的韭菜，在清晨的阳光下愈发新鲜欲滴。

你俯下身凑近了仔细看，在韭菜不远处有两株兰花，若不是被根部冒出几株小而尖的芽头吸引，你或许就被它与韭菜相似的外表迷惑，将它们混为一体，忽略了它的存在。若是不吝啬一场雨水，芽苗便会很快长大，芽苗上长出花苞，花苞慢慢绽放变成兰花朵，那时院子里清淡优雅的香气便会经久不散。

“汪汪汪”，你被狗叫声吸引，院子深处的葡萄架下一只小花狗正摇着尾巴。你走近几步，小花狗便叫得更欢了。你俯下身呼唤它，它便停止了奶凶奶凶的叫唤，蹭蹭你的裤脚，舔舔你伸出的双手。你抱起它掂了掂，“肥皂，你又长胖了……”肥皂这个名字还是原主人取的，抱它回来后一直沿用至今。如今它愈发长得像一块肥皂了，又胖又圆。

你抱着肥皂倚坐在葡萄树下的躺椅上，轻轻摇轻轻晃，肥皂在你怀里乖巧地躺着。斑驳的阳光透过葡萄架照射在你的身上，照耀着你的眼睛，你抬头顺着阳光看去，一串串垂下的翠绿的葡萄中点缀着几颗早熟的紫色。你抑制不住口腔内唾液的分泌，起身伸手摘下几颗半熟半生的葡萄，来不及清洗直接在袖口上擦擦，酸中透着一点甜。你本不爱吃酸的，一边皱着眉头，一边龇着牙，手中剩余的几颗葡萄却并不舍得扔。

“葡萄又没熟，吃那玩意干啥？那里有洗好的黄瓜，城里吃不到！”肥皂的叫声引来了母亲的注意，母亲系着围裙站在厨房门口，手中还拿着扫帚。屋檐下的水池里装着半池清澈见底的泉水，几根青绿色的黄瓜、紫色的茄子和一堆红绿辣椒放在竹篓里，不时从竹篓里滴落的水滴，激起了池水的涟漪。黄瓜是你小时候最爱吃的，午饭前、放学后，黄瓜成了最好的解馋“零食”。

你一边啃着黄瓜，一边躺在摇椅上抚摸着肥皂。烟囱里冒着炊烟，厨房里锅碗瓢盆叮当作响，土灶台的锅里滚烫的菜籽油“滋滋滋”地伴着香气充斥着你的鼻腔。邻居张大爷牵着一只羊，从矮小的院墙外探进脑袋，笑嘻嘻地问道：“丫头回来了？好久没回来了……”熟悉的身影，熟悉的声音，你笑着点点头，心里却在暗暗算着日子，确实有半年没回来了。“进来坐坐，喝杯茶！”母亲招呼张大爷进院子里小憩，张大爷连连摆手，“不了，不了，老婆子也做好饭了。”

的确，城里是吃不到这样新鲜无污染的黄瓜的，也听不到如此熟悉的声音。一切都是那么清新自然，一切都是如此自在安逸。你想到了“门前青绿架，串串玉葡萄”“奢华别院隐深山，花草垂门似瀑悬”“柴门闻犬吠，风雪夜归人”……自古以来，总有无数诗句形容乡村小院。奈何，此时此景，你却找不到哪句诗词能尽善尽美地描述皖南乡村的这座小院。古人虽博学，却没有一句贴切又契合你此时的所思所感。

说不上来为什么，不管你在外面遇到多大的难事，回到这座小院，你总能感觉到心安。院子里的一切既熟悉又陌生，熟悉的是这几十年来一如既往的生机与气氛；陌生的是，这种感觉你已经许久不曾感受。这种感受，别无他处，只在此院。

于是，你闭着眼享受着阳光的沐浴，一遍遍回忆着曾经在小院里的点点滴滴。你庆幸自己曾生活在这样的小院里，也满足于一直有这样一座小院在等着你随时归来……

（发表于《精神文明报》2023 年 2 月 24 日第 4 版）

老院情深

佳　禄

父亲小时候的老院是由土石路面、土墙和木头块儿构筑的世界，充满了纯真与欢乐。当时村子里就属我们家人多，奶奶育有子女八人，一家老小生活在老院中。每天赶早儿地起床，大人们便开始干活儿，小孩儿也学着大人的样子，帮忙做些力所能及的事情。

兄弟姐妹属父亲最小，在家中他也是备受宠爱。每天和同村小孩儿一块儿挖水坑、玩泥巴、偷苹果……忙得不亦乐乎。我尤其喜欢听父亲讲这段童年趣事，从小听到大，从来听不腻。姑姑们则没有这样的闲情逸致，不仅要帮助奶奶干家中琐事，还得管着父亲不生事端。大叔二叔成家早，家中的苦活儿累活儿全都落在了三叔头上，每天打柴、放牛、担水，一件接着一件。后来，三叔也出去工作了，有一段时间这些活儿就落在了姑姑们和父亲的头上。

再后来，老院迎来了一次翻修。翻修的主力军由四个哥哥组成，奶奶则充当着指挥官。据说当时全家出动，场面热闹非凡，每个人各司其职，搬石头的搬石头，和泥巴的和泥巴，颇有一派“愚公移山”景象，经过一段时间的翻修和整装，老院迎来了全新的面貌：院子用大块的石头铺满，房屋用砖石垒了起来，房顶铺上了清一色的房瓦。

翻修后的老院迎来了新的生机——我的哥哥姐姐们相继出生。他们每天成群结队地满村跑，成了村子里“势力”顶大的一伙儿人。他们玩乐的同时，兼顾的还有学业。当时的学校不比现在，高年级、低年级都在一块儿学，所学的内容非常杂。上学的人都是成群结队的，放学后他们头一件事就是出去玩儿。一到下午，满村孩子你追我赶，那场面简直不要太热闹。然而，当写作业的时候，他们便犯了难，只能大眼瞪小眼，相互求助。

再后来兄弟姐妹里面的“老末”——我也出生了，和父亲一样，我也是全家非常宠爱的存在，我清楚地记得，想跟着哥哥出去玩儿，他们不带我，奶奶训斥他们的场景。现在回想起来，我的嘴角就经常不自觉地上扬。

随着我们的长大和爷爷奶奶的相继离世，老院慢慢地不那么热闹了，只有在过年的时候才会回去相聚。

前几年老院迎来了又一次翻新，这一次是请工人给修的，没用几个月便将整个院子翻修了一遍。路都用水泥铺了一遍，墙体都换成了灰色水泥砖，房顶变成了红瓦，窗户、家具全都焕然一新。当时装修好一看，崭新的院落呈现在人们眼前。遗憾的是再也没有了以前的场景……

院子修好后，三叔提议，大家都回来看看“新修的院子”。大家不约而同地回到了新修的老院子里。当众人站在院子里时，都不由得四处张望着、走动着。看得出来，他们心中感慨万分。

时光如梭，老院一次比一次新，但也一次比一次冷清。平日里院子已经没有什么人去了，只有在过年时院子才会生出一股子烟火气。大家欢聚一堂，在院子里面欢饮达旦……

老院不需要很多人陪伴，它静静地伫立在那里，见证着我们的成长和变迁。而我也会将这份记忆珍藏在心底，让它成为我生命中宝贵的财富。

（发表于《春城晚报》2024 年 4 月 24 日第 14 版）

枣儿红了

徐　妮

远离故乡，在城里生活了二十年。如今再回故乡时，本想看看记忆中的那一树枣儿。只可惜，我走遍了方圆几公里，眼看着圪梁上满山的枣树，却寻不得几颗红枣。

枣树为什么不结枣了？我心中泛起一阵疑虑。是因为干旱吗？是被冰雹打了吗？是生害虫了吗？显然都不是。再仔细瞧那一片片的枣树地，长满了杂草。哦，我心头一震，这才有些明白了。

记忆中，人们还在农村的时候，每到枣儿红了的季节，满山的枣树，漫山的枣红。一串串红彤彤的枣儿挂满了一树又一树，枣树的主家带着妻儿老小红红火火、热热闹闹地打着枣儿、拾着枣儿、吃着枣儿。笑盈盈的声音总是在山里一阵又一阵地荡漾着。

我们老家山上的树很多，有榆树、槐树、柏树，而我最喜欢的还是枣树。在我看来，这世界上的任何一种树都不及老家的枣树，也没有任何一种果实能比得过故乡的红枣。

老家的枣树，还是奶奶年轻时回乡当村支书的年代带人栽起来的。有思想有干劲的奶奶还带人修起了一垄垄的梯田，那是黄土高原上最美的褶皱。接着，不只是山坡上长满了枣树，就连梯田上也栽种了一株株嫩绿的枣树苗。

几十年来，父辈们悉心地照料着枣树。春天枣花盛开后，他们开始给枣树剪枝、施肥、除草；夏天要有足够的雨水，秋天枣树才能结出丰硕的小果实。最担心的就是夏天的雷雨，千万不能下冰雹，要是下了冰雹，枣儿就会被一个个砸落到地上，人们的心也会跟着颤抖。那可是一年的希望啊，地里的粮食除了绿豆值钱点，一家子就靠着秋天这枣儿卖几个钱，供娃们读书、上学。

秋天终于盼到了，一颗颗青色“宝石”慢慢变红。起初是枣头开始染上一点红晕，我们把它称作“红眼圈”，接着是半身红，随后是全身红，我们称之为“满身红”。摘一个又大又红的枣儿咬一口，“咔嚓”一声，爽脆酸甜，怎一个“香”字了得？最后红遍全身后，枣儿会慢慢变软，被称为“糖心枣”，也代表着枣儿真正成熟了。放眼望去，沉甸甸的枝头上，一颗颗“红宝石”在风中轻轻摇曳，仿佛昭示着它的珍贵与美丽。

关于枣儿的乐事，真是一箩筐都盛不下。要说最有意思的还是打枣。在去往枣树地的路上，一根打枣用的长棍，中间穿上几个捡枣用的篓子，两个小孩一头一尾抬着走。几只篓子随着他们轻快的步伐，左一下右一下地晃悠着，真是有趣。打枣是大人的事，捡枣还是得看孩子。挑两个一样的篓子，一人占领一块儿地。比赛开始后，孩子们的双手像是装了机关一样变得十分灵活，一篓子、一袋子、一车子。太阳快要落山了，大家伙儿的动作不由得慢了下来，因为又冷又饿又累呀，但又想起来大人说的话：“今年的枣儿可以卖上好价钱。”孩提时对钱是没有概念的，只听母亲说过：“手里的一把枣儿，就能换来一张烙饼。”于是，那股干劲又来了，尽快捡，明天还要去另一块枣树地……

可此刻，当我再想去那片枣树地捡枣时，却怎么也寻不到枣儿。一代代人都远离了故乡，他们带走了光阴，却带不走那一片片厚重的黄土地，带不走那一棵棵高大的红枣树。

而今，枣儿又红了，可是去哪里寻它们呢？

（发表于《南方农村报》2023 年 10 月 28 日第 13 版）

老屋的火塘

韩 熙

我童年时期的寒假是在老家度过的。那里一步入十二月，寒风就会疯狂呼啸起来，寒气会趁机钻入人的肌骨，冻得人瑟瑟发抖。就这样，迟来的冬天就此拉开了帷幕。

冬天一到，我们一家便很少出去劳作了。老屋没有火炉，只有堂屋里有一个方方正正的坑，盛满了草木灰，以便烧柴火使用，大家把它叫作“火塘”。这个火塘，是老屋的心脏，每一次火苗的跃动，都是对老屋血液的供给。

火塘的火，一年四季都在燃烧，冬天的火格外热闹，也需要吞吃更多的柴火。因此，每个冬天的早晨，我都要跟着奶奶到山上去背柴火。清晨的山里总是笼罩着一层薄雾，犹抱琵琶半遮面地掩着湿滑的小路。而我，大抵是初生牛犊不怕虎，那时的我一进了山林，便不管不顾地向前疯跑，吓得奶奶在后面直呼我的名字。我却只管向前，任由雾水打湿我的鬓发。直到奶奶的声音远去，我才渐渐停下来。

每当这时，天边的太阳已经缓缓地挣脱了群山的束缚，斜射在山林里，驱散了雾气，抖落了一地金黄。喜鹊也觅食归家了，在树上“喳喳”地叫唤着它们的孩子。我总会为这样的美景着迷，直到奶奶从后面追上来，我才回了神。

奶奶背着被岁月磨得发光的大背篓，这个背篓，能装下两捆柴火，而我背着爷爷新编的青色小背篓，只能装下半捆柴火。奶奶力气大，背上背着柴火，手上还要再拿两捆，直到被压弯了身子。而我力气小，背着半捆柴火就累得气喘吁吁，走路也摇摇晃晃。有时候，我想让奶奶给我减轻一些负担，便大声抗议："我背不动了！"然后便坐在身后的田埂上故意闹脾气。这时候，奶奶便知道我是犯懒了，于是脚步不停，只丢下一句："你歇一会儿吧，我回去烧洋芋吃了。"但凡奶奶这样说，我便不敢再装相了，一骨碌爬起来，去追奶奶的脚步。

烤土豆是我冬天最喜欢的食物之一。我和奶奶背着柴火回家的时候，爷爷已经砍完了竹子，正在火塘旁编织竹篮。他看见我们回来，便在火塘里支起一个三脚架，然后架起柴火，用火钳将柴火下的灰扒成一个小坑，紧接着，便把土豆埋进火堆旁的草木灰里，最后再装一壶水放在三脚架上，用来温酒。在等待的时间里，爷爷往往会背着奶奶偷偷呷一口苞谷酒，随后开始给我讲故事。

爷爷没什么文化，但年轻的时候喜欢看戏，脑子里总有讲不完的故事。一会儿工夫，他便从《定军山》讲到《智取威虎山》，有时兴致来了，还要"咿咿呀呀"地唱上两句。我在一旁听得津津有味，奶奶也不知不觉地入了神，连爷爷明目张胆地喝两口酒都没有发现。

当壶中的水叫嚣着要溢出来时，埋在灰里的土豆也烤好了。爷爷便结束了他的"讲坛"，奶奶用火钳将土豆从灰里扒出来。烤好的土豆穿着一身"黑袍"，用手轻轻剥下后，便露出了金黄的"铠甲"，一口咬下去，外焦里酥，软软糯糯，特有的香气瞬间扑满鼻腔。这时候，最妙的就是蘸点"单山蘸水"，只需要蘸上薄薄的一层，便足以让质朴的土豆在舌尖作出一幅火热的岩彩画。

烤土豆的味道实在美味，直勾得我欲罢不能，吃得满嘴、满脸都黑乎乎的。奶奶在一旁一边提醒我慢点吃，一边为我擦去脸上的灰。爷爷则笑得眯起了眼睛，把一排光秃秃的牙龈也露了出来。懒惰的猫儿这时候也溜了出来，偷偷叼了一块散落的土豆皮，便依偎在爷爷的脚边啃咬起来。火塘的火光妖娆地映照在我们脸上，留下了一抹暖黄，屋外虽然寒风呼啸，屋里却温暖如泉水，这温热的泉，在我们每个人心间流淌开来……

如今，岁月流逝，故乡的老屋早已被新建的房子取代。新房子里没有火塘，也没有爷爷，就连那懒惰的猫儿也远去了。但是，火塘将永远地烙印在我的脑海中，不停地为我的生命和灵魂提供燃料，它在我心里，将会一直燃烧下去，不会熄灭，也不会消逝。

（发表于《民族时报》2023 年 12 月 19 日第 3 版）

行在朝雾里静待花开时

徐　静

人间岁末，孟冬去也，仲冬在望。

寒风与暖阳，期许与等待，岁末与年初……仔细想来，我们正在度过最撩人的冬天。在喧闹的城市之外，总有些湖光山色、田园风景，能够治愈我们那颗浮躁的心。

清晨，寒风微动，灯光缱绻，冬日的暖阳还未将大地拥抱，万物还沉睡在未亮的天色里。我们的车子已缓缓启动，今天我们要去的地方，他的名字是由一个美丽的传说演变而来的——翠华山。

翠华山原名太乙山，传说有太乙真人在此修炼过，所以得此名。后来人们又为了纪念一位敢于反抗封建礼教，名叫翠华的姑娘，故将太乙山改称为翠华山，还在山中天池湖畔建立翠华宫，其遗址今亦可见。

车子缓缓地在路上行驶着，依稀中，我们可见远处的村庄中晨雾弥漫着，雾霭层层笼在婆娑的山影间，团团飘浮在盘旋的公路上。像是天边飘落的烟霭，给难得静谧的时光罩上了一层绵绵的纱帐。公路两旁的田野里，小麦已给大地披上了一层薄薄的绿毯。几枝芦花在绿毯的边缘摇曳着柔软的白。偶尔还会看见几片未落尽的叶子在缓缓地飘。

不知行驶了多久，前方的路依旧在雾中朦胧。一年的过往也在雾中，似梦非梦，缥缈开来。车窗外的人在雾中，若隐若现，有些恍惚。

车子在我的思绪中，终于从山门穿越而过，到达了半山腰的“天池”。说是天池，其实就是一个堰塞湖，此湖有“秦岭明珠”之称，为秦岭七十二峪唯一一处堰塞湖，烟波浩渺，云蒸霞蔚，颇为壮观。旁边的山崩巨石与天池湖光相融，碧峰绿水，奇石异洞，构成了一幅人间仙境。

站在天池边上，远远望去，翠华山在云雾缭绕中，依稀可见山势峭拔、群峰林立，山坡上长满了郁郁葱葱的树木。爬上十八盘，再经过美食街后，顺着山石而行，忽见一瀑布悬于山壁之上，水流倾泻而出，好似一道银链挂于山川，旁边又分出来一个小瀑布，娇小而湍急，给人一种中国山水画之大美。

再往前走，我们来到了壮观的山崩石海景区，只见一块巨大的山石屹立在那里，上有于右任先生的墨迹“中国山崩奇观”。看介绍，这里有著名的十大奇石和十大奇洞，由此上山，我们就进入了山崩景区。这时晨曦初露，天边有淡淡的光跃过云海。几条细微的光偷偷地穿过了雾幕照射在远处的山峦上，太阳也逐渐变得丰盈起来。那雾成了牛奶白，再次聚拢，接着变轻、变薄、变淡。在金色阳光的映照下，最后一缕青烟也消散于层林尽染间。

落叶的浅黄与深绿，将林间的空隙铺成斑驳的小路。夏花以灿烂燃烧，落叶以静美从容。远处的天空已由玫红过渡成了浅黄。我的思绪被拉得很远很远，心情也放得很空很空。

再回首，群山已露出了新的模样，红黄的树木交织着，如画家刚用油彩涂抹过，湿润而清新。不远处的村庄也显出清晰的房屋，是那么的淡泊悠远，宁静舒适。我不由得惊喜起来，原来这就是诗中所说的“浮云难蔽日，雾散终有时”“莫道浮云终蔽日，总有云开雾散时”“雾散云开万里疆，登高望远看斜阳”“守得云开见月明，静待花开终有时”的意境吗？

雾散无痕，仿佛世间的一切都变得空灵亮堂。

行在朝雾里，静待花开时。此时，山间的美景，被冬日清晨的朝阳已映红，犹如一抹暖阳，照亮了我的心房……

（发表于《兰州晚报》2023 年 12 月 15 日第 16 版）

山海寄情

王丽莎

夏日渐深，连着下了一个多月的雨，心情也不禁潮湿起来。等不到晴天，想要出游的心情已经达到了顶峰。雨势稍停，便同友人相约去看山看海。驶入山脊沿海一段，烟锁群峰，雾失楼台，路也看不清，只有满山的风车若隐若现，悠悠地旋转着。车辆在雾色中缓缓穿行，仿佛驶入了迷宫一般。

山色苍茫，前路愈加朦胧，天空还扑簌簌地下起雨来，我们只好悻悻地下山。下山的路便是环海公路。此时，雾气散去了大半，雨也渐渐停了，行驶在环海公路上，视野逐渐开阔。眼前的大海、远山、岛屿、烟波与帆影，混着氤氲的水雾，渐渐地连成了一幅涌动的水墨画卷，直向我们涌来。

平生爱山海，破雾乘风来。不负期待啊，原来是等在这里给我们一个偌大的惊喜！在岸边驻车，迫不及待地奔向了山海之间。

大海是温柔的，碧波万顷，海天一色。云雾缭绕水中蕴，飘然隐入山海间。玉带般的云岚绕过远山，层层叠叠，如美人淡扫的娥眉，柔柔的，淡淡的，眉间似有轻愁渐染；水雾飘过岛屿，远远近近的小岛如墨色晕染的点，又似庄子笔下来自北冥的鱼，自在遨游于苍茫云海间；烟波拂过轻舟，明明灭灭，更似水墨丹青的神韵，勾起无尽的诗情画意。

方才遮住了望眼的浓云重雾，现在却轻盈地成了画中的神来之笔，无端添就了一抹神韵、一缕缥缈。真叫人分辨不出到底是在凡尘，还是仙境。

海风轻拂，天光渐亮，远处大大小小的岛屿和输电塔隐约显现，在云雾中恍如汀芷和玉树，静静地伫立；五彩斑斓的渔舟开始意气风发地出港，将海面划出道道素白的水痕，如船只生出的翅膀一般，向深海前行；近处的滩涂，浮竿标影浅浅淡淡，在天青色的背景中排列着，错落有致。渔家生活与自然风光相映成趣，形成了一种生动的美感。

天地大美，因为人与自然的和谐共进；山海辽阔，因为它包容万物，自在灵秀。“黄河落天走东海，万里写入胸怀间。”我踏着沙石与诗意，进入这一幅水墨画卷，聆听海风与海浪的回响，体会到一种久违的宁静与舒朗，心中的雾气也渐渐散去，连日来的沉闷与思绪，也渐渐释怀。自觉可与清风对话，与烟波相望，有如一艘不系之轻舟，自在徜徉。

岁月温柔，山海远阔，随时保持一颗自在豁达的心，和一双找寻美的眼睛，才会遇见藏在山海之间的浪漫，才能成为这些美好风物的主人。正如辛弃疾言：“更远树斜阳，风景怎生图画。青旗卖酒，山那畔、别有人间。”

（发表于《沧州晚报》2024 年 7 月 2 日第 15 版）

（发表于《联合日报》2024 年 7 月 9 日第 4 版）

驼队经过的地方

张晓敏

无数次幻想去连霍高速的那一头看看霍尔果斯边境口岸，领略那大美新疆的自然风光。去年春天，我来到了伊宁市，刚刚住下，心里就开始盘算着抽点时间，去霍尔果斯走一走看一看。

伊犁是西北多民族聚集地。霍尔果斯口岸与哈萨克斯坦边境相连，拥有保税购物中心，中亚风情浓郁，吸引着中外游客购物游览。在伊宁市区打车去霍尔果斯，的哥是一位回族老司机，想不到会讲当地几个民族的语言，他用带有陕西腔的回族话招揽生意，看到少数民族长相的人，立刻改用维吾尔语或哈萨克语招呼。他说他们村庄住的大部分是维吾尔族人，自小跟他们一起读书玩耍，交往时间长了，维吾尔语自然就学会了。

去往霍尔果斯沿路到处可见薰衣草庄园，途经的清水河镇，那里是新疆薰衣草生长最好的地方，紫色的薰衣草适应当地气候和土质，花色漂亮至极，品质上乘，可与法国的普罗旺斯相媲美。

可克达拉草原，这片边境上的大草原，满眼望去，一片碧绿。1959 年，张加毅和田歌在拍摄纪录片《绿色的原野》，采风时听到维吾尔族战士歌唱劳动和爱情的悠扬歌声，深受感染，回到住处后，很快创作了歌曲《草原之夜》，表达了军垦战士对美好未来的憧憬。歌曲因其悠扬的曲调和深情的歌词被誉为“东方小夜曲”。

公路两边和开阔田野上，一排排白杨树长出了嫩叶，连绵的西天山如一道屏障横贯东西，在阳光照射下，山顶上覆盖皑皑白雪更显夺目。

进入霍尔果斯市区，道路宽敞，建筑有着新疆本土的特点。斜坡房顶，窗框雕花装饰，人字形门廊，蓝色基调具有俄罗斯建筑风格，一切都是崭新的，充满着活力。

新欧亚大陆桥把连云港和霍尔果斯连接在一起，一个位于黄海之滨，一个矗立在天山脚下，两个城市之间却有着不同寻常的渊源。霍尔果斯第五代国门内零公里标志牌上，标明连云港至霍尔果斯高速公路全长 4395 公里。中欧班列从连云港始发，在霍尔果斯口岸出境。在市内的医院、学校、产业园区，活跃着许多对口支援霍尔果斯的连云港人。在这里有诸多的连云港元素：苏港中学、现代农业科技园，赣榆人安述庆把连云港大厦建到了霍尔果斯，看中了霍尔果斯“西承中亚五国，东接内陆省市”的优势，让更多的江苏人来到连云港大厦了解新疆，沿着“一带一路”向西发展。

“霍尔果斯”在哈萨克语中意为“财富聚集的地方”，素有“千年驿站、百年口岸”之称，今天的霍尔果斯是新疆乃至西北最大的内陆对外贸易口岸。中哈贸易合作区、自贸片区和各种产业园区推动霍尔果斯迅猛发展。霍尔果斯铁路口岸，已成为国际物流陆路运输的“黄金通道”。

在霍尔果斯，一组骆驼昂起头驮着货物前行的雕像引起了我的注意，“霍尔果斯”的蒙古语意为“驼队经过的地方”。如今，驼队的雕像已成为霍尔果斯的象征，更是这座千年驿站的永久记忆。

（发表于《江南时报》2024 年 1 月 23 日第 4 版）

夜游护城河

李　琳

老舍先生写济南的水："哪儿的水能比济南？有泉——到处是泉——有河，有湖，这是由形式上分。不管是泉是河是湖，全是那么清，全是那么甜……"这里的"河"，便是济南的护城河。

自古以来，济南有"四面荷花三面柳，一城山色半城湖"的美誉。而济南的三大名胜"千佛山、趵突泉、大明湖"更是备受文人墨客的青睐，它们自有它们的美，而现在，我只想一睹护城河的夜色。

我在济南读书和生活了很多年，成家后定居的城市离济南也不远，从家到济南有三个小时车程。许是那晚心情烦闷，又或是诸事不顺，我迫不及待地想去护城河畔走一圈。到济南后，驱车前往宽厚里，简单吃了一点东西，开始沉浸式游览护城河。

夜晚的护城河很美。元宵节刚过，灯笼和灯带还不曾撤去，从解放阁向西望去，河面上氤氲着些许雾气，正如一条"玉龙"蜿蜒盘旋在济南的夜色里。游玩的人不多，在护城河的静谧中，心也开始变得安静起来。路上偶尔有骑摩托的少年呼啸而过，发动机的轰鸣声打破了夜的寂静，像石子猛地击入水面，荡起阵阵涟漪，又很快散去了，那是他们肆意飞扬的青春啊！

从解放阁附近沿着台阶下去，踩着古老的砖石，就到了护城河的北岸，我突然被琵琶桥吸引住了。琵琶桥的旁边是琵琶泉，因此而得名。琵琶桥两侧的树已经开始吐芽了，垂柳的枝条也带了点点绿意，微风拂过，柳丝轻摇，河里泛起涟漪，烦闷的心也被这抹绿意所感动。站在琵琶桥的中间，俯瞰整条河，听琵琶泉的水潺潺流出，在河中位置荡起细微的涟漪。涟漪慢慢地扩散、变大，成为一簇簇的水花，像一树一树的花开，至美至柔。突然，花撞进了河的北岸，打在古老的砖石上，不见了。

沿着护城河的北岸，慢慢地向西走，水中的涟漪变少了。古老的泉城济南，在“泉”字路灯下，开始安静起来。河面上偶尔会有一丝丝微波，那是晚风拂过的痕迹。渐渐地，我听见有泉水的声音，声音越来越大了，原来到了对波泉。对波泉附近有一片自然形成的石头，随意地排列，表面光滑，人们或站或坐，感受着古老的泉城带来的记忆和温度。正如鲁迅先生所说：“走的人多了，也便成了路。”

走到岸的尽头，过桥去南岸。南岸的泉眼更多，汇波泉、金虎泉、一虎泉、豆芽泉……各种大小泉眼沿河排列，都有亭子可以稍事休息。移步换景，各有特色。那晚，趁着夜色，我看到汇波泉里有一条大鲤鱼在吐泡泡，它仿佛也觉察到我在看它，转身就游到泉眼那里去了。

继续向东，就到了黑虎泉，尽管是深夜，但黑虎泉的三个石雕虎头依然在大口“吐”着泉水，奔涌而出，水声轰鸣，夜色下可见“黑虎啸月”四个大字，真是应景。犹记得学生时代，白天和同学一起游护城河，总要到黑虎泉这里，来和那三只老虎的石像合影，看济南的大妈大爷带着桶过来打泉水，总会要上一杯尝一尝水的清冽甘甜。想到这里，我的嘴角忍不住洋溢起一抹笑意，护城河也荡漾着我的青春啊！

晚上十点半，河上所有的灯都熄灭了，只剩下一抹月色。走在古老的砖石上，仿佛与年少的自己邂逅，心中变得柔软起来，平静如水。夜游护城河，只带走了一抹春色。

（发表于《中国应急管理报》2024年3月4日第4版）

旅行是一场不期而遇

唐瑶瑶

我爱旅行，大多时候并不只是为了看名山大川名胜古迹，仅仅就是出门走一走。好似离开了平时熟悉的地方，少了日常条条框框的束缚，空气也会变得自由和甜蜜起来。有人说，美好的东西，往往在意料之外。我想了想，也觉得如此。在旅途中，我们往往最容易遇见意外的美食，遇见意外的人和事，遇见意外的美好。

犹记得，一次从桂林的芦笛岩逛完出来，在小道的拐角处看到了一个凉棚。凉棚仅几根竹竿撑着，上面只用那雨棚布搭就，里面更简陋了，一张缺了脚的桌子下垫了几口红砖，桌上放着一个不锈钢大桶，上面的一个黄色硬纸盒上，用黑色毛笔写着几个大字“自制手搓凉粉”。我们爬了一路的山，正好口干舌燥，买了一份。那冰粉的滑润混杂着薄荷的清凉、桂花糖的香在舌尖缠绕，很是惊艳，令我连连称赞。

老板见状，黝黑中泛红的脸上满是自豪，笑着道：“我这桂花是家中的百年老桂，八月桂花开花的时候，香飘数里，用它做的糖能不香吗？里面的薄荷更不用说，小火慢熬，古法炮制，耗费多少斤薄荷才能提炼出那么一小瓶薄荷油啊，滴上一滴在手搓的冰粉里，能不清凉吗？”真让人赞叹不已呀。而我，就是喜欢这样的不期而遇。

大学毕业后，我和好友飞燕去韩国玩，住在成均馆大学旁边的青旅。犹记得，我们正在青旅院子的石桌前商讨游玩路线时，一位意大利帅小伙不请自来地加入讨论。次日，我们竟相约一起去游了景福宫。我和飞燕现在偶尔聊到依旧纳闷，我和她一口中式英语，那个小伙子一口意式英语，大部分时候聊天都是鸡同鸭讲，我俩究竟是怎么让他明白景福宫是得名于《诗经》中“君子万年，介尔景福”的呢？又是怎么让他明白景福宫是依明代王府之制营造的呢？居然让这位异国友人在离别时不仅能背一两句《诗经》里的句子，还知道了明万历十五年间许多琐事，大概费了很多口舌吧。细节早已模糊，但我记忆清晰的是，那日的景福宫，晴空万里，白云悠悠，我和飞燕因为语言不通，误会横生而乐不可支弯腰捧腹的场景。

还有一次，我带女儿在贵州苗寨闲逛，偶遇了一位云南普者黑来的小姐姐，二十来岁的年龄，本只是闲聊几句，未曾想七岁的女儿竟和她异常投缘，年龄相差不少的二人竟然从扎染聊到银饰，从泼水节聊到过桥米线，甚至还约定当晚一起下跳棋。见状，我索性拉着行李箱，牵着女儿搬到那个小姐姐投宿的吊脚楼住下。当晚，吊脚楼里，绵绵一段月光洒下。楼外，是千户苗寨的灯光璀璨；楼内，是一对忘年交“棋逢对手”的嬉闹画面。

这么多年的旅途中，我吃过的桂糖薄荷冰粉，后来再未吃过；旅途中遇到的那些有趣的人，后来也再未与他们重逢。可旅行中最美的，恰恰就是这一场场后会无期的不期而遇啊。这些相遇如同春日里暖阳下那阵和煦的风，它们来之前，你不曾预料到；它们来的时候，你却真切感受到了它们从你生命里拂过，你无法留住它们，可你的眉目会舒展，你的嘴角会上扬。你知它们不会再来，所以格外珍惜。正如日本茶人山上宗二大师所说的“一期一会”，大抵便是如此之意吧……

（发表于《金陵晚报》2023 年 12 月 27 日第 12 版）

石台百丈崖

劢 励

在安徽，在池州，在石台，在秋浦河上，有一个很小的景点——百丈崖。这是黄山的余脉，是典型的峡谷地貌。景区全长3公里，号称集“青山、绿水、幽谷、碧潭、奇石、飞瀑”于一体，是名副其实的避暑胜地。

我们到达百丈崖时，雨刚刚停歇，树冠和草地的绿色显得格外鲜亮，仿佛变成了一片绿色的海洋。百丈崖景区坐落在峡谷之间，呈长条状，其中心是被两岸风景簇拥着的一条山溪。山溪潺潺从深山一路“蹦跳”而来，清冽的溪水碰撞在早已打磨得圆滑的石头上，激起雪白的水花，撞晕的水花原地打转吐出泡沫，小溪便嬉笑着丢下它们继续朝低处奔跑而去。

走在溪岸边令人心旷神怡，哪怕溪水飞溅打湿了鞋子也不恼人，但需小心脚下打滑——山谷之中湿漉漉的，滋养了绵延的青苔，青苔布满一块又一块石头，爬过一株又一株松树、栎树、香果树，蔓延开去，与远处的山、树、草、水绿成一片。

投入这一片盎然的绿意中，我们直想喊：“时光和溪流请停一停。”不料想，流动的景色真的在此驻足了，溪水在此停住汇作一汪清潭，潭水清澈见底，水中鱼儿“皆若空游无所依”。愈是这般静谧，愈是听得山间鸟声啾啾，水声淙淙。“潭西南而望，斗折蛇行，明灭可见。其岸势犬牙差互，不可知其源。”奇了，这里竟与柳宗元笔下如出一辙，也许世上美景大致相同，我们向着水声更大处而去，将那源头一探究竟。

百丈崖景区的地势大致是越往深处走，海拔就越高。我们攀岩而上，穿过独木桥，又爬过层层阶梯，最终来到了一段平缓的路。脚步未停，还在喘息间，便听到前方游客的喧哗声中夹杂着“哇，瀑布，瀑布”的呼喊。原来，景区的终点——真正的“百丈崖”就在前方。精神为之一振，我们纷纷加快步伐，仰着头试图透过树叶间的缝隙，早一秒目睹那瀑布的风采。

猝不及防地，头顶的绿荫突然退去。我们还在张望，眼前的画面倏忽间转换，身披霞光的瀑布突如其来地闯入了眼帘。之前我们还置身于荫蔽之下，四周被浓郁的绿色包围，忽然之间洁白得充满生命力的瀑布点亮了整个视野。

我曾提到过这里漫山遍野的无尽绿色，此刻也不例外——悬崖上生长着朝气蓬勃的树木，探出枝繁叶茂的触手，瀑布的源头仿佛就在这片树林中。数十米高的悬崖侧面怪石嶙峋，凹凸不平却又被水流年复一年地打磨得可以折射阳光，岩石缝隙间长满了青苔和野草。瀑布便从崖上的树荫间直奔而出，洇湿一片野草，洒落一片雨雾，再顺着倾斜的石壁重新汇聚，喧嚣着冲下悬崖。每一滴水珠每一片草叶都敞开怀抱迎接阳光的爱抚，这画面摄人心魄。正如元代诗人乔吉《水仙子·重观瀑布》所写：

水流顺着低处较为平坦的岩石继续奔流，路过我们的脚下。回首一望，它正向那片绿色的海洋蹦跳而去——这便是刚刚一路欢迎我们的山溪呀！

（发表于《广西农垦报》2024年8月7日第4版）

游犁桥水镇，观高杆船技

劢　励

大概再没有比犁桥水镇更有诚意的旅游点了吧，一日之间，准备数十场表演以娱游客。有诙谐幽默的互动节目，只为博君一笑；有接轨潮流的音乐演出，是向年轻人的献礼；还有令人赞不绝口的非遗表演“高杆船技”，的确是一日旅程的最大亮点。

高杆船技表演起源于另一处水乡——浙江桐乡。那里河湖交错，水网纵横，人们以养蚕为业，每年春天都会举办蚕花水会，祭祀蚕神，祈求庇佑，高杆船技便是蚕花水会的高潮。“人在杆上翻，杆在船上立，船在河中行”，两只木筏并排绑扎，称为“蚕花船”，蚕花船上由几根粗短的毛竹支撑一根硕大带梢的毛竹，这便是“高杆”，也叫“蚕花竹”。表演者身着白色服装，模拟蚕的形象，攀爬至杆顶，做出一系列高难度表演，这便是“高杆船技”。

我们本没有机会近距离观摩高杆船技的表演，是犁桥水镇从遥远的浙江桐乡请来高杆船技第五代传人罗华文先生，我和友人才有机会一睹其技艺。

表演于晚上八点开始，其时月明星稀，水镇铺满灯光，橙黄一片，亭阁、高塔、回廊，无一落寞，处处人声鼎沸，都围着大湖观看高杆船技。

只见表演者如同猴子一般，赤着脚三下两下攀至距竿头约两米处——此时因人体重量与竹竿柔韧特性的缘故，竹竿的上端形成了约与地面平行的弯曲——此处便是他表演的舞台了。我未曾听闻高杆船技，不知他下一步要做什么，所以当表演者利索地握着竹竿来了个倒立时，我与岸边的观众都同时发出惊呼！

表演的位置恐怕有六层楼高，表演者只凭依着一根竹竿——下面是黝黑的湖水——做出一系列惊险的动作：他先是如小龙女卧绳一般撒开双手，仅靠背部寻找平衡；紧接着，他模仿体操运动员双手横握竹竿，围绕竹竿做起大回环；然后，他再次松开手脚，仅仅靠臀部坐在竹竿上，状似轻松地凭空躺下去；最后，他以娱乐性十足的姿态吊在竹竿的下方，表演“超人飞天”“太空漫步”的动作。

表演期间，两岸的赞叹、掌声没有停歇过，有时表演者仅靠一臂支撑，或是花式动作变化较快，人群中便惊叫连连。我的身边不断有人感叹：“台上三分钟，台下十年功，这可真是功夫活！”

是啊，高杆船技在晚间表演，这时黑天黑地，湖水更是深不见底，表演者翻转之间能分清天空与湖面？这么高的地方摔下来后果不堪设想。整场表演足有七分钟之长，表演者的肌肉力量可想而知，每一寸肌肉都是他在台下刻苦训练的证明。

表演的间隙，表演者不断擦拭竹竿，想来是被汗水打湿了。哪怕训练过成千上万次，每次的表演依然会紧张。观众也知道表演者的辛苦，只要动作成功展现，现场便会爆发出洪水般的掌声。不知表演者在高处是否能听见观众的赞赏和惊叹，水天之间，他宛如一只蚕宝宝绕着竹竿翻转，认真虔诚，用传统的技艺表达对蚕神的敬仰、对丰收的祈愿。

（发表于《现代家庭报》2024 年 7 月 26 日第 16 版）

一个语文教师的热爱

刘硕存

教育如一辆缓缓前行的列车，送莘莘学子去灿烂的远方。遥望夜空的星辰，抚过桌前的灯盏，心怀热爱，前行的路便不觉得孤单。宽敞的教室、整齐的桌椅、清澈的目光、稚嫩的笑脸、杏树后的教学楼，琅琅书声回荡。师者春风化雨，学子青出于蓝。这一切都让我热爱不已。

在语文课上，我在五千年文化里徜徉。我们与花木兰一同“东市买骏马，西市买鞍鞯”，感受她的替父从军，巾帼不让须眉；与周敦颐一起欣赏莲花的“出淤泥而不染，濯清涟而不妖”，赞美它的姿态，赞叹它的气节；我们看吴下阿蒙士别三日，即更刮目相待；我们读卖油翁淡定自若：“无他，但手熟尔”；我们震撼于大漠孤烟的雄浑壮阔；我们感动于艾青对祖国热烈而深沉的爱。是啊，中国的诗词太瑰丽了，中国的语言太浪漫了，中国的文化太璀璨了。不得不叫我们感叹。

何其有幸，能日复一日地熏陶于传统文化中；何其有幸，我能将热爱作为职业。

语文课下，同学们围在我的身边。有人和我探讨学业的困惑，探讨孟浩然的出仕之心和王维的归隐之意，探讨背不会的古诗写不出的作文；有人和我倾诉生活的烦恼，烦恼风的凛冽，烦恼云的轻浮，烦恼妈妈无微不至的关爱，烦恼爸爸早出晚归的奔波；有人给我的水杯续上温水，有人把家里带的零食和我分享。

教育从来就不是单方面的付出，而是爱与被爱的双向奔赴。孩子们发自内心地尊敬，全心全意地信赖，怎能不叫人爱？孩子们的世界永远比成年人单纯清澈，孩子们的心永远比成年人真挚热忱。

这样的孩子，你怎能不喜欢？这样的职业，你怎能不热爱？

史铁生在《病隙碎笔》中这样写道："我经由光阴，经由山水，经由乡村和城市，同样我也经由别人，经由一切他者以及由之引生的思绪和梦想而走成了我。那路途中的一切，有些与我擦肩而过从此天各一方，有些便永久驻进我的心魂，雕琢我，塑造我，锤炼我，融入我而成为我。"读到这里时，我便不由得想到了我的职业、我的学生。正是他们驻进我的心魂，成就了今天的我；正因为有他们对知识的渴求，才有我对文学的日夜钻研；正因为有他们对老师的孺慕深情，才有我对工作的热情和期待；正因为有他们，才有了今天的我。所以我常怀感恩之心，对待我的学生，感谢他们出现在我的生命里，与我共同走过三载春秋；感谢他们温柔了我的时光，惊艳了我的岁月。

时光流转，感情积淀。鬓生华发终不悔，执一盏明灯，带学生在无涯学海泛舟。擎一段岁月，将恢宏之志点缀在教育之路。今后，我将继续不负热爱，不辍耕耘……

（发表于《贵溪报》2024 年 3 月 20 日第 3 版）

采桑子

孙　伟

“十亩之间兮，桑者闲闲兮，行与子还兮。”

太阳西下，天色将晚，羊牛归栏，炊烟袅袅。夕阳的余晖，从碧绿的桑叶间隙照进桑园。忙碌了一天的采桑女，呼朋唤友相互告别，踏着落日余晖慢慢走回家中。欢声笑语逐渐远去，唯有余音袅袅不绝。这便是《魏风·十亩之间》展现的一幅桑园晚归图，为我们勾画出一派清新恬淡的田园风光。

古人对桑树是偏爱的，《山海经》《尚书》《淮南子》等不少古籍中都有对桑树的记载。桑树在古人心中是神圣的，他们常在住宅旁边栽种桑树和梓树，所以“桑梓”也被后人作为家乡的代称。

我国以农桑立国，种桑养蚕是古老的传统。蚕儿以桑叶为食，长大后吐出蚕丝把自己包裹成茧，再由蚕妇摘下，清洗、缫丝，随后一步一步变成美丽的丝绸。“簌簌衣巾落枣花，村南村北响缫车”，写的就是乡村家家户户抽丝织锦的场景，而“村南村北”说明养蚕织丝的区域之广，遍植桑树也是不言而喻了。

桑树全身都是宝。它的根、叶、枝、皮、果，都可入药。尤其是它的果实桑葚，更是很多人的爱物。清代诗人洪亮吉曾经写道：“杏子乍青桑葚紫，家家树上有黄童。”描绘的就是五六月间桑葚由绿及紫，儿童争先恐后爬到树上采摘的情形。熟透了的葚子，个大、汁水足，味道格外甜，颜色也重，吃完后不仅唇舌会染紫，恐怕就连衣服上也免不了蹭上紫黑色的印记。所以，这些爬树的馋嘴小儿，被大人一顿责备也是免不了的。

其实桑葚的美味，谁又能忘得了呢？

记得那时候我大概六七岁。离我们村四五里地有一座农场，农场里栽种了许多桑树。有一年夏天，几个比我大的孩子告诉我，桑葚熟了。想象中的甜美壮了我们的胆子，大家便商量趁这家人午睡时去偷。到了那里我们发现，桑葚是真的熟了。碧绿的桑叶间，一颗颗桑葚像深紫色的珍珠，沉甸甸地挂在枝头。阳光从婆娑的枝叶间洒落下来，密密麻麻的果实呈现出晶莹剔透的光泽，散发出诱人的香气。

可那桑树非常高，一定要爬上去才能摘得到。我是不会爬树的。几个大一点的孩子让我去站岗，只要看见那家里有人出来，就喊一声，然后他们摘的桑葚就分给我吃。我想也没想就答应了。于是，我小心翼翼地走到房子旁边，隐身在一棵树后，紧紧地盯着那家的门。太阳真大呀！蝉鸣悠长而又刺耳。我不知道在那里等了多久，一直等到傍晚，那家里没人出来，大哥哥、大姐姐也没来喊我吃桑葚。

天渐渐黑了，我孤独地走到树下，仰头看着那树在薄暮余晖中星星点点的紫色果子，想象着他们爬到树上大快朵颐的情景，心里的滋味竟是无法用语言来描绘……

时间如白驹过隙，转瞬即逝。故乡的那片桑园，许多年前就被砍伐了。记忆里的“采桑”，也变成了童年里那令人难忘的一幕。

“黄栗留鸣桑葚美，紫樱桃熟麦风凉”现在正是吃桑葚的时节。无论农贸市场还是集市上，到处都有新鲜的桑葚叫卖，价钱也不贵。我总是会买上一大盒，洗净后细细品尝。可是，那硕大甘甜的桑葚含在嘴里，却似乎总是缺少了一些味道。

直到后来，我才明白：我再也回不到那个蝉鸣悠远的夏天了，也再也吃不到那甜美诱人的桑葚了……

（发表于《贵州政协报》2024 年 6 月 4 日第 4 版）

红泥小火盆里弥漫的幸福

金玉梅

“北风那个吹，雪花那个飘……”每当唱起这首歌，我的脑海里瞬间就会涌现出冬天特有的画面——刺骨的寒风和漫天飞舞的雪花，白茫茫的冰天雪地……一想到这儿，我的思绪便一下子飘回了爷爷的红泥小火盆旁，飘回到我的幸福时光中。

爷爷的红泥小火盆，在那个物资匮乏的年代，给我带来了无尽的欢乐。

这个红泥小火盆，是爷爷亲手做的。材料很简单，按照现在的话来说叫“变废为宝”。它只有泥土、草和水。别看这些材料简单又随处可见，选择起来还是颇有讲究的。

首先是选泥土。每年进入深秋后，爷爷就到家后黄河滩的沟底下挖一些红色油泥块回来，放在院子里晒。等它晒干以后，再用锤子敲成粉末状，然后放进柳筐里的塑料纸上。等攒足了，够做想要数量的火盆为止。

那时，我总会好奇地问爷爷：“为什么要去那么远挖泥土？门前的土不能用吗？”爷爷笑着告诉我说：“做火盆用的泥土是有讲究的，红油泥的土质软又有黏性，不仅耐烧，还不容易坏掉；而沙泥土就不一样了，它没有黏性容易散掉，烧几次就会坏了。”“哦，原来是这样呀！”我像个小人精似的频频点头。

其次是选草。爷爷选的草大多是麦秸秆或者稻草。选好草以后，爷爷就把红油泥的粉末小心地从大柳筐里挖出来，继而轻轻地倒在地上，再舀一些水慢慢淋在油泥土粉上，一边淋一边搅拌。水补足后，爷爷用两只大手像和面一样，反复地搓揉摔打，直到红油泥被揉成面团状为止。这个红泥团就像奶奶揉成的面团，光溜溜的，圆圆的，一点也不沾手。

接下来就是加草的环节了。为了防止红泥火盆在被烧制的过程中出现裂纹，爷爷在制作火盆泥坯的过程中，会不断地往泥坯里加入草。爷爷说："只有这样做，麦秸秆或稻草才能全部掺和进黏土里，才能增加火盆的强度。泥火盆的泥坯就像人一样，有了'筋骨'，在烧制取暖时才不会裂开来。"

最后就是制作成形的火盆了。在做火盆时，先制作火盆的底部。根据自己的需要来确定底部的大小。我家人口多，爷爷就会做一个大的，保证一家七口人一起围坐。还有几个是比较小的，放在每个房间使用。然后，用有"筋骨"的红泥坯搓成长条，一层一层围着底部往上垒高，垒到自己需要的高度即可。接着，用手拍打垒高的部分，使之融合且有弧度。最后，把做好的火盆放在阴凉处，风干了才可使用。

爷爷做的火盆，既结实又耐用，两三年都不会坏，除非是烤火时被谁的脚不小心踩坏了或者搬运时弄坏了。

在那大雪纷飞、寒风如针刺骨、冰冻垂檐有三尺的日子里，能烧上一盆木炭火取暖，是多么惬意的事。有时候我和小伙伴一起围坐火盆旁，大家掏出从家里带的玉米、大豆、花生、粉丝或者山芋等"好吃的"，放在火盆里烧烤。火盆里一会儿发出"呲呲"声，一会儿冒出"嗞嗞"声，一会儿又闻到了烧煳的味道。小伙伴们还没等食物烧熟就抓来吃。最后，你笑我手成"黑鸡爪"，我笑你嘴成"煳塌子"，大家的笑声夹着香味和煳味，一时间充满了整个屋子。

还有的时候，我和家人围坐火盆旁，妈妈纳鞋底，奶奶拧线，爷爷和父亲给我们讲故事。他们讲《善良的小秃子》《白毛女》《万喜良造长城》《杨家将》等故事。他们讲得绘声绘色，我和哥哥们听得津津有味。我进了戏，入了迷，在梦中梦见自己成了女英雄穆桂英……

“绿蚁新醅酒，红泥小火炉。晚来天欲雪，能饮一杯无？”爷爷的红泥小火盆，给那个时代留下了深刻的印记，承载了我太多的乡愁和岁月故事，还留存着我永远的幸福记忆。

（发表于《燕赵晚报》2023 年 12 月 9 日第 8 版）

（发表于《中国电视报》2023 年 12 月 23 日第 2 版）

（发表于《东南早报》2024 年 1 月 11 日第 15 版）

新手上路

张娴睿

“夏天的太阳这么毒辣，真不想出门啊。”下班归来，在单元门口遇到邻居家的女孩，她向我抱怨着，说是正在利用暑假考驾照，天气再热也得去练车。

是啊，很多大学生都会利用暑假考驾照，我也是。我的驾照是在大二那年暑假考取的，现在我仍记得我每天中午是如何顶着炎炎烈日骑着电动车前往驾校，只为了能排在第一个练车。虽然每天起早贪黑地练车很辛苦，但是幸好我最终通过了驾照考试。不过后来因为学业紧张，我几乎没有机会开车。

随着时间的推移，我对开车上路越来越胆怯，但因为还有一年就要毕业参加工作了，所以练习开车上路这件事也应该提上日程了。

新手开车上路总要找个陪同的老司机，爸爸一听说我要练车，立刻表示支持：“开上咱家的车，我找条路带你找找感觉。”于是，我就开始了练车之旅。

因为爸爸是个急性子，所以为了防止他着急的时候训我，我就叫上了妈妈，并且上车前就给爸爸打预防针：“有些技术我都忘了，到时候你别着急，要温声细语，别吼我。”爸爸叹了一口气说：“你好好开车，我少说话就行了。”

上了车，我先系好安全带。今天早上出来得很早，爸爸找了一条很僻静的路，所以没什么人。调整好内外后视镜后，我踩离合，将挡位挂入一挡，就开始上路了。

刚开始很顺利，我按照爸爸说的步骤操作，一点一点地拾起考驾照时的记忆。

在路上绕了几个圈子后，我发现这条路上还有一辆车开得慢悠悠的，时不时还会停下。妈妈就说："这大概也是练车的，练得还没你好，你得有自信。"我的自信心就这样被提起来了，踩下油门开始加速了，这就导致我在转弯的时候转得太快，把爸妈吓了一跳。"转弯的时候得慢点。"爸爸着急地说，我点头，"我知道了，你别着急，我下次慢点。"之后，我就控制好速度，不快也不慢地开着。

这一天，我不仅在宽阔的路上练了，还开车进了邻近的村子，最后又开车回到了家。下了车，我和爸爸相视一笑，爸爸说："没想到你能开得这么好，不错！"闻言我开心地笑了。

如今的我，已经能熟练地开车上路了，每当我开车走在路上，便时常回想起那年暑假爸妈陪我练车时的场景，有惊险的小插曲，也有满满的温馨与感激。那段经历不仅让我学会了驾驶技能，更让我体会到了家人间无私的支持与鼓励，成了我人生旅途中一段宝贵的记忆。

（发于《中国应急管理报》2024 年 7 月 17 日第 8 版）

桑葚树的爱恋

陈守玲

我家门前曾经有一棵桑葚树，那是一棵苍老的树，也是一棵充满故事的树。它静静地伫立在那里，仿佛岁月的见证者，守望着家的温馨与变迁。

桑葚树，树干粗壮，仿佛一位饱经风霜的老者，诉说着岁月的沧桑。一个成年人双手合抱，也难以将其环抱。它的枝叶茂盛，绿叶如盖，椭圆的叶片边缘镶嵌着粗锯齿，宛如精心雕琢的艺术品。每到养蚕的季节，我和小伙伴便纷纷爬上树梢，摘取鲜嫩的桑叶，小心翼翼地喂养着那些蠕动的小生命。

四月初的清晨，当春雨悄然而至，桑葚树便焕发出别样的生机。水珠挂在光滑的桑叶上，晶莹剔透，仿佛无数颗珍珠镶嵌在绿叶之间。而树枝上，一簇簇淡黄色的小花悄然绽放，它们如同害羞的少女，紧紧依偎在一起，散发出淡淡的花香。这花香引来了勤劳的蜜蜂，在花间穿梭，忙碌地采集着花蜜，为即将到来的丰收作着准备。

我和小伙伴也都被这花香所吸引，纷纷聚在桑葚树下。此刻的我们，不再顽皮地攀爬树身，唯恐不小心碰落了那些娇嫩的花朵，而是静静地仰望着，默默地守护着。看着桑葚花结出绿色的小果实，渐渐地由绿变红，再由红变紫，之后变成了绛紫色。那紫黑诱人的果实仿佛在对着我们笑，吸引着我们的味蕾。

终于，我伸出手摘下一颗桑葚，放入口中的一刹那，一股清凉的触感瞬间弥漫开来，如同初夏的微风轻轻拂过唇舌。我轻轻咀嚼着，果汁在舌尖上微微爆裂，酸甜交织的汁液迅速弥漫在口腔之中。

酸味清新而微凉，如同清晨的露水，激发着味蕾的每一个细胞，让人精神一振；而那甜味则绵长而深沉，如同阳光照耀下的蜜糖，令人陶醉其中。那独特的果香在口腔中回荡，仿佛是大自然的馈赠，让我不禁一颗接一颗地品尝着大自然的盛宴……

长大后再也没吃过如此美味的桑葚，正如汪曾祺老先生所说，小时候吃的东西都是最好吃的。

这棵桑葚树背后，还有着一段美丽的爱情故事。当年，奶奶生下爸爸后，身体变得虚弱，头发也开始脱落。爱美的奶奶清晨醒来，看到枕头一缕缕掉落的发丝，心情总是特别低落。爷爷看在眼里疼在心里，他不但到处找防脱发的偏方，还悄悄地捡起那些头发，小心翼翼地收藏起来。

后来，奶奶的身体在爷爷的精心呵护下逐渐康复，秀发也不再脱落。某个春天的早晨，阳光如诗般洒满大地，爷爷灵感乍现。他用奶奶曾经掉落的那些头发，轻轻缠绕在一根桑葚枝上，然后将其栽种在门前……

岁月流转，那棵用奶奶头发栽种的桑葚树，已经长成了参天大树。它见证了爷爷和奶奶的爱情。那一代人的爱情没有轰轰烈烈的场面，有的只是深情的陪伴和默默的付出。

如今，爷爷和奶奶已经离世多年，那棵桑葚树依然屹立不倒。它已经成了我永恒的记忆。每当我站在树下，感受着那粗糙的树干和茂盛的枝叶，心中便会涌起一股莫名的感动。那是对爷爷和奶奶深深思念的涌动，也是对他们坚贞不渝的爱情深深的致敬。

（发表于《黄海晨报》2024 年 4 月 1 日第 15 版）

三个难忘的笑容

王彭波

我是一名脑瘫患者，我是含泪写完这三个故事的。它们在告诉我，祖国就像是一位慈爱善良的母亲，她默默地呵护着每一个像我这样的“孩子”，从未遗忘和放弃。三个难忘的笑容，它们是那么轻，在我的心里却那么重。

第一个是一位聋哑人的笑容。他是我的好朋友，言语表达上有些费力气，听觉上所靠的是他自身所剩的残余听力，加上助听器的帮助，所以他常常让对方把语速放慢一些，让他来读唇语，或者通过手机打字来沟通。这样的日子虽说已经习惯了，但是他仍然偶尔会对我说，他想真正地听见声音。

直到有一天，他约我出来买东西，我们一路上的交流都特别顺畅，等我想起来问他怎么回事的时候，他先是对我笑了笑，那是揭开什么小秘密之前的笑。他慢慢地对我说：“我得到了政府的救助，政府给我配了人工耳蜗，我现在能听见声音了。”我赶紧停下来刻意地对着他用平常语速和音调说了一些话，他真的听见了，毫不迟疑地就回答了我，再也没有之前的“慢半拍”了。我大喊道：“你真的可以听见了！”他笑了，这次的笑容有点不顾形象，有点得意扬扬，就像是一块沉默的冰，突然之间沸腾了。我紧紧地抱住了他，在他的肩膀上落下了一滴眼泪。国家政策的救助和支持，让他从无声到有声。

第二个是一位智力障碍者的笑容。他是我工作中的一个采访对象，因为身体原因他未能成家，家属也不能全身心照顾他，就把他送进了残疾人托养机构。

彼时的我，担任着所在区残联的特约撰稿人、宣传报道员。具体工作就是采访、收集、撰写关于残疾人的宣传材料。犹记得，那天区残联正好去探访一家残疾人托养机构。巧的是，那天是他的生日，一群残友，以及托养机构的工作人员为他庆生。看起来稀松平常的瞬间，却让我的心房溢满感动。我看见他的脸上发出难以掩饰的光，那画面就像是一个亮堂堂的感叹号。再一细看，那是一张好看的脸，他露出了孩童般天真的笑容。过生日很平凡、很普通，但对于这个智力障碍者来说，这温情的瞬间却难能可贵。我想这正是国家大力扶持发展残疾人托养机构的意义，让那些处于“边缘”的人有了“家”。

第三个是母亲的笑容。原本我在一所私立学校教书，却没想到学校因经营不善倒闭了。于是我踏上了四处求职之路，母亲看上去表面平静，我知道，实际上她比我要焦虑和担心。在因为身体原因四处求职无果的情况下，我所在区的一个机关单位按照国家政策按比例安置残疾人就业，招聘一名负责撰写文字材料的工作人员。我鼓起勇气尝试了这个机会，接受它带来的挑战。经过一段时间的等待，我最终被顺利录取了。当母亲得知这个喜讯后，露出了久违的笑容，那是舒展的笑容，是解除担心后欣慰的笑容。我深深地知道，其实这都是党和国家对待残疾人的好政策，才让我的母亲有了这些温暖的笑容。这份关爱，让我更加坚信，无论生活多么艰难，只要有爱，就有希望。

三个难忘的笑容，是我在人生道路上最宝贵的财富，它们让我看到了生活的美好，也让我更加珍惜每一个瞬间。在未来的日子里，我将带着这些笑容，继续前行，用我的笔，记录下更多的温暖和感动。

（发表于《西安晚报》2024 年 6 月 26 日第 8 版）

老黄牛

蓝飞燕

孩提时，我与老黄牛为伴。每天放学后，空气里弥漫着香草和泥土的芬芳，牵着老黄牛到田间地头和山坡上吃草。它低着头，伸出硕大的舌头寻觅着地面的香草，呼哧呼哧地大口大口嚼起来，沙沙的声音回响着，长长的尾巴像个“神鞭”抽打身上的蚊子，悠闲惬意。

村里的玩伴也牵牛到山坡上，老黄牛就“哞哞”地叫起来，欢迎老朋友的到来。我们总爱比谁家的牛长得高大又强壮，我兴奋地向伙伴介绍老黄牛，它胃口可好了，也不挑食，身上很有光泽，皮毛发亮，四肢像强壮的柱子，沉稳有力，铜铃般的眼睛硕大又明亮，牛角像铁钻般黝亮，声音沉稳而有力，尾巴又长又有劲。老黄牛安安静静地吃着草，从不会贪望隔壁菜地里绿油油的庄稼，十分乖巧温顺。

阳光明媚的午后，村庄周围的田野沐浴在温暖的金色光芒中。我们聚在村头的空地上，笑声和欢呼声在空气中回荡。像往常一样，我骑着老黄牛，其他玩伴围观着，脸上洋溢着羡慕的神情。他们纷纷请求我让他们也试试骑牛的感觉。我欣然同意，从牛背上跳下来，让其他玩伴轮流体验。他们一个接一个地骑上牛背，有些胆小的孩子紧张地抓住牛的鬃毛，而胆大的孩子则兴奋地欢呼。老黄牛似乎也能感受到孩子们的快乐，它悠闲地踱步，让每个孩子都能享受到骑牛的乐趣。当轮到一个小女孩骑牛时，她显得有些害怕，不敢坐直。我耐心地教她如何抓住牛的鬃毛，告诉她不用害怕。在我的鼓励下，小女孩逐渐放松，开始享受骑牛的乐趣。她的笑容在阳光下闪闪发光，如同一朵盛开的花朵。随着时间的推移，老黄牛成了村里小孩子的好朋友。每当他们放学或周末有空时，总会围在老黄牛身边，与它亲密互动：骑牛、喂食、梳理皮毛……

每逢周末，我们就牵着老黄牛进深山幽谷去吃更高、更绿、更嫩的草。一大早就赶着牛向远处的山坡走去，一路哼着小曲，摘着小野花，割着小野草，编着草帽……当到达山里那一片绿油油的草地，老黄牛“哞哞”喊着，表示很开心吃到绿油油的青草。我们也随手在地里挖起红薯，摘来玉米棒烤着吃，吃得不亦乐乎。老黄牛和我们相互对视着，点点头，又呼哧呼哧地吃草。山间里也时不时回荡着我们的对话，听着很喜悦。我们也好奇山的那一头究竟长什么模样。

“块块荒田水和泥，深翻细作走东西，老牛亦解韶光贵，不待扬鞭自奋蹄。”农忙时节，老黄牛耕田耙地也是一把好手，任劳任怨。它拉着铁犁，一步步地向前走去，步伐稳健而有力，铁犁翻动着泥土，留下一道整齐的沟壑。这些沟壑将用于播种庄稼，为来年的丰收奠定基础。爷爷用鞭子轻轻拍打着老黄牛，鼓励它继续努力。老黄牛似乎也明白自己的使命，它低下头，用力地拉着铁犁，毫不懈怠。它的呼吸变得急促，汗水从额头滴落，与泥土混合在一起。

时光悄然而逝，我与老黄牛告别在那年的夏天，因跟随父母去城里读书，便依依不舍地与它挥手再见。每每想起与老黄牛的点滴记忆，便想起这首诗：“野老春耕歇，溪儿晚牧过。夕阳牛背笛，强似饭牛歌。”

（发表于《中国政府采购报》2024 年 5 月 10 日第 8 版）

寻　霞

沣　野

在我工作的海滨小城，有座虎头峰。这个七十米高的小山头并非形似虎头，能冠以如此霸气的名字，全赖身后的山脉形似卧虎，既有虎形，岂能无头？于是这个位列最前，斜斜向外伸出的小山头便荣获“虎头”之名。

虎头峰上乱石嶙峋，植被稀少，被本地人戏称为“秃头老虎”，平日里也鲜少有人踏足。散步游玩的人们上了山，大多径自往铺了石阶、林荫茂密的“虎身”去了，而我却独爱于傍晚时分向“虎头”进发。峰顶没有草木遮蔽，显得四下开阔，攀上去向下看，虽不算高，但也会感到“一览众山小”。然后，我便寻一处平坦的石头坐下，观赏虎头峰的云霞。

许是为了陪衬太阳的威严，白天的云总是很轻透，薄纱似的这边一片、那边一缕，在万里晴空中随着风儿飘摇。傍晚的云却完全是另外一个脾气，趁着日光稍减，不知从哪里聚拢来，抱作一团团，眨眼间便堆满了天空，整齐得就像冬日菜畦上盖满的皑皑白雪。这番魔术一般的变化最是让我感到惊奇，每每都想看清这云中的底细。我举目望向所有的云朵，却又望不尽所有的；我想仔细看清其中一朵，却又分不出究竟是哪一朵。它们每一朵都像是一个小世界，演化着自己的故事，隐藏着自己的心事。很快，阳光由金黄转为橘红，在云朵的包围中悄然遁去，留下毛糙而简短的光影，直投入我用力睁大而微疼的眼睛。

日光再减几分，云层之间便会腾起绚丽的晚霞，它们从橘红色的基点扩散开来，迅速包围峰顶之上的天穹。浮光透过罅隙，在灰白的底色上勾勒出烁亮的凌杂边缘，却把绵白的云团映衬成了如墨似的黑，这一明一暗在我的眼前构造出丰富的对比，相携在晚风中舞动。

身边的一切都在这一刻迸发出辉煌的色彩，嶙峋的山石变成雕塑般的剪影，蜿蜒的枯藤泛出浅浅的金芒，石缝间的草叶上闪烁着油亮的光泽，将生命的坚强展露无遗。我兀自淹没在这奢华的美感中，并痛恨自己无法用言语准确地表达出来。古人常常以晚霞隐喻感伤，但虎头峰的晚霞，却能将白日里无人问津的“秃头”峰顶化腐朽为神奇，映照出勃勃生机，比起那从众喧嚷的林中“幽静”，岂不更加引人入胜?

晚霞虽好，却是暮色将至。很快，夕阳通红着脸躲入云层下，漫天流云燃做灰烬，于是世界收敛了光芒，在厚薄不一的夜幕上，睁开无数晶莹的眼睛。但我仿佛看到，在地平线的另一面，一轮通红的朝阳正奋力跃起，挥洒着蓬勃的活力和火热的激情。

（发表于《南方工报》2023年7月21日第8版）

菜场里的烟火气

盛旭雯

小镇上最有烟火气的地方就是菜场，尤其是周末早晨的菜场。

天刚蒙蒙亮，菜市场门口一排早餐店前就热闹起来了。电动车和行人熙熙攘攘地绕着、让着，菜场门口的小街挤得比主干道还忙碌。“萝卜丝包两个！”“要根油条，再来碗咸豆浆！”笼屉打开，白气扑面，瞬时只闻其声不见其人。

食客一个接一个地从这团热气腾腾会变戏法的白气中接过凭空“长”出来的包子、豆浆、油条、萝卜丝饼。边上面馆，进店的食客猫着腰从厨房的小窗里对着大厨喊上一声“一碗爆鳝面，不加葱！”“嗤啦”，腰花正入油锅，在锅铲的铿锵碰撞声中，大厨系着围裙，手臂上的肌肉饱满展开，转过脸来对食客点头示意听到了。堂间，几人围着一张几尺见方的小桌子，脸对着碗，呼哧呼哧地吸溜面条。吃罢，用纸巾擦去额头的汗，戴上吃面前叠好放在桌上的眼镜，边起身边打开手机付钱，下一个食客继续坐下开吃……

早餐店里飘出的热烘烘的水汽、萦绕鼻尖的饼香、包子香、面香，面对面说话还需要提高嗓门，这便是烟火气。

进入菜场的甬道两旁，有不少老头老太太坐着小马扎依次排开，把自家种的瓜果蔬菜码在展开的蛇皮袋上，带着泥土和露水，都是天一亮从地里采摘的。自然熟的西红柿红中带着盈盈的绿，像是面若桃花的二八少女着一身绿莹莹的裙子；青菜根部沾着泥土，叶片上带着些许虫子咬过的小洞，一看就是绿色纯自然；茄子调皮地伸出手臂，趁人不注意勾住行人的裤脚；黄瓜傲娇地立在一旁，悠闲地撑着小黄伞。

走在其间，老太太此起彼伏的吆喝声，湿漉漉的泥土味和菜叶味让人感到安稳妥帖，贴近自然的生活气也是烟火气。

进了菜场，讨价还价的交谈声、“嘭嘭”剁肉剁鱼的声音、鱼槽里“布鲁布鲁”冒泡的声音、捞鱼捞虾的“哗啦”声、海鲜水产的腥味、蔬菜的泥土味、旁人的香水味、脚下滑腻的脚感……各种强烈的感官体验一齐从四面八方扑来。

买肉时，卖了几十年肉的陈叔骄傲地告诉我，他儿子今年博士毕业，留在市里一所大学当了讲师；卖鱼刘大姐的孩子在市里买了房，见我路过，欢喜地硬塞给我几条小鲫鱼给儿子炖汤喝；豆腐摊上只坐了个小女孩，安静地守着刻着“山”和“水”的豆腐用彩笔画画。有人买豆腐时，小女孩就站起身来熟练地从颤巍巍的豆腐上切下一块，上称，误差不超过一两。人们都知道女孩是不远处菜摊主王姐的女儿，一个人带着女儿守着两个小摊。不自觉地，打心底里敬佩这对母女，默契地不与她们讨价还价。

与菜摊主如老友般寒暄，互相照应，让单纯的买卖行为多了丝人情味，更有烟火气。

逛菜场，你会发现各式蔬菜按季上市，循环往复，规律得让人心安；你会看见每个人都在认真生活，用自己的双手供养着希望和梦想，有一股蓬勃向上的生命力；你会明白生活不过一日三餐，柴米油盐，简单质朴才是基础底色。菜场没有诗与远方，但有琐碎日常又治愈人心的烟火气和鲜活的生命力。足矣。

（发表于《金陵晚报》2024 年 6 月 14 日第 11 版）

生活与食器

张蓝方

生活与食器之间，是一场暧昧的较量。

悉心挑选合适的器物，将四时节气装盘，将瓜果蔬菜呈上，慢悠悠的时光在杯盏觥筹间被具象成了日子里的诸多意趣，既有棋逢对手之畅意，也有耳鬓厮磨之妙用。如此，人与生活便也产生了更深刻的情感连接。

巧用心思选择适宜的食器，是生活的艺术与美学，令普普通通的日子也充满了烟火气的情致。正如清代美食家袁枚在《随园食单》中所说："煎炒宜盘，汤羹宜碗，参错其间，方觉生色"。因此，我尤为喜爱外婆家的餐桌。

外婆家的餐桌，春天用温润素雅的瓷质食器，盛着粉白优雅的桃花酥；夏天用温厚质朴的木质碗盘，端出刚从菜园里采摘的鲜翠菠菜与苦瓜；秋天，将黄澄澄的柿子与红彤彤的石榴盛在玻璃碗里，愈发活色生香；冬天则用沉稳厚重的陶制食器盛着一汤一饭，像是盛着热气的云，日子便也暖意融融起来。

无怪我每次在外婆家吃饭，总是食欲大开，吃得酣畅，毕竟美食与美器所带来的眼、口、心三重享受，让人由内而外获得"好好生活"的幸福感。

精巧有趣的食器自有气韵，蕴藏着不同的生活状态与情思，为一蔬一饭的生活带来无限的想象空间，令生命也被美感浸润。一次受邀前往朋友家聚餐。朋友是位服装设计师，对色彩与材质的搭配颇有讲究。那次的聚餐，无论是食材的选择、食器的选用甚至食物间相宜的色泽，可谓是赏心悦目，令人食欲大增。其中令我印象最深的是朱红梅花纹漆碗里盛着白如玉的鲫鱼汤。我素来不爱鱼汤，但这样一个内敛沉静的暗色静静托着莹润的白，明与暗缱绻，华丽又清雅，轻盈又腴润，颇有内在融通的趣味，的确令人想要一尝风味。果然，食器自有韵味与包容的气度，无论何种食材，遇到适合的食器，总能产生自然与和谐的美感。

《南史·萧思话传》有言："良材美器，宜在尽用之地。"然而，随着社会的高速发展，许多人的一日三餐习惯用外卖来打发，餐桌上满是一次性餐具，愿意把时间与心思花在生活小细节上的人越来越少了。不妨慢下来，把时间与热爱重新留给生活，先从"吃"这件事开始，去感受食器与食物的相辅相成之趣，发现生活中的日常之美。

与其说我们在选择精致得宜的器物来过日子，不如说我们是在选择过有温度、有质感的人生。

（发表于《北海日报》2024 年 7 月 22 日第 7 版）

追霞

金玉梅

日落尤温柔，晚霞皆浪漫。我喜欢浪漫的时刻：譬如观赏海边的日落，山峰的云霞，家乡的余晖。而今天一路追霞的浪漫事情，生平还是第一次。

初秋的傍晚，我和可儿从老家骑车回城。当车子行驶在乡村路上的时候，落日的红光，已经悄然印染了西边的晚霞，印染了周围的树林，印染了路边的花草，也印染了我们的脸庞，一切都变得那么温馨柔和。

秋风柔柔，晚霞轻轻飞舞，似温柔多情飘逸的女子，摆弄着柔美的舞姿。秋风稍大，晚霞健步飞起，如强壮有力极速滑翔的男儿，在滑轮上向前不断冲刺。这些晚霞呀，好像有一股神奇的魔力，牵动我们的心，吸引我们的眼球。我们被它深深震撼，在走走停停中，饰演了一部“追霞”大片。

我们来到运河桥时，落日余晖映射出温暖的橙色光芒，像一盏天灯，天地间浸透着暖色。路上的行人和车辆，匆匆而过，而我却站在桥上看美景。想到这，幸福感在心间流淌！在这个物欲横流、快速发展的时代，想必很少有人会带着闲暇之心，欣赏醉人的晚霞了吧！这么多年的光阴飞逝，放慢脚步，静下心，细细欣赏晚霞，成了我心中的奢望。这样的场景，或许只会在梦中出现。

忽然，可儿指着西南的一朵大云彩喊：“妈妈，快看，那朵云多像大鲨鱼，胖胖的身体，扁扁的大嘴，身体两侧的两片云，像翅膀一样，我知道那叫‘鳍’。”“你看，那边那朵像老虎，那朵像徐悲鸿的马，那朵像齐白石的虾，还有这边一大片，多像空中森林……”

此时，天空的晚霞变成了一群美人似的，在展露风姿竞相媲美呢。有白里透着橙，有橙里揉着红，有红上飘着淡淡的灰，还有把橙、红、灰三色融为一体，看上去通透传神。可儿问我：“妈妈，你猜它们谁最美？”我不假思索地回答：“它们都很美！你看，蓝天像一块神秘的大画布，在蓝底上作出的画，多么色彩斑斓、妙不可言！”可儿抬头看着天空，兴奋地说：“是的，我也喜欢蓝色，它是天空的颜色，也是大海的颜色，充满神秘色彩，真想做一个探秘家！”

我们继续前行。此时，正前方飘过来一大片云，我用力拍了一下可儿：“快看，这一大片云彩，像不像一条龙？高高翘起的头，长长的身体，后面细小的云像它的尾巴，在橙色的晚霞下，全身穿着金盔甲。”“哇！真像真美！”可儿兴奋得不得了。

说罢，我们的车子绕进了城区。落日褪去了暑热，褪去了橙色，浑身变得通红通红，像羞涩的小姑娘，掩面蹲下身去。恰巧，有一只大鸟从霞光中飞过，可儿说：“落霞与孤鹜齐飞，秋水共长天一色，真是应景。”我说：“我们、秋水、天地混为一体，成了唯美又灵动的风景，应不应景？”“应景！”可儿朝我竖起大拇指。

快到家了，徐徐的晚风拂面而过，送来路边的阵阵花草香。一架飞机在高空飞过，三两只小鸟在树梢飞翔，四五只燕子从我们身边闪过，还有成群的红蜻蜓，都来陪着我们一起追霞。西边的晚霞，已经变成红橙灰了，似烟非烟，似雾非雾，丝丝缕缕，像极了绘画人手中拉出的几缕带彩的线，一直拉向天空的另一边……

（发表于《徐汇报》2023 年 9 月 4 日第 15 版）

（发表于《贺州日报》2023 年 8 月 17 日第 3 版）

（发表于《陕西应急管理》2023 年 10 月第 10 期）

老街书巷

韩　熙

今日整理书架时，一本旧书意外落地，触动了心底的涟漪。我轻手轻脚地捡起它，翻页间灰尘在阳光下翩翩起舞，那股淡雅的墨香，瞬间带我回到了记忆中那条古老书巷。

藏于老街背景中的这条巷子，原是无名牌匾的黄墙石板路。随着周边空地被新兴建筑占据，老街的人潮渐减，烟火气息淡去。唯独这巷子，因靠近学校，吸引摊贩云集，琳琅满目的小吃、玩具铺开业，以古书摊为主流，故被人们称为“老街书巷”。

春日里的老街书巷，放学后的喧嚣渐被春意取代。春分一过，嫩绿的芽点缀着枝头，春风一拂，绿意便从老旧墙体间流淌而出，仿佛无数生机勃勃的小生命在探头探脑。不久，蔷薇与紫藤竞相绽放，绚烂如画；无花处，则是爬山虎的翠绿闪耀，它们在阳光的宠爱下推推搡搡，共同编织出一场视觉盛宴。

这花儿的亮眼也引起了人的热闹。巷口的石凳早早地便被下象棋的大爷占了去。他们就住在附近，估计还是一个院里的。为了占到紫藤萝旁的最佳位置，我常常看见他们晨练时就带着棋盘，一锻炼完就将棋盘摆下，谁也不谦让谁。占不到的呢，就站在一旁观看，等着输家下场。这群老顽童，贪玩得很，若是没有他们的老伴出来找人，大概会忘记吃饭。

巷子里面呢，也早早地摆起了书摊。我记忆犹新的，是一个蓄着花白胡子的老光头。他卖的书是巷子里最便宜的——破损的书十块钱五本，完整的五块钱一本。因为能占点便宜，他的摊子总是很热闹。我也是他的常客了，我幼时书架上的连环画，四大名著等书很多都是从他那里进的“货”。不过，他是个脾气古怪的人，出摊时将写了价位的纸板往摊子前一丢，然后摆上一个旧口缸，就静静地坐在花下看书，既不吆喝也不理会顾客，任由他们翻找、付钱。有时，他会因为书中的内容抚掌大笑，再赞上一句“妙啊”；有时，他又将那一弯眉毛锁成“川”字，似有无限愁绪。阳光、春花、春风拂过的书页，以及沉浸在书中的人，竟然也形成了老街书巷一道引人注目的美景。

巷子的末尾更是热闹。这里卖什么的都有。右边卖糖葫芦的阿姨，最受小孩子喜欢，凡是逛到这里的小孩子总是要缠着大人买一串才肯走。她旁边，往往是卖糖画的大爷，不过大爷年纪大了出摊少，就算出摊了也是可遇不可求，他的糖画早就被定完了，我们只能饱一饱眼福。他们对面的摊位流动性很强，有时是卖花的少女，她家的花是从城郊运来的，来得早的话或许可以看到花上的露水；有时又是卖字画的大爷，他出摊不频繁，一个月才出一次，其他时间都在巷尾的空地上提着水桶练字。

春天最吵嚷的还在那片空地：有时，少年宫的孩子会在那里搭台子表演；有时，又是几个会说评书的大爷随意抬了一张藤椅往那一放，就说起《三国演义》来，吸引了一圈又一圈的观众。真是无一刻不热闹啊。

在这样充满诗意的老街书巷，沐浴在如此美妙的时光中，人怎能不沉醉、不留恋？我要把这一切的美好刻录于书签之中，随春风翻阅记忆的篇章，它们将随机落入记忆之书的每一页，让每一页都沐浴在生活的暖意中，绽放生命的花香。

（发表于《甘孜日报》2024 年 4 月 11 日第 7 版）

疤

曹学情

稚嫩的童音哀嚎着："哎呀，妈妈，我这里受伤了，需要你呼一呼呀！"我也很上道，吃惊地问："咦，怎么受伤了呀？"我一边"焦急"询问，一边凑近他伸过来的"受伤"的手，为他轻呼。看着我着急的样子，他的眼珠子滴溜溜转了好一会儿，"好啦，不疼啦，谢谢妈妈！"游戏便暂时结束了，儿子的天真笑意让我的心不自觉温暖起来。

工作日的清晨，大街上车水马龙。送儿子去幼儿园的路上，我们和一位老大爷一起拼车。汽车走走停停，刚上桥，耳边儿子惊呼声炸响："妈妈，妈妈，那里受伤了，他也需要你呼一呼！"我的视线顺着儿子手指的方向望去，阳光下，一道如沟壑般狰狞夺目的疤躺在山峰间，那么醒目，又那么刺眼。

绵绵山峦，似诗人的眼眸，深情凝望每一次日月交替；似老人的掌纹，一纵一横都饱含了岁月的沧桑；又似英雄的脊梁，不管经历多少风雨，依然坚韧顽强。它周围满山的灌木绿得十分惹眼。

"也不知道能不能恢复到原来的样子。"又一次红灯的空当，司机小声说着。

"已经过去一年多了，还是那样，看着那裸露在外的黄色，那场灾难仿若就发生在昨日。"副驾驶位上的老大爷说道。

话音刚落，车里便安静下来。儿子不再闹腾，双眼一眨不眨地盯着那道"疤"，噘着小嘴儿，双手趴在车窗上，也不知道在思考什么"祛疤良方"，车继续前行。

“现在想想还觉得触目惊心。我们家的窗户正对着这面山，我们目睹了那场大火。滚滚浓烟扬了近五个昼夜，熊熊烈火灼了它坚毅的臂膀，点点火星燎倒了片片翠绿……在火光熄灭的那个夜晚，我和老伴都哭了。”

老大爷的声音不大，仿佛是自言自语，在这狭小的空间却显得格外突兀，好似要穿透我的全身，震颤灵魂。

“那些天，我还去帮忙了呐。”司机骄傲道：“嘿嘿……不过只帮了点小忙。他们看我体型瘦，年龄偏大，不让上山，我只能把机会让给了那些年轻小伙子们，最后就只是帮忙送水接送人，做些杂活。后来各地的支援队到了，就更没我啥事儿了。可我不甘心啊，就在附近晃悠，就怕他们需要时找不着帮手。”

“小老弟，厉害呀！真心羡慕你哟，还能搭把手。”老大爷赞赏着，而后又连连哀叹。

“我这不中用的身体着实不行了，上了年纪，走路久了都喘得厉害。还记得刚发现火情时，我和老伴只能在家急得团团转，打电话四处求援，希望这只是一点星火，能立刻扑灭。随后啊，只能在家祈祷，盼着能来个‘西海龙王’啥的，也不需要它搬运海水，就嘉陵江的水吧，能把这‘火蛇’灭了就好啊。”

老大爷的视线停留在那个方向，似乎在回忆，又似乎在遐想：“呵呵，‘西海龙王’没盼来，盼来了重庆崽，不过他们的身影远远看去倒真像是一条龙……”

老大爷的声音苍老而有魔力，勾勒出一幅幅众志成城奋力扑灭烈火的画面，在画里，有身着消防服装的“龙”，不停地往火焰最深处涌动；有摩托骑士，接力不停往前方输送救援资源；还有散落在各处的星星点点，同老大爷一样，在心里祈祷，祈祷这场灾难快些落幕。

“缙云山呐，你们知道吗，它是除我父母以外唯一看着我长大的呢！”老人沧桑的脸在阳光里笑得十分生动，脸上的皱纹欢乐地游动着，里面镶满了时光。

回程，当那抹裸露在外的黄色再入眼帘时，我似乎能清晰地看见上面留下的龙的印迹，勇士们挥洒下的汗水，还有来自四面八方的祝福和祈祷。

生命逝去，轰轰烈烈，重获新生，静静悄悄。

回想今年初，我登上那道“疤”所看见的场景——焦黑的树木凌乱地倒着，纤细的枯枝在风中摇曳，那里没有任何声响，唯有茂密的苔藓无声地铺开，不起眼的真菌探出了脑袋，少许低矮灌木正偷偷往上生长，在蓝天白云的映衬下，像一幅壮美的油画。我蹲下身来，轻抚这山峰的角落。它肯定也是疼的吧，愿微风阵阵拂来，能够抚平这个伤疤。

（发表于《精神文明报》2023 年 12 月 12 日第 3 版）

“拐弯”那些事

操梅林

我刚学骑电瓶车的时候，最害怕拐弯，有几次摔倒都是在拐弯的时候。后来我发现，为了避免拐弯的时候车子不稳，最好的办法就是拐弯的时候加速，这样就能避免车子左右摇晃，甚至摔倒。

我先生骑了十几年的摩托车，他却告诉我，拐弯的时候应该要减速。结合自己学骑车的经验，我对他的提议有些嗤之以鼻，甚至一度怀疑他是故意耍我的。

先生说：“车速快确实能更好地保持行驶中车子的稳定性，但拐弯的时候你还是应该减速，因为比保持车子稳定性更重要的是安全。”听了先生的话，我豁然开朗，刚刚还自以为从实操经历中得到的“大智慧”，立马土崩瓦解。

同学琴大学专业是幼师，毕业后很轻松地在一线城市找了一个公立幼儿园，原本以为活泼开朗的她会很热爱这份工作，毕竟在外人看来，专业对口、稳定、相对轻松，便不失为一份近乎完美的工作。没想到一年后，她不顾身边人的反对辞职了，她的理由是——工资少，工作内容单调，缺乏挑战性。

辞职后的琴很快就找到一份销售的工作，因为听别人说销售工作的收入没有天花板，只要努力有可能一年能挣别人几年的工资，这是幼师工作永远不可能有的优势。她年轻有活力，拿死工资的工作并不是她奋斗的目标。

只是没想到，销售的工作没干半年，琴又辞职了，转而还是干回了老本行。同学聚会的时候，琴对我说道，自己并不喜欢幼师的工作，但相比幼师，销售更不适合她。当时辞职幼师去销售工作的时候，自己对销售一无所知，只是听别人说她性格开朗人缘好，适合干销售。加上自己内心早就对幼师这一行有了“叛逆”的心理，别人一鼓吹，自己就以最快的速度辞了职，速度之快连她自己都吃惊。

因为前两次短暂的离职经历，琴的第二份幼师工作明显没有当年毕业时的好，单位偏远，教学设施简陋，工资待遇也差许多。谁都能看出琴的后悔，但当年她要辞职的时候，谁也拦不住。琴说：“未来她或许还会辞职，毕竟她真的不喜欢幼师这份工作，但换下一份工作前，她一定会打探好新工作的内容和性质，不会盲目转行。”

这似乎和骑车拐弯有些许相似之处，拐弯的时候速度太快，很容易撞车发生交通事故，难以保证自己的安全。若是为了保持车子的稳定性而丧失了自己的安全，岂不是得不偿失？

我们应该记住的是：拐弯不是目的，安全到家才是。没有做好准备就辞职，换来的也许是下一份更不满意的工作，毕竟换工作不是图一时之快，而是希望有个“华丽的转身”。快不是目的，称心如意才是。

（发表于《四川民族教育报》2023年6月9日第5版）

木匠与木的记忆

叶紫珊

家里那张古朴的木椅，它的一条腿在不经意间断裂。我便和母亲一同前往家具市场，想看看有没有类似的椅子买回来替换。路上，母亲总是念叨：“这椅子还是你李伯伯做的呢，都二十几年了。”一瞬间，我的思绪不由得飘回了童年。

记忆中，总有一个瘦弱的身影在木屑飞扬的光影中安静地作业。他是村里的木匠，常常一个人坐在作坊里，手中的刨子伴随着清脆的响声，从木料上刮下片片薄如蝉翼的木花。他的手上布满了老茧，每一道都是岁月沉淀下的痕迹，粗糙而有力。但他的作品却不一样，每一条细纹、每一朵雕花，坚定而不失温柔，细腻而富有诗意。

李伯伯的作坊坐落在村的尽头，旁边还有一棵老槐树。每次我去这个地方，总能闻到一种木屑和杉香融合的气息，仿佛进入一个纯粹的木制世界。每当有人来找他做东西时，他的眼睛就噌地一下亮了，就像是见到了梦中情人。他从来不急于完成作品，总是慢条斯理，一丝不苟地挑选着木材，仿佛能透过木材看到它未来的模样。在他看来，每一块木头都有着它的命运，而他的任务，就是用手中的刨子和锯子，将这些命运一一解锁。

李伯伯的手艺传承于他的父亲，那是一门古老的手艺，需要无尽的耐心和细腻的情感去雕琢。他曾说：“木头是有灵魂的，每一次雕刻都是与它在对话。”他的作品也一样，无论是一张椅子还是一扇窗，都是与木头共同编织出的诗句和篇章。

“还是你李伯伯做的木工好。”母亲的话在我们寻找新椅子的过程中不断重复，仿佛在追忆着过去。那张椅子，是父亲和母亲结婚时托李伯伯做的，伴随了母亲大半辈子，每一道划痕都记录了我们一家的故事。而现在，它摇摇欲坠，就像我们的记忆一样，需要一位木匠用手艺来修复。

在熙熙攘攘的家具市场，我们游走在各个摊位之间，这些商品风格各异、外形光鲜、色彩斑斓，确实好看。而我，看着眼前这些琳琅满目的家具，却觉得千篇一律，没有故事，没有情感，它们被快速地制作出来，也将被快速地遗忘。这一刻，我突然理解了木头的“灵魂”。

后来，母亲听说我们小镇的老巷子里有一位会修复的木匠。当我拿着椅子来到那里时，木匠的眼睛噌地一下亮了，像极了我记忆里那双黑中透亮的眼睛。他轻轻地抚摸着那把椅子，继而，又慢条斯理地修复起来。

离开时，天已经黑了。我望着木匠铺旁这棵年轻的槐树，和母亲说：“等我结婚了，我也要来做一套家具。”而母亲，笑了笑，使劲地点了点头。

（发表于《南方工报》2023 年 12 月 8 日第 8 版）

水泥路与杂草

周落诗

那时候，上学的必经之路是一条遍布黄泥土的小道。在晴朗的日子里行走其上并无大碍，我和伙伴甚至会边走边踢打路边的小石头，享受土地带来的柔软触感。然而，一旦雨天来临，雨水与泥土混合后，就会变成黏糊的泥巴路。泥巴一旦粘在鞋上，鞋子便会变得又脏又重，我们不得不停下脚步，用棍子把泥巴从鞋底清理掉。

踏着黄泥路上学的日子持续了两年，在我三年级的时候，就通知要修水泥路了。知道这个消息的我们开心了许久，一想到今后再也不用车子一过，就赶忙捂住口鼻，再也不用担心下雨天会弄脏鞋子，就无比期待着水泥路建成的那天。

工人铺路时，会留出一条小道，方便行人行走，水泥未干时留下脚印会非常明显，所以我们都格外小心，生怕落下自己的痕迹。一段段的黄泥路被厚厚的水泥覆盖，每天都会向前进一点，渐渐地，水泥路超过了黄泥路。

不久后，工人们的身影不再出现在那条路上，因为厚重的水泥层已经全部铺设完成。那时，我不禁感到疑惑："为什么这条水泥路这么高？我看过街上其他的水泥路都很矮。"一位朋友向我解释道："一开始都是这么高的，但随着时间的推移，两旁会长出许多植物，路面最终也会看起来和周围的地面一样高。"我恍然大悟，点了点头。

两周过去，这条水泥路在阳光的照射和微风的吹拂下，从最开始的深黑色逐渐变成了淡灰色，显得更加成熟。然而，与旁边相比，它的高度仍然显得有些突兀。

这时候，我就会观察路旁的植物，想知道它们什么时候才能到达水泥路的高度，填补这个高度差。然而，路边的杂草长势一般，因为水泥路占据了大部分土壤与阳光，它们只得在夹缝中生存，不断向下扎根。渐渐地，我也就看惯了有些突兀的水泥路，不在乎路边的植物能不能覆盖高度差了。

在我上初中的时候，有一天我突然注意到，走在水泥路上感觉就像在平地上行走一样，之前它高出地面的印象已经完全消失了。旁边的草和树都长得郁郁葱葱、枝繁叶茂，当微风拂过，它们仿佛在微笑着向我打招呼。

自从水泥路建成后，来往的车辆数量明显增加。这些车辆里，搭载了许多怀揣梦想的年轻人。他们沿着这条路离开家乡，开始了长达数年的奋斗历程，克服重重困难，忍受无数委屈，最终凭借自身的努力，取得了令人瞩目的成就。成功后，他们没有停歇，而是迅速回到家乡参与建设，资助贫困家庭，成立教育基金。

由于学业成绩还不错，我有幸得到了基金会的资助。正是通过这条水泥路，我踏上了前往更广阔世界的旅程，见识了许多新奇事物，并探索到众多微小却确切的幸福感。经过多年在外的努力与奔波，我最终找到了自己的人生方向，一步一个脚印地朝着目标稳步前进。

水泥路的铺设实际上只用了不到三个月的时间，但旁边的植物自然生长，覆盖并最终平衡了路面的高度差，却耗费了整整五年的时光。我们的人生道路亦是如此，没有得天独厚的出发点，缺乏明确而有效的指引，但我们拥有历经风雨后的坚韧和永不放弃的决心。正如那些杂草最终与水泥路齐平，我们或许起步时平凡低微，但只要持之以恒，终有一天，我们能达到心中所向往的高度。

（发表于《教师报》2024 年 7 月 3 日第 6 版）

邮局情缘

盛旭雯

进公司时，保安递给我一个信封，牛皮纸的，长长的，盖着邮戳，看起来鼓鼓囊囊的——是报社寄给我的样刊。多年没有收到过信件，我惊喜地端详起这位陌生的老朋友。信封右下角用红字印刷着报社名字及其地址、电话、邮政编码等详细信息，右上角盖着邮票戳，左侧盖着寄信邮局的邮戳。信封正中粘贴着有我收件信息的打印条。翻过面来，还有一个收信邮局的邮戳。窄窄长长的一枚信封犹如一位瘦而高的哲人，在风尘仆仆的跋涉中顿悟了柏拉图哲学三问的答案，无言地向我诉说着它是谁，从哪里来？又到哪里去。

还是和当年一样啊，我的朋友。

上小学时，我常写信。哥哥当时在河南焦作当兵，远隔千里，我们依靠信件联络。校门口蹲着一个粗壮的绿色邮筒，仿佛是专门为我准备的。母亲不会写字，总是由我将母亲的牵挂与叮咛逐字写在信纸上，然后在柜台郑重地购买一张 1 元 2 角的邮票，并将邮票不偏不倚地张贴在邮票框里，最后塞进邮筒细长的缝里。

完成这个仪式后的几天里，我总是会踮着脚往邮筒的缝里望，试图确认信件已经被邮递员叔叔取走送往下一站。很多个早上，邮递员骑着挂着邮包的摩托车到院门口停下，不下车，脚尖点地，抻着脖子往家门口喊“30 号的！来拿信！”有时是我，有时是母亲，小跑着出来接了信，欢喜地和邮递员道谢。

不是烽火连三月的年代，依旧家书抵万金。哥哥当兵的几年里，一周一信，每次我去邮局购买邮票，投递信件都会心里充满期待，感到温暖。因为那贴了邮票的信封将化为一缕细长的线，飞越千山万水，落在哥哥的手里。一端是母亲，一端是儿子，彼此的牵挂都有了可寄托、可传递的媒介。

多年后，我再次拿出那些盖着三角形邮戳的信件，信纸上充盈爱意的字句，被思念的泪水洇湿的泪迹依然让我动容，经过时间的淬炼，它们似乎已不是单纯的信件，而是哥哥青春的物证，母亲爱意的化形。

到了初中，哥哥离开了部队，我去邮局不再是为了投递信件，而是去领稿费。初三那年，我在当时语文老师的影响下对文学有了兴趣，每周的随笔常被老师作为范文在班级里朗读。抱着试一试的心态，语文老师将我的随笔投稿到镇上的报社，没想到刊登了不少篇。当我第一次拿着取款通知单来到邮局，背着书包的我挺直腰背，郑重地将那么轻又那么重的一片纸交给工作人员，换回 50 元或 100 元的稿费，我对“长大”有了深刻的、具象化的感受。

后来，父亲偶然在单位订阅的报纸上看到了我的名字，小心地叠放在口袋里带回家，兴冲冲地向我确认是否真的是我。父亲脸上的表情我至今仍清晰地记得，骄傲从每一条皱纹里溢出来。从此，每当父亲看报纸，都会一个字一个字地点读，寻宝似的搜索我的名字。

有我名字的报纸也都被父亲仔细压平，存放在书柜里。稿费早已不知被我花在何处，但那些被父亲好生保管的报纸如同蜻蜓掠过水面留下的涟漪，记录了我起初的文学兴趣。

如今网络发达，纸质信件被手机信息替代，投稿多用邮箱投递，稿费也通过银行转账，鲜少有汇款单。但是，不论时代如何变化，有些东西终究是无法用高科技替代的，机械冰冷的印刷字无法让收信人通过字迹、信纸的平整程度揣度写信人当时的情绪；数字报纸也不如纸质报纸的铅字来得有仪式感；轻点“发送”键即可让信息顺着网络线飞速传递让人失去了投递、等待回信、收信过程中的期待、激动体验。

外出旅游时，我会从当地买一张印了当地风景的明信片寄回家乡，等我身心疲累地回来，那张明信片已静静地在门缝中等着我。那些信件、报纸、明信片如同珍珠，邮局如同细绳，串联起了一颗颗珠子，在旧时光的打磨下愈发圆润，在旧时光中闪闪发光……

（发表于《中国劳动保障报》2024 年 5 月 18 日第 8 版）

鸡鸣寺里的浪漫

清小禾

唐朝诗人杜牧在《江南春》诗中，有一句“南朝四百八十寺，多少楼台烟雨中”，让我印象深刻。那种柔柔的朦胧之美，不知羡煞多少人。而诗中所提到的四百八十寺中，排在首位的就是南京鸡鸣寺，它是电视剧《新白娘子传奇》中雷峰塔的原型。

一座鸡鸣寺，载着金陵史，它的故事，从东吴时期就已开始，恍惚间梦回一千七百多年前，上千年历史的古刹香客云集，香火缭绕，曲径通幽处柴房花木深，鸡鸣寺路的樱花与这古刹的寺院建筑相得益彰。

一座鸡鸣寺，悠悠古人心。自朱元璋重建寺院并提名鸡鸣寺后，鸡鸣寺就活在胡适的诗里，郭沫若的墨宝里，朱自清的散文里，徐悲鸿的画里。漫步在蜿蜒曲直的鸡鸣寺路上，一方是灿若云霞的樱花；一方是入心敬爱的梵音妙语。惬意且自在。

五百米长的鸡鸣寺樱花大道，被染井吉野樱连成樱花大道。站在小路的一头往另一头看，繁花映眼，宛若白云出岫，与古寺山墙映衬，这份唯美与禅意引得游人络绎不绝。春日融融，抬头即见淡粉花瓣的轻盈透明，春风起，随时让你邂逅一场绝美樱花雪，好不浪漫。

看过最美的雪是樱花雪，樱花飘落的速度是每秒五厘米，我究竟要以怎样的速度，才能与你相遇。阳春三月，鸡鸣寺的樱花开在温暖的春风里，看一场浪漫的樱花吧。高大的樱花树一棵连着一棵，开满所有枝条的粉色花瓣如云如雾，不需要任何一片绿叶的衬托，一路望过去，花海连天，缤纷烂漫，让人如痴如醉。它们或在落日的余晖里灿若云霞，或在朝阳下带着露珠盛开着淡粉花瓣，闪耀着微微的光泽，让人禁不住要深深呼吸。

樱花，在曼妙的时光里，以绝美的姿态，向鸡鸣寺做着由衷的礼赞。路两边白色的樱花树绵延望不到头，白色的花瓣温柔如烟雨，花簇却繁茂热烈灿若云霞，恍惚间让人产生误入幻境的错觉，有了樱花相伴，端庄素雅之余，鸡鸣寺添了不少生机。对称的建筑格局、阶梯式的建筑群、暖黄的建筑，创造了温婉含蓄、幽深空寂的意境。

樱花的花语是：“生命、幸福，一生一世永不放弃，一生一世只爱你。”每当樱花绽放，便是一份纯美、笃定誓言的美丽盛放。樱花，是一场盛事。赏樱，是一桩约定。烂漫春时，樱花七日，倏忽而生，从容而逝。樱花，如所有美好的相遇，只绚烂了刹那，却铭记了一世……

（发表于《沈阳日报》2024 年 4 月 15 日第 6 版）

盛世繁花

陈女女

“东风夜放花千树，更吹落、星如雨。”南宋词人辛弃疾形象地描绘出元宵之夜的璀璨景象。我在元宵节前夕，有幸目睹了一场绝美的视觉盛宴——打铁花。

在那夜幕降临的时刻，繁星闪烁，一轮明月高悬天际。打铁花开始了，只见铁花艺人把铁汁倒入事先准备好的一根拳头粗细、一尺多长的新鲜柳树棒中。打铁花艺人一手拿着盛有铁汁的花棒，一手拿着未盛铁汁的花棒，头上反扣一顶葫芦瓢，迅速跑至花棚下，用下棒猛击上棒。就这样，十几个打花艺人一人紧跟一人，一棒跟着一棒，往来于熔炉和花棚之间。

顿时，一棒铁花冲天而起，另一棒接踵而至，棒中的铁花冲向花棚后，遇到棚上的柳树枝后立刻迸散开来，直冲向夜空。刹那间，一串串耀眼的铁花在夜空中绽放，竞相“盛开”。现场观众的欢呼声一浪接一浪。在喝彩、赞叹之余，人们纷纷掏出手机、相机，拍摄这震撼人心的时刻。

打铁花源于北宋，鼎盛于明清。明代，冶铁行业飞速发展。铁匠为了庆祝丰收、祈求平安，运用铁水创造出璀璨的火花效果。遇到庆典，人们会请铁花工匠表演打铁花。打铁花多流传于黄河中下游地区，在河南、山西广为流行。当地群众利用“花”与“发”的谐音，取“打花打花，越打越发”之意，希望生意红火，增祥瑞、保平安。

明清时期，诗人诗作或民谣中开始出现关于打铁花的记载。清初钱塘人朱樟任泽州知府时曾写下三十六行长诗《铁花行》，记录自己在泽州看打铁花的情景。以铁水为墨，天空为纸，通过匠人精心铸就的铁花工具，将炽热的铁水击向天空，“绽放”出一幅幅璀璨夺目的画面。那舞动的铁锤，仿佛是在与时间对话，诉说着古老的故事。每一次击打，都是对历史的传承；每一朵铁花，都是对传统文化的致敬。

如今，生活富足，打铁花已渐渐淡出人们视线。但这并不妨碍我们为之感动，为之震撼，这是血脉相传的文化底蕴，这是民族文化的独特魅力。

“我为烟火而来，却见万千星海。”铁花在眼前“盛开”。这是何等奇妙的设计与想象。它成为夜空中一朵朵耀眼瑰丽的奇花，也盛开在每一个有幸目睹此情此景的心灵，久开不败。如果说铁花是一个常讲常新的故事，那么每一次的盛开，都各不相同。

我终于明白，为何每一颗灼热的铁花都会迸发出顽强的生命力。因为这铁花的背后，是力量与温度的碰撞，是勇气与坚韧的凝聚，铁花畅快淋漓地挥洒出热血与汗水的形状，镀上金色的光华，那是星河般灿烂的色泽，那是照亮漫漫前路的火炬，那是盛世繁花，指引着人们奔赴美好生活。

（发表于《中国应急管理报》2024年2月24日第8版）

第三辑

人间有味

四季三餐　物换星移

变化着的是食材的种类

不变的是人们对生活的热爱

对故土的思念

饱餐与被爱

李　珊

日子琐碎平淡，时光缓慢悠长，一汤一面，都是热腾腾的烟火气。汪曾祺先生曾说：“四方食事，不过一碗人间烟火。”而我贪恋的人间烟火，便是一家人围坐在一起吃着热气腾腾的手擀面的浓郁食光，这便是人间幸事。

手擀面是奶奶的拿手面食。一张案板，一个擀面杖，便是奶奶尽施厨艺的法宝。经年日久，擀面杖和案板越来越光滑，但奶奶从不让换新，说新不如旧。我想，奶奶已经和它的工具成了配合多年的默契挚友。

我多次观察奶奶做手擀面，虽然只有揉面、醒面、擀面、切面、颠面几道工序，但我却始终没有学会，看似简单，实则讲究。揉面需用实力，面团才能筋道平滑；擀面需用巧力，才能擀出薄如宣纸，形如圆盘的面饼；切面时更需用眼力，才能切出细如韭叶的均匀长条；颠面需用虚力，散开面条才能根根分离。在这一揉一擀一切一颠中，融进了奶奶一辈子对儿女的绵延情谊。

古时便有手擀汤面的记载：“肥葱细点，香油慢焰，汤饼如丝。”我家煮汤面的方法和古人煮汤面方法相似，朴素的面条搭配简单的煮法，乃是人间至味。炝锅葱花七分白三分青适宜，将其炒至微焦，大火煮开，倒入面条，撒入一勺食盐，将蛋液打散倒入其中。于是，一碗混合着麦香、葱香、蛋香的汤汁浓郁、光滑筋道的手擀汤面就出锅了。

面趁热喝才有味道。印象深刻的一次吃面便是上小学时的寒假，奶奶刚把热汤面端上桌，家里突然停电，我便机智地点上了蜡烛，开始了浪漫的烛光晚餐。屋外寒风凛冽，屋内热气缭绕，在温暖的烛光下，我吸溜吸溜的吃面声和呼噜呼噜的喝汤声交融，上演了一场节奏感强的交响曲。一碗下肚，暖心又暖胃。

我行走过许多城市，吃过很多面食，但贪恋的还是奶奶做的手擀面。春节回家时，奶奶忙活着给我女儿做手擀面，我也跟着吃了一碗，还是熟悉的味道，女儿也很喜欢喝，她像嗦粉一样嗖嗖几下进肚子，嘴边满是葱油，喝完咧嘴笑了，露出几颗刚长出的牙，奶奶也跟着欣慰地笑了。

看到奶奶稀疏的几颗牙齿，我不禁有些伤感。我便下定决心跟着奶奶学做手擀面，让这份爱延续下去，让女儿也像我当年一样，日日能品味到一碗滋养身心、饱含爱意的汤面。

爱，通过食物来表达，非常直接和有力。因为那一碗碗熟悉又美味的手擀面，擀出的是岁月绵长与深远爱意，源源不断地滋养了我的身心，给了我直面人生中风风雨雨的力量与勇气……

（发表于《泉州晚报》2024 年 4 月 7 日第 3 版）

外婆家的豆腐酿

蓝飞燕

读苏东坡诗作《蜜酒歌》时，其中描绘美食的名句“煮豆作乳脂为酥，高烧油烛斟蜜酒”，让我不禁想起外婆家那独特的豆腐酿，浓浓的思念瞬间涌上心头。

据记载，客家名菜豆腐酿具有深厚的历史文化底蕴。古时，有大批中原人从北方迁徙至南方，但还保持着中原口音和生活习惯，这就是家人的祖先。他们多是居住在山区，无法种植小麦，继而无法制作面粉来包饺子。于是他们找出一种可以代替面粉制品的食物——豆腐，在豆腐里包裹上馅料，做成豆腐酿，把所有的思乡之情寄托其中。

我儿时住在农村，每逢农忙时节，辛苦劳作后，妈妈都会找时间带我们回外婆家吃豆腐酿。阳光透过树梢，洋洋洒洒地散落在小院里，映照在每个人的脸上，也笼罩在那间炊烟袅袅的泥土瓦房上，犹如一位厨神降临。

厨房里，外婆、小姨、妈妈围桌而坐，相谈甚欢，一边闲聊家长里短，一边磨制豆腐。小姨将泡好的黄豆往磨眼里放，再放一勺水，另一只手飞快地转动石磨，石磨“咿呀咿呀”地磨着黄豆，略带米黄的白色汁水流进磨盘里，很快汇聚成一条白色的“小河”流入木桶里，这条“豆浆河”是一家人半年艰辛劳作的见证。

随后，妈妈和小姨一起抬高盛在木桶里的豆浆，将其倒进白色的过滤布里，外婆则将柴火一把又一把地添进土灶里，熬煮豆浆。

豆浆煮沸后冷却至八十摄氏度左右，再进行点卤，其逐渐凝结成豆腐脑。这时将其舀到豆腐筐里，再用石头压实，做成豆腐块。最后切成正方形小块，下到锅里油炸成金黄，即成豆腐油果。豆腐油果香味自然醇厚，在锅里晃晃荡荡，油香也掩盖不住那浓郁的豆腐味。

朱熹诗作《次刘秀野蔬食十三诗韵·豆腐》曰：“种豆豆苗稀，力竭心已腐。早知淮王术，安坐获泉布。”道出种豆的艰辛和制作豆腐的不易。

豆腐酿的制作，最为重要的是馅料。把准备好的猪肉剁成肉末，辅以猪油大火翻炒，可添入葱白、木耳丝、香叶，再加入盐、酱油、白酒、老抽继续翻炒，加一点清水，让馅料的香味充分融进汁里。再拿淀粉兑水勾芡，淋到酱料里，增加黏度。把浸泡三个小时的糯米沥干后，倒进馅料里搅拌，馅料和糯米的香味交织融合在一起，令人垂涎欲滴。妈妈和小姨挑选最好的豆腐油果，轻轻把油果的一头撕开，挖掉里面的白豆腐，再将馅料灌入其中制成豆腐酿。

豆腐酿隔水蒸，开锅时，油亮发光，糯米粒粒分明。咬上一口，热气和香气在口齿间留下的香味，真有一种“一箸入口，三春不忘”之感。

还有另一种水豆腐酿，以豆腐做“皮”，将馅料包住。用锅慢慢煎至两边金黄，撒下一些葱花，即可上桌。豆腐酿宛如一个个胖宝宝，十分可爱，满满的豆腐味，满满的亲情味。

随着岁月流逝，我走遍了五湖四海，尝遍了各种豆腐酿，每一种都有其独特风味，但唯独外婆家的豆腐酿，总是让我念念不忘。

也许我们品尝的不仅是美食本身，更多的是一种习惯、一种情怀，以及对家乡和亲人的深深思念与祝福。

（发表于《南宁日报》2024 年 7 月 16 日第 6 版）

夏日里的西红柿酱

王听年

每当蝉声四起，夏季来临，一个个红彤彤的西红柿便挂在了翠色的蔓枝上。于是，一年中制作西红柿酱的最佳时节便到了。

夏日清晨，阳光透过稀疏的云层，洒在了奶奶的小院里。院子的一角，西红柿藤叶茂盛，挂满了红彤彤的果实，它们仿佛是夏天的使者，传递着丰收的喜悦。

我最喜欢坐在小板凳上，一边用大锅烧沸水给玻璃瓶消毒，一边看孩子们在院子里开心地跑来跑去，红艳艳的西红柿堆在大盆中，不禁让人心生出了浓浓的满足感。

奶奶制作西红柿酱的手艺堪称一绝。虽然过程并不复杂，但每个步骤都能感受到她的耐心和细心。先将洗净的西红柿烫后剥皮去蒂，热气氤氲着半熟的西红柿，在阳光下显得晶莹耀眼，仿佛一颗颗待打磨的红宝石。

热锅倒少许油，用充满野味的草麻花爆锅，奶奶利落地将切好的西红柿倒入大锅中，加入适量的盐和水慢慢熬煮。在熬煮的过程中，她会不时地用勺子搅动锅里的西红柿，确保它们受热均匀。随着火候的加大，锅里的西红柿开始“咕嘟咕嘟”地冒泡，散发出了浓郁的香气。

为了照顾到家里所有人的口味，奶奶还会在西红柿酱中加入细细的茄条和新鲜的线辣椒。她专注地盯着锅中的西红柿酱，脸上的每一条皱纹里，都似乎积淀着岁月赠予的独属于生活的智慧。

随着时间的推移，锅里的西红柿逐渐变得浓稠而均匀起来，这时，奶奶的脸上就会露出满意的笑容。我们一起把西红柿酱分装倒入干净的玻璃瓶中，放在高高的蒸笼中等待二次蒸制，蒸好了再拧上瓶盖，这样制作的西红柿酱不但可口，而且保存的时间会更长久。

封好口的红彤彤的西红柿酱在玻璃瓶中显得格外诱人，待到食用时，不管是用来拌面、炒菜，还是作为调味品，都能让菜肴的味道变得更鲜美、独特。

我最爱的是奶奶特意在锅里为我留的新鲜的西红柿酱。红色的西红柿，绿色的线辣椒，紫色的茄条，再配上雪白的手擀面，一口下去，西红柿的酸甜、线椒的鲜辣、茄条的软滑，在饱满的口感中，层次分明，这就是家的味道。

奶奶曾说："以前食物匮乏，制作西红柿酱是为了更好地保存食物。现在生活好了，什么菜都能买到，想什么时候吃就能什么时候吃。"但我却觉得，这美味的西红柿酱里，藏着人们对夏天的偏爱和温柔，是为了把属于夏天的美味储藏到冬天，好在寒冷的冬日里，也能回忆夏天炙热的阳光，和与家人温馨相处的场景。

奶奶用满是皱纹的双手，将一份份爱融入这浓郁的酱汁中，使得每一个品尝的瞬间都充满了家的味道。

每当我看着那一瓶瓶红彤彤的西红柿酱，心中总会涌起一股暖流。小小的西红柿酱，不仅滋养着我们的味觉，也饱含着家人的关怀与牵挂，每一滴都凝聚着家人间无法割舍的情感。

食物，不仅满足了味蕾的享受，更是情感的传递。就像这不起眼的西红柿酱，让我在远离家乡的日子里，依然能够感受到家的味道、爱的味道，也让我时刻铭记，无论走到哪里，家永远是我最温暖的港湾……

（发表于《春城晚报》2024 年 6 月 21 日第 12 版）

萦绕心头的酒酿小圆子

叶紫珊

不知不觉间，小雪悄然而至，这也意味着气温开始下降，天气逐渐变冷。在中国传统的二十四节气里，它宣告着冬日的深入，世间万物仿佛被一层沉默的霜覆盖。冬日里，南方的城市没有暖气，寒风总是如刀割般逼人。每逢这时，奶奶家的厨房便会弥漫出米酿的香甜，混合着火炉的烟熏和老屋的木香。哦，那是酒酿小圆子的独特味道。

在寒意渐浓的时节，奶奶总会着手制作酒酿。她会精心挑选一些圆润且饱满的糯米，将这些珍珠般的米粒浸泡在清水中，静静地等待米粒吸足了水分。到了第二天，这些经过泡发的糯米会在蒸笼中被煮至柔软而黏糯，每一粒米都变得蓬松而富有弹性，散发出令人垂涎三尺的清香。接着，奶奶将蒸好的糯米放入坛子中，再撒上一层细腻的酒曲，放置在墙角的阳光下。

我有些不解，奶奶便告诉我："酒酿要放在温暖的地方，让它慢慢地发酵。别看那个角落不起眼，可它有着神奇的魔法呢，能够将普通的米转化成为甘甜的酒酿。过几天你再瞧瞧。"果然，几日后，当那个角落飘出淡淡的酸甜气味时，我便知道是酒酿做好了。

接着，奶奶又开始制作小圆子。每当这时，她总会让我坐在她身旁，一手传递给我满是糯米粉的温暖，另一手则指导我如何揉捏成形。在奶奶的耐心教导下，那些先前不成形的米团逐渐变得圆润，就像小珍珠轻轻落入碗中一样，还发出了宛如音符般悦耳的声响。那一刻，我仿佛也成了小小的造物者，参与着传统与爱的延续。

当糯米圆子轻柔地滑入滚烫的红糖水中，它们便开始慢慢膨胀，渐渐漂浮至水面，犹如冬日里纯净透彻的雪球，带着纯洁与爱来到了人世间。这时，加上一勺酒酿，几撮桂花的点缀，顿时，锅内便升腾起迷人的香气，花香混合着酒酿的醇香，共同编织出了一曲温馨诱人的味觉交响乐……

如今，当我再忆起那碗酒酿小圆子时，它那熟悉且诱人的味道依然浮现在我眼前。是呀，它不单是驱寒的食物，更是寒冬中的温暖灯火，是家的挂念和亲人最深沉的爱。

想到这里，奶奶昔日慈善的面容和谆谆教诲的话语顿时出现在我眼前，她似乎在告诉我："不管外面多么冰冷，温暖永远在南方的那座县城里，那里灯火通明，总有一碗热气腾腾的酒酿小圆子在等着我，等着我回家……"

时间流转，奶奶的身影已随风而逝，然而每逢小雪时节，她便在我心头浮现。我仿佛还能听见奶奶温柔细语的声音："丫头，来，吃一碗酒酿小圆子，暖和暖和。"只要我轻闭双眼，深吸一口气，那股酒酿的香甜便萦绕在我的鼻尖，如同奶奶的怀抱，温暖而熟悉。

（发表于《中国电视报》2023 年 12 月 2 日第 46 期）

一碗炸酱面

麦云龙

夏至，是二十四节气中第十个节气，也是一年中白天最长、夜晚最短的一天。这一独特的节气是民间盛传不衰的“四时八节”之一。夏至的渊源，可追溯至古代的观测和农耕习俗。

在宋代，庆祝夏至的气氛浓烈，特意将这一日定为休假日，让广大百姓能够尽情享受这一特殊时节的欢乐。《文昌杂录》中记载：“夏至之日始，百官放假三天。”可见当时人们对夏至节气的重视与喜爱。

中华民族历来对传统美食情有独钟，不同节令总有与之相契合的特色美食。美食自然成为夏至不可或缺的一环。尽管各地夏至的食俗各异，但吃“夏至面”这一习俗被广为认同。

我不由得想起，每当夏至来临之时，母亲便开始忙碌起来……

如今，吃一顿面条似乎已是再平常不过的事情。然而，在20世纪六七十年代的北方农村，对于普通农户人家而言，即便家里有些许白面，也往往是留着做襁糊用来裱糊墙壁，哪里舍得用来制作面食呢?

于是，母亲便巧妙地将粗粮进行细作，用玉米面来制作面条。不仅如此，她还精心地调制出美味可口的炸酱，与面条搭配在一起，形成了一道独特的美食。因为面条的材质不同，炸酱的调味也有其独特之处，使得这道“夏至面”成了我家独有的美食记忆。

我的母亲，身高一米七，身材匀称，肤色白皙，健康而丰盈。她平日里总爱穿着碎花斜襟的衣服，梳着整齐利落的发型，虽不算倾国倾城，但绝对可以称之为“俊”，与她的名字“俊花”相得益彰。

每逢夏至这一天，母亲总会比往常更早起床，精心地打扮自己。她穿着那件日常可见的碎花斜襟上衣，但可以看出是经过特别清洗的；蓝色的卡其布裤子，熨烫得笔挺有型；脚上的白底黑布老布鞋，干净整洁；就连围裙也是洗过的，散发着清新的气息。

这一切的准备都透露出一种仪式感，让人感受到母亲对这个日子的重视。

几天前，母亲就已经开始准备夏至的面食了。她用筛出来的精细玉米面混合成红薯淀粉，按比例调成面糊。然后，她左手拿着特制的带孔的骨板，右手手掌推着和好的面糊，熟练地搓出一两寸长的玉米条。搓好的玉米面条轻轻地落入沸水锅中，翻滚两下便可捞出，放入早已备好的凉水盆中。

随后炸酱的环节上场。母亲熟练地将切好的洋葱头爆炒出香味，然后倒入自家做的黄豆酱，翻炒出酱香，最后打入两个鸡蛋炒散，炸酱便制作完成了。

捞一碗被冷水浸泡过的玉米面条，加入适量的炸酱和其他调料，一碗香气扑鼻的炸酱面就呈现在眼前。这碗面看似简单，却蕴含着母亲的巧思和辛勤付出。每当转身看见我们吃得满嘴挂酱时，母亲就会开心地笑着，她的笑容灿烂如花……

母亲的炸酱面，是我永远难以忘怀的美味，其独特的风味仿佛拥有穿越时空的魔力，总能引领我回到那个洋溢着温暖与爱的家中。

如今，每到夏至，我就会回想起那碗香气扑鼻的炸酱面，心中不由自主地涌出对母亲浓烈而深沉的思念……

（发表于《石家庄日报》2024 年 6 月 21 日第 7 版）

豆豉酱里的乡愁

李炳森

渐入深冬，温度骤降，我裹紧身上厚实的棉衣，显然也挡不住这寒气，不禁心想：“御寒效果怎会这么差？”只能长叹一声。拖着饥肠辘辘的身躯，继续走在繁华的巷口，目光所及之处皆是五花八门的小吃摊，即便香味缭绕，依旧勾不起一丝食欲。

忽闻一丝熟悉的气味迎面扑来，我驻足停留，不断在脑海里找寻，却一时想不起来。再细想，过去的回忆灵光乍现般涌现，原来是一间粉店飘出来的豆豉酱味道。

我欣喜不已，貌似这种豆豉酱在我心中尘封已久，现在再见到，仿佛与一位老友重逢。就冲这豆豉酱，便毅然决然地进店点上一碗热气腾腾的米粉。老板特意告知我，加上豆豉酱更有灵魂，真是他乡遇故知啊！我狼吞虎咽地吃完了，连汤汁也一滴不剩。这味道真是很相似。

俨然记得，读中学时，常常寄宿在学校，一星期只能回家一次，并且学校的饭菜难以下咽，吃一两口便索性放弃了。加上生活拮据，看到学校的小卖部只能望而止步，导致还未上完第一节课，我便饿得前胸贴后背，更没了精力学习。母亲知道后，便想了个法子，做点什么菜，既可以保存一星期，又下饭可口，普通的大鱼大肉肯定行不通。思来想去后，她决定做豆豉酱。

母亲把黄豆洗净，熬煮几小时，等到豆子可以捏碎了，就把它放置布袋里，搬到避光的位置，捂上几天几夜。再把豆子搬上楼顶晾晒成干豆豉，加上少许菜籽油搅拌均匀，之后再蒸二十分钟。之后倒锅入油，并且加入葱、姜、蒜、香叶、桂皮、八角等佐料，炒得差不多后，倒入适量的酱油和蚝油，香味顿时袭来。“真看不出来母亲还有这绝活！”我常赞叹道。

每到星期天，母亲便把它们装进一个玻璃瓶里，放置几天是没问题的。我把它们带去学校，若是饭菜不可口，可以加一勺豆豉酱，果真，寡淡的味蕾顿时得到了满足。同学们也纷纷把自己的碗端过来，以至于，满满一瓶豆豉酱，不过三日便吃完了。后来，母亲便给我多装了几瓶，刚好到周五就可以吃完。整个初中时代，几乎是豆豉酱陪我度过的。

那天晚上，跟母亲随口抱怨了几句，说食堂的饭菜并不如意，母亲在视频那头安慰着我。闲聊几句，便挂断了。不承想，两星期后，竟收到一个大包裹，我以为是商家寄错了。带着疑问一探究竟，原来是母亲寄来的，会是什么呢？瓜果蔬菜？我迫不及待打开，眼前一亮，原来是十瓶豆豉酱，每一罐都塞得满满当当。它们像一个个乖巧的孩子一般，整整齐齐地排好队，时刻整装待发。

母亲叮嘱我：“吃不完的可以先放冰箱，若是快吃完了，就提前告诉我。”每次煮面条或是吃饭时，我总会舀上一勺，光闻味，都令人口水流下三千尺。

后来母亲告诉我，这是她奶奶教她制作的，以前虽然穷得揭不开锅，但总在母亲想吃豆豉酱的时候，她的奶奶都能做上一大罐，满足自家的孩子。此刻，厨房里溜进了一抹暖阳，照射在豆豉酱的瓶罐上，令人尤为舒心。而我，仿佛看到了母亲在厨房忙碌的身影……

董卿曾说：“味道，落到笔上就成了风格，吃进胃里就成了乡愁，刻在心上就成了一辈子都解不开的结。”身处异乡，故乡成了自己怀念的地方，更念念不忘的是，母亲那拿手的豆豉酱，以及她满得溢出来的母爱。

（发表于《昌平报电子报》2023 年 12 月 15 日第 2468 期）

（发表于《湄洲日报》2023 年 12 月 16 日第 4 版）

（发表于《邵阳晚报》2023 年 12 月 26 日第 7 版）

甜味浓郁的岭南糖水

叶紫珊

广东人热爱糖水，因为它不仅是一种味觉的享受，更是一种情感的表达和一种生活的态度。

午时，太阳高悬，我踏着青石板，沿着蜿蜒的小巷，为追随那熟悉而诱人的甜香，步入了钟情已久的一家糖水铺。

在这里，空气中处处弥漫着糖的甜香，与冬日的微风交织后，甜蜜的滋味瞬间缠绕于心尖，温暖又让人沉醉。这家老字号糖水铺，隐藏在烟火气息浓厚的巷子里。招牌上的几个大字“松记糖水铺”仿佛就是时间的见证者，默默诉说着它的传承故事。

店内，是老板亲手砌成的炉子，炉子微弱的火光映在老板的笑容上，温暖而亲切。炉子上，一桶桶糖水在保温着，一打开盖子，一股蒸汽瞬间就会腾起，散发出不同的香气。

广东的糖水文化，源自岭南的甘蔗田间。在旧时的广州，街头巷尾常有小贩在贩卖糖水，他们或是摆摊或是挑担，从清晨到深夜，常卖的是绿豆沙、芝麻糊、杏仁茶等基础种类。随着时光流转，现在的糖水种类越来越多，令人目不暇接。

广式糖水，不只是甘甜的润喉之物，更是广东人的情感寄托和生活哲学。糖水里的食材，有的能止咳润肺，有的能清热解毒，有的甚至能安神助眠。每一碗糖水背后，都有着一张家传的秘方，隐藏着关于健康与养生的古老智慧。

当老板端来那一碗芋头西米露时，一瞬间，香甜的气息扑面而来。碗中的西米如同珍珠般圆润透亮，芋头块则像是沉浸在露水中的宝石，泛着淡紫的光。我轻轻舀起一块芋头送入口中，那芋头的香甜与西米的顺滑在口中缓缓融合，每一粒西米仿佛在舌尖上优雅地展开了舞姿。

若是感到腻了，不妨来一碗绿豆沙糖水。它清新的味道如同一股清泉，在舌尖上轻轻流淌。碗中的绿豆沙色泽翠绿透亮，舀起一勺，细腻温润，仿佛是初夏的微风轻拂过水面，荡起了微微波纹，让人回味无穷。回味间，那种清凉的感觉从舌尖缓缓蔓延至心底，留下的只有凉意和满足。

在糖水铺里，每一种糖水都有它独特的风味。红豆沙像落日余晖，温暖而富有活力；花生糊像一幅深秋的画卷；糖水和黑芝麻糊则带来了浓浓的甘甜与浓烈的香气，仿佛是生活中的一抹亮色，就像广东人的生活，甘甜中不失风味，温柔中不失力度。

在这个小小的糖水铺里，一碗糖水能为人们带来片刻的宁静与舒适，让人们暂时远离喧嚣与压力。因此，无论是老字号的传统糖水铺，还是现代化的连锁店，都深得广东人的喜爱与青睐。

（发表于《中国政府采购报》2023年12月8日第8版）

蚕豆宴

韩　熙

曾经读鲁迅先生的《孔乙己》，看到他写孔乙己到鲁镇酒店要了两碗温酒，一碟茴香豆，后来又教“我”写茴香豆的“茴”字，分豆子给邻居家的孩子吃。那茴香豆正是用蚕豆所炒的一道菜，这不由得勾起了我肚中的馋虫，怀念起家乡的蚕豆来。

农历三月古称蚕月，所谓蚕月，正是暮春，也是吃蚕豆的季节。我们一家都爱吃蚕豆，只不过爱吃的菜不同。若将我们想吃的菜与蚕豆凑在一起，还真能摆一桌蚕豆宴。

奶奶喜欢吃嫩蚕豆，暮春三月总免不得每天到菜田里巡视一圈，若是见了蚕豆长成拇指般大小，就要摘一把揣进怀里，带回家去炒腌菜吃。有时候她还会捎上一个菜篮子到地里去，不装得满满当当是不会回家的。小时候，我最开心的事，莫过于帮奶奶剥蚕豆了。饱满的豆荚，从平整的那一侧轻轻撕下一个口儿，那蚕豆便“噗”的一声蹦出来，有的蹦到碗里，有的则不幸掉落在地。我最乐意看豆子落地，那样我就可以顶着奶奶责备又无奈的眼神，义正词严地把蚕豆捡起来放入专属于我的小碗里。

等剥完一碗蚕豆，拇指上也都嵌满了绿色的小月牙，而我的小碗也装不下了。这些“不慎”掉落的蚕豆，一半被我洗干净放进嘴里生吃，一时间蚕豆特有的清香在口腔内展开，淡淡的甜味在舌尖打滚，是春天的味道。另一半呢，被我用针线穿成项链、耳坠，将自己装扮成公主与小伙伴比美。当然，这样做的前提是不被大人发现，不然少不了要“加餐”一顿。

爷爷喜欢吃烤蚕豆。将剥好的蚕豆用竹签串起来放在火塘上烤，一边烤一边讲他以前的故事。爷爷常说，以前的日子苦啊，大家在一处劳作，他总是吃不饱。有一次，他实在是被饿狠了，便偷偷摘了队里的蚕豆，躲起来用火烤着吃。“真险啊，我就躲在屋后的大石头旁，火缓缓地烧起来了，把豆子烤得喷香，我一边吃一边张望，生怕被别人发现了。但那是我吃过最好吃的豆子。”爷爷的故事逗得大家哄堂大笑，这时候蚕豆也适时地散发出了香味，我们几个小孩子便顾不得听故事了，你一串我一串地争抢起来，生怕吃不上。

父亲喜欢吃炒蚕豆，尤其爱茴香炒蚕豆，也就是鲁迅先生笔下的茴香豆，他说这是最好的下酒菜。对于这一点，我是非常赞同的，只是我饮酒不多，茴香豆我是拿来当零嘴儿吃的。茴香豆由干蚕豆制成，不受季节的约束，只要到街上去找准一家炒货店，就可以买到。丢一把茴香豆进嘴里咀嚼，嘎嘣脆，茴香与蚕豆的芳香在味蕾缠绕。咽下肚后，嘴里又泛起了丝丝甜味，让人还想再吃一把。怪不得在鲁镇酒店吃了孔乙己给的茴香豆的孩子仍然不肯离去呢，这么好吃的东西怎不让人流连？

母亲喜欢吃蚕豆焖饭，这也是许多云南人的最爱。范烟桥在《茶烟歇》中曾这样写蚕豆：“初穗时，摘而剥之，小如薏苡，煮而食之，可忘肉味。”母亲爱吃蚕豆焖饭，想来也是觉得吃蚕豆，胜吃肉。蚕豆焖饭不难做，只需要将蚕豆和大米一同放入锅中焖煮即可，为了丰富口感，母亲有时还会加一些鲜火腿。我至今记忆深刻的——就是母亲将锅盖打开的那一刻，整个屋子都弥漫着蚕豆与米饭交织的醇香。只需要轻轻地嗅一下，心房就被家的温暖填满了。

我最近喜欢吃“青蛙爬石板”，这是一道古早的云南小吃，也叫豆米粑粑。这道小吃可盐可甜，吃起来软软糯糯，清香怡人，做法也很简单：将蚕豆与糯米揉搓成长条状，再用刀切成片，放入锅中煎至两面金黄即可。出锅时，白白的糕点上往往嵌着几颗绿宝石，好像青蛙爬在石板上一样，所以叫“青蛙爬石板”，真是个可爱的名字。

“莫道莺花抛白发，且将蚕豆伴青梅。”吃蚕豆宜早不宜迟，就像赶春要赶早一样。如今又是暮春时节，真想追上光阴回到家去畅快地吃上一顿蚕豆宴！

（发表于《农民日报》2024 年 4 月 13 日第 8 版）

芒种煮蛋忙

王听年

“芒种忙，麦上场”。芒种时节，阳光如金，空气中弥漫着新麦的清香，田间的麦穗在微风中摇曳，仿佛在低语着丰收的喜悦，与远处青山的苍翠相映成趣，形成一幅生动的夏日画卷。

在我的记忆里，每当芒种来临，奶奶总是格外忙碌，而她的忙碌，总与那些圆滚滚的鸡蛋有关。

当第一缕阳光洒满院落时，奶奶便穿梭在鸡舍与菜园之间。她轻轻拿起每一个鸡蛋，细细端详，仿佛在欣赏一件精美的艺术品。那些个头大、蛋壳光滑的鸡蛋，被奶奶小心翼翼地洗净放在一旁，在阳光下呈现出一种温润的玉白色，仿佛是上天赐予的珍贵礼物。

奶奶告诉我，芒种时节，天气开始炎热，人们容易食欲不振，而鸡蛋营养丰富，吃了可以补充体力。芒种时节煮蛋吃，是祖祖辈辈传下来的习俗，寓意着家庭和睦、人丁兴旺。她说，这时的每一颗鸡蛋都承载着家族的祝福和期望。

我最喜欢看奶奶坐在小板凳上，用从菜园新摘的芫荽叶，小心地为蛋壳“穿花衣”。她的手指灵巧而有力，用雪白的纱布包裹着水灵灵的芫荽叶子，让它与蛋壳紧紧贴合，没有一丝缝隙，最后用棉线牢牢扎口，确保芫荽叶子不会在煮的过程中脱落。当然了，并不是所有的鸡蛋都能有幸穿上雪白的“新衣”，这种特殊的芒种蛋，是奶奶给我的专享福利。

奶奶煮蛋的灶台，总是干净而整洁，各种调味料亲密地排列有序，看起来格外热闹。她细心地将鸡蛋放入锅中，加入适量的冷水和洋葱皮，然后轻轻盖上锅盖。奶奶点燃灶火，坐在灶台前，静静地等待着水开。火光跳跃，映照着奶奶慈祥的脸庞。随着水温的升高，锅盖边缘开始冒出细细的水汽，带着淡淡的鸡蛋香，弥漫整个厨房。

“鸡蛋要煮得恰到好处，不老不嫩才美味。”奶奶的话语中充满了对食物的敬畏。她熟练地观察、调整火候，让水始终保持微沸的状态。她说，这样煮出来的鸡蛋，既不会破壳，又能保证蛋黄和蛋白的完美结合。隔着锅盖，锅中的鸡蛋翻滚碰撞，仿佛在哼唱一首动听的歌谣。

煮好的鸡蛋被奶奶捞出，剥去纱布和芫荽叶放入冷水中浸泡。奶奶说，这样做不仅可以让蛋壳更容易剥离，还能让鸡蛋的口感更加爽滑。棕红色的蛋壳上，芫荽叶留下的痕迹清晰可见，它们仿佛是艺术家精心雕刻的作品，给这平凡的鸡蛋增添了几分诗意。

估摸着不烫了，我迫不及待地拿起一个带花纹的芒种蛋，轻轻一磕，剥开的蛋白则呈现出一种柔嫩的白色，与金黄的蛋黄形成鲜明的对比，吃进口中，仿佛能在舌尖上绽放出一朵五彩斑斓的花朵。

奶奶看着我满足的表情，脸上露出了慈祥的笑容。她摸着我的头，说：“好吃就多吃点，没人和你抢。”那一刻，我深深地感受到奶奶对我的爱，如同这印满叶纹路的芒种蛋一样，虽然平凡却充满了温情和味道，这种味道，是家的味道，是亲情的味道。

如今，奶奶已经离开了我，但她的爱和味道却永远留在了我的心中，这些回忆如同珍珠般串联在我的心中。

每当芒种时节来临，我总会想起奶奶忙碌的身影，便学着她煮一锅香气四溢、叶纹斑斓的芒种蛋。我知道，奶奶的爱，将陪我跨越昼夜朝暮，翻越人间山海，给我一生欢喜。

（发表于《现代快报》2024 年 5 月 29 日第 15 版）

夏日食单

张蓝方

小时候最盼着过夏天。西瓜从菜市场里搬进冰箱，味蕾在红瓤里游泳；老冰棍冒着丝丝凉气，冰块叮叮当当地跳入绿豆汤；冰镇汽水瓶盖“啵”的一声弹开，似乎整个夏日都变得甜蜜而惬意起来……老家有“吃时节”的说法，春夏秋冬，从应季的蔬果，到经典的时令菜肴，外婆每年都会兴致勃勃地罗列好当季食单，于是全家人聚在一起，认真地在时间里寻鲜。

外婆的食单，是一沓素色略粗糙的笺纸，用一个掉了漆的金属夹郑重夹住，字迹工整地写满了不同节气的吃食，还十分诗意地为每一道菜起了名字。而对于夏天这个万物蓬勃生长的季节，外婆总是十分重视，早早便已做好“吃”的计划。我最喜爱的两道夏日时令菜，是外婆的“金玉绿鹦歌”和“君子抱三鲜”。

“金玉绿鹦歌”，其实就是凉拌菠菜豆腐。《随园食单》里写：“菠菜肥嫩，加酱水、豆腐煮之。杭人名‘金镶白玉板’是也。如此种菜虽瘦而肥，可不必再加笋尖、香蕈。”于是外婆从地里仔细摘了碧绿鲜嫩的菠菜回来，再从菜市场里买回豆香浓郁的嫩豆腐，我自告奋勇地接下清洗菠菜的活儿。

我喜欢看浸在水里的菠菜，满目的新鲜劲。红根上密密严严地往上探出一簇翠绿，水光放大了叶片上清晰的脉络，呈现出生命脉脉相传的柔软与韧劲。

菠菜清洗好后，外婆掐去红根，仅保留最柔嫩的部分。将菠菜和豆腐分别焯熟，此时的菠菜越发柔嫩又多汁饱满。大蒜细细碎碎地被切成蒜蓉，加入酱油、白糖、香油、芝麻后，将菠菜与捏碎的豆腐翻拌，恰似一盘翡翠点着白玉。

我总是等不及上桌，在厨房里趁着外婆不注意就挑起一筷子，一口下去，细细的蒜香托住了菠菜的清鲜和豆腐的醇厚，香油裹住柔软的菜叶在舌尖上密密麻麻延展出清爽滋味，像是烈烈夏日里突然吹来一股清风，植物芳香和醇郁豆香融合在一起，成就了彼此最好的味道。无怪乎“可不必再加笋尖、香蕈”，此时已是夏日里极其鲜甜的享受。

而“君子抱三鲜”，则是苦瓜去尖切段后，塞入调好味的肉馅、茄泥和胡萝卜丁，入锅蒸，出锅时淋上一勺香油，香味顺着蒸汽散开来，令人不禁暗咽口水。

小孩子大都不爱吃苦瓜，小时候我也嫌它味苦。后来外婆告诉我，苦瓜又被称为“君子菜”，因为它无论与什么食材同炒，都不会把苦味传给对方，颇有一种“不将己苦传他物”的谦谦之气。

我也想要有这样的君子气，于是下定决心，夹起一块“君子抱三鲜”塞入口中，准备随便嚼嚼咽下。没想到苦瓜的鲜、嫩、脆猛然袭向舌尖，肉馅带来的油脂香与苦瓜结合，在齿间碰撞出一种反差与惊喜，茄子与胡萝卜的柔滑香甜作为余味收拢，此刻味蕾好像浸润在自然里。自此以后，我对苦瓜的爱便一发不可收拾。

又是一年夏至，外婆的夏日食单已经早早开始筹备，我经常接到外婆发来的信息，兴致高昂地与我分享又想到了什么好菜肴、订到了什么好食材。

我突然心生好奇，外婆怎么坚持了这么多年，在每一个节气里乐此不疲地张罗出一桌应季佳肴？外婆仅回答了我一句：“去关注时间的变化，去发现生活的意趣，便会尊崇自然、敬畏生命、继而享受生活。”

保持对生活的热爱，发现日常中那些令人心动的小事，因为在这热烈的季节里，万物皆有可爱之处。

（发表于《精神文明报》2024年5月23日第3版）

消夏三苦

陈梦瑞

每逢到了夏天，天气炎热，“吃什么”就成了大问题。就算是再热爱美食的人，受了热，也是“恹恹欲睡”没了胃口。夏季就真的没有什么可以消暑的美食吗？

老话常说：“夏吃苦，如进补”。而苦味食物能“入心经而降心火，去心火而神自安”，用来消夏解暑再好不过了。我喜欢在夏季多食苦瓜、苦菜、苦茶。这三“苦”，既能立即解去暑天的一身溽热，也能保养身体增强体质。

消夏一苦——食苦瓜。苦瓜，又称凉瓜。在炎热的夏季，食用苦瓜能够帮助人体调节体内的热气，减少暑热带来的不适。孩子们往往因为品不出苦瓜的回甘滋味，被突如其来的苦味惊扰到大哭。这时候，母亲就会把苦瓜对半剖开，细细地去掉瓜瓤和籽，尽可能地去掉苦味，再切薄片凉拌。这样的做法，就是再怕苦的孩子，都能吃得津津有味。

消夏二苦——拌苦菜。苦菜又名荼草、苦马菜，山东人也叫它苦苦菜。和苦瓜一样，它的名字里也带了“苦”字。我好奇它的味道是不是和苦瓜一样苦，就掐了一点嫩叶来尝：哎呀！真苦！它春天生长，夏天会开出星星点点的小黄花来提醒人们：“我在这里呀！再不吃我，我就老了呀！”因为苦菜烫熟后就没有任何苦味，所以做法比苦瓜简单许多。冷淘凉拌，调以盐、醋、辣油或蒜泥，清凉辣香，真叫人食欲大增。

消夏三苦——饮苦茶。夏天容易使人心火旺盛，医生便嘱咐我多用莲心泡茶喝。吴师道笔下的名句“生生无限意，只在苦心中”，说的就是莲子心。单饮莲心茶我担心太过寒凉于身体不宜，又多准备了一小撮枸杞子。将莲子心放入茶杯中，加入适量的开水将莲心“焖”透，再倒入适量的枸杞子。拧上茶杯盖，静静地等上一会儿，让莲子心和枸杞子充分释放出芳香和药效。

母亲常说，“少吃多得味，贪多嚼不烂”。夏日里适量地“吃苦”对身体有益，多吃便会伤脾胃，于身体有害。可见，人的一生不能不吃一点苦，在适当的时间吃点苦可能就是通往成功的铺垫。但是不分时节一味地“自讨苦吃”只会消磨人的意志，对成功并没有什么助益。“三苦”再好，也不要多吃呀！

（发表于《河北工人报》2024 年 7 月 24 日第 8 版）

芭蕉叶上的簸箕宴

蓝飞燕

在广西的绿水青山间，有一种宴席，以其独特的风味和深厚的文化底蕴，令人回味无穷，那就是壮族的簸箕宴。这一美食盛宴不仅蕴含着丰富的饮食文化，更深深扎根于农耕文明的沃土之中，其历史典故充满了传奇色彩，如同簸箕宴本身的色彩斑斓，汇聚了当地特色美食的精华，让人赞叹不已。

簸箕宴在广西的壮族、瑶族，海南的黎族，以及云南的壮族与傈僳族等少数民族中，是一种极受欢迎的传统宴席。对壮族而言，簸箕宴不单是一种饮食的享受，更是传统文化的一个鲜明标志。在每个重大节日或庆典之际，簸箕宴都被视为最高的待客之道，大家纷纷穿上节日的盛装，共同庆祝这一盛大的时刻。

簸箕，这个简朴而巧妙的农具，由竹条编织而成，小巧精致，自然地散发出灵动的韵味。其历史的典故源远流长，相传在太平天国运动的策源地之一的中平村，天王洪秀全率军进驻中平。村民久仰太平军的仁义，家家户户敲锣打鼓，挑着簸箕宴聚在河边迎接太平军。百姓们展现出的团结好客之情深得太平军的赞誉，簸箕宴更是流传至今。

在壮族的传统簸箕宴中，每家每户都会拿出自家的簸箕，上面铺覆着犹如翡翠般的绿芭蕉叶。大厨们用灵巧之手，将南瓜精心雕刻成栩栩如生的龙、庄重神圣的凤，以及壮族的吉祥物孔雀和花灯等各式形状，增添宴会的仪式感。这些精湛的雕刻品不仅是美好愿景的象征，也代表了民族团结。在摆盘设计上，大厨们展现出对色彩的匠心搭配，采用精心挑选的农家食材，巧妙地排列出各种美食，使得整个簸箕宴既是一场味觉的享受，也是视觉的盛宴。在龙凤的辉映下，五颜六色的有机食物显得极其赏心悦目，宛如一幅描绘龙凤舞动于天际的美食画卷，令人赞叹不已。

簸箕宴的制作方法涵盖了蒸、炒、烤、焖、炖、煮、炸、煎等多种烹饪方式，食材的选择则注重绿色环保，返璞归真，倡导大家回归大自然的饮食理念。每个簸箕里装着五彩缤纷的美食，主食与杂粮的完美搭配，都展现了壮族百姓对于食物的细腻理解和对自然的敬畏。

望着芭蕉叶上的美食，我仿佛看到了壮族群众在田间地头或高山深处劳作时，把各自带来的食物放在芭蕉叶上一起分享的温馨画面。簸箕宴不仅是一种生活方式，它更是一种民族文化的传承，一种流传在岁月中最纯净的味道——家的味道，民族的味道。

品尝着美食，不禁吟唱起歌谣：

簸箕轻摆，时光悠扬，
金黄的谷粒舞动，如同撒向空中的金沙。
在农家的宁静小院中，秋收的忙碌景象，
欢声笑语，萦绕于芬芳满溢的庭院。
簸中的广阔，箕里的深邃，
歌声里洋溢着丰收后的欢腾与喜悦。
劳作之人，以簸箕宴来庆祝，
这欢聚的画面，如今已成为夏日里的一道美食，
更是一道亮丽的风景线。

（发表于《民族时报》2024 年 7 月 9 日第 3 版）

沂蒙煎饼

李 琳

一个秋日，我闲来无事，便独自在小巷里漫无目的地悠闲着。一抬头，猛然发现，秋天不知何时成了眼前这般景象，风吹渐凉，但感觉不到一丝寒冷，如诗如画，如梦似幻，让我不禁着起迷来。在我正出神时，一个"沂蒙煎饼来"的叫卖声传了过来，一瞬间，将我的思绪拉回了在家乡吃煎饼的日子。

煎饼是沂蒙人民的主食，也是中华民族传统的美食。东晋王嘉在《拾遗记》曾写道："江东俗称，正月二十日为天穿日，以红丝缕系煎饼置屋顶，谓之补天漏。相传女娲以是日补天地也。"这是最早记载"煎饼补天"的神话故事。蒲松龄的《煎饼赋》里也说："一翻手而覆手，作十百于俄顷。圆于望月，大如铜钲，薄似剡溪之纸，色如黄鹤之翎。"真是将煎饼从制作过程到形态表述得淋漓尽致！

在当地，广义的沂蒙煎饼指的是菜煎饼、煎饼卷大葱，以煎饼"卷万物"；而从狭义来看，就是用鏊子烙出来的一张张煎饼，有白灿灿的，有黄澄澄的，沂蒙家家户户烙的煎饼，都有着不同的厚薄、色泽和口感。和而不同，这也构成了丰富多彩的沂蒙煎饼文化。

小麦粉、高粱面、玉米面等按比例混合，加水搅拌成糊状，就可以开始摊煎饼了。舀一勺面糊，用竹批子赶着面糊转过一圈又一圈，热气从鏊子上慢慢升腾，谷物的香味也就出来了。

热煎饼是最好吃的。鏊子上刚烙好的煎饼，拿一张，趁着烫手的时候卷起来，随意抹上酱，卷一颗大葱。咬一口，糯糯的口感混合着谷子的清香，筋道得弹牙，恨不得一下子吞到肚子里。当然，也可以吃脆煎饼，风一吹，煎饼就变得脆生起来，用手掰着吃，像吃锅巴一样，就着新出锅的菜，别提有多美味了，简直让人吃不够。

当然，沂蒙煎饼不止美味，它在革命时期，更有着历史意义。沂蒙老区勤劳的人们，用高粱和玉米做成煎饼，送上前线，就是果腹的口粮。一口沂蒙味道，打跑了日本鬼子，换来了和平。

沂蒙煎饼上过《舌尖上的中国》第二季，剧中的老奶奶烙着沂蒙煎饼，满屏幕的人间烟火气，火遍大江南北。但是很少有人知道，它的取景地椿树沟，是当年孟良崮战役的主战场。

记忆中，每年的秋末冬初，母亲总会拿出家里不大不小的鏊子，和面、生火，烙煎饼。而我，可以守在旁边，吃上一口热乎乎的鸡蛋煎饼。母亲给家里人做的摊煎饼是放菜的，给我的却总会多放一些火腿和鸡蛋，年少时她对我的那份偏爱，走过半生，让我依然记得家乡的味道。

煎饼厚实，看起来朴实无华，尝起来谷香四溢，带着甘甜。像极了外表老实本分，内心古道热肠的沂蒙人民。一方水土养育一方人，长大后，我才明白，原来我们吃的沂蒙煎饼不只是食物，更是一种思乡情怀，在这种乡情里，带着淡淡的甜和幸福。

找一个温暖的秋日，回一趟沂蒙，吃一口沂蒙煎饼，品一品人生百味。

（发表于《山东工人报》2023 年 10 月 25 日第 4 版）

吊炉里的深情

王茗悦

北方人对面食情有独钟，山西刀削面、北京炸酱面、兰州拉面，全国遍地开花。还有各地的馒头、花卷、包子、饺子都已成为中国美食的重要组成部分。我的家乡位于“雄鸡”的颈部——河北省沧州黄骅市，一座沿海小城，这里有一道人人喜爱的美食——吊炉烧饼。

碗口大的烧饼，大概有两厘米厚，正面嵌满了白芝麻，背面遗留着坑坑洼洼的吊炉痕迹，用来彰显它特殊的身份。我对吊炉烧饼的记忆，源于小时候的炸烧饼。把一个烧饼放进已经加热好的油锅中，入锅的瞬间，烧饼周围泛起了层峦油花，它们沸腾着、翻滚着，从油亮的明黄色转变到焦黄色只需要短短数十秒，这个时候炸烧饼的人，眼睛都不能眨，因为它脾气可不好，如果你不留意，它一瞬间给你甩个大黑脸，给你点颜色看看。

油光锃亮的烧饼出锅了！馋嘴的我才不管手指头的感受，即使拿一下饼子抓一下耳垂，也要马上拿刀从中间将烧饼的正反面分割开，刹那间，里面那些白白软软的面瓤漏了出来，那一层层的白色面瓤啊，像张着嘴的胖娃娃，仿佛是在迎接即将到来的那一口满满的白糖。加了白糖的炸烧饼，混合着脆香与香甜，让吃的人反复品味，到底是谁占了这味蕾的上风。可直到咽进肚子，也没比出高低。

有时候，我们也用炸烧饼搭配一种自己熬的酱，黑黢黢的样子，其貌不扬，却足以叫醒肚子里的馋虫。将酱刷在烧饼带有芝麻的那面，你见过白芝麻穿黑婚纱吗？白芝麻高兴不高兴我可不知道，但我全程参加它的“婚礼”，并大快朵颐。而吃着炸烧饼长大的我，或许味蕾也成熟了起来，喜欢上了吊炉烧饼本身的味道。

要说最好吃的吊炉烧饼，就是刚刚从吊炉里取出来的时候。这时不能用不透气的袋子装它，否则它一“生气”，哈口气，这烧饼吃进嘴里便湿湿瘪瘪，满是“受了气”的味道。有经验的人都会拿一块屉布将它包好，放进小篮子里，既透气又保温，拿回家咬一口，酥香有嚼劲的外皮，里面包着层层白软的面瓤，这一口下去，让人尝尽了酥香劲道和麦香萦绕，反复咀嚼，回味无穷。但放凉了吃，它又要“发脾气”了，如果你硬要凭你的铁齿铜牙咬一口，它也会让你的咬肌酸上一大会儿。

所以，为了迁就这“脾气”不怎么好的美味，人们通常起大早去烧饼铺门前排队。店里烤烧饼的人熟练地将大小均匀的面剂按成圆饼，然后用拇指和食指捏住饼背面的外沿，向上提，边捏边提边转，几秒钟，烧饼背面的边沿便出现了，这边沿便会在吊炉中抓紧炉顶，而另一边朝下的是正面，则沾上了香香的白芝麻。

因为妈妈爱吃烧饼，有一阵子我也常去门庭若市的烧饼铺前凑热闹。因为人太多，通常是限量发售——一人最多买四个。拥簇排队的人，有些要将这美味带在身上，陪同自己一起出行，用作果腹的口粮，有些是外地人，为了买当地的美食带回去给亲人尝尝，有些是本地人，买回去给将要远行的家人带上家乡的美味。这圆圆的烧饼承载的不仅是舌尖上香郁的美味，更是人来人往中绵延的深情。我望着那吊炉里的烧饼，热气腾腾的，仿佛沉默地温暖着每一个离家在外的游子。

等到吊炉烧饼熟了，我拎着手里沉甸甸的烧饼，像是托着浓浓的深情，向着家的方向走去。

（发表于《联合日报》2023 年 11 月 6 日第 4 版）

绿豆海带汤

周落诗

炎炎夏日，绝不能少了消暑神器，西瓜、冰棍、凉粉、绿豆沙……不仅是舌尖上的美味，更是流入心底的阵阵清凉。然而，从小到大，我吃过最多的其实是绿豆沙的衍生版——绿豆海带汤。

绿豆海带汤和绿豆沙很像，又有所不同，它们的区别不仅在原材料上，还多了一味食材——海带，在口感和吃法上，绿豆沙会被熬煮得很彻底，瞬间就能吸溜进食道里。而绿豆海带汤可以通过细嚼慢咽品出绿豆和海带的香气，绿豆解暑，海带解腻，这样的组合，简直是夏天的标配。

每年初夏，母亲都会备好足够的绿豆、海带和糖。盛夏时分，母亲会做一大锅绿豆海带汤，中午来上一碗，热气就从身上溜走，换来心灵的宁静。太多了吃不完，就会存放至冰箱，当成早餐或夜宵。

通常情况下，母亲会在午饭前把绿豆泡在水里，一小时后，就可以将绿豆捞出。接着，母亲开始处理海带，先是清洗，像洗衣服一般，正反面都仔细揉搓，反复清洗多次，直至盆中没有海带遗留的沙子，才算洗净。再是切海带，母亲会将海带切成细条状，她说这样不仅能更快煮熟海带，还能让海带与绿豆更好融合，味道相互渗透。

然后，将绿豆和海带一齐放到锅里，倒适量的水，盖上锅盖，用文火慢煮。每隔二十分钟，就要拿勺子搅拌一下，一方面是加速海带和绿豆的交融；另一方面是防止粘锅。放糖也是有考究的，不能是白砂糖和片糖，必须是冰糖，而且是大块的冰糖，既能增加下火解热的功效，又能保证味道的纯正。另外，还要精准地把握放糖量，不能过甜，也不能太淡，这就十分考验厨师的水平了，不过，对常年制作绿豆海带汤的母亲来说，那就是小菜一碟了。

整个熬煮过程，至少要花两个小时，具体时间还要根据量的多少进行灵活调整。做好以后，打开锅盖，浓郁的绿豆味便会扑面而来，再绕上厨房好几圈。盛出一碗绿豆海带汤，细细品尝，绿豆的绵密，加上海带的薄脆，在口中留下难以忘怀的滋味，为炎热夏日带来一抹沁人心脾的舒适。

不过，我们家习惯的吃法，不是吃热乎的，而是吃冰镇的。将所有绿豆海带汤盛在盆里，放在客厅的风扇底下，待到晚上凉透后，再放至冰箱进行冰冻。看着如此美味在眼前却不能品尝，难免有些煎熬，但经历过时间淬炼的绿豆海带汤，一入口，顺着食道而下，缓缓散开，浇灌在心田，以特有的甘甜清凉之感浸润着身体与灵魂。

（发表于《联合日报》2024 年 7 月 22 日第 4 版）

红薯粉里看人生

宛　萱

今年北京的冬天，似乎比往年更加寒冷。如约而至的大雪，像精灵的羽毛飘然落下，轻盈而又急促，没一会儿，圣洁的白就覆盖了全城的每处角落。凛冽的寒风，犹如一把锐利的剑，骤冷的空气，瞬时让万物陷入了香甜的梦，静候着春天的轻柔唤醒。

在这雪虐风饕的时节，唯有美食最抚人心。热气腾腾的麻辣火锅、铁锅炖排骨都是餐桌上的可口佳肴，在这些美食中红薯粉是必不可少的食材，它本身没有厚重独特的味道，却在整个菜品中起着点睛的作用。细腻柔滑的口感，在汤汁中曼妙起舞，嚼在口中劲道弹牙，夹杂着淡淡的清甘香气。

好友家年年种红薯，每年都会亲手制作传统工艺的红薯粉，托朋友的福，我常会收到一麻袋的红薯粉，够全家吃上大半年。自家做的粉条干净卫生，口感更好，家人也是连连称赞。

今年好友说家里不再做红薯粉了，听到这个消息我不免有些失落。调侃他是不是近期发了大财，停歇了这么好的手艺，他笑了笑说，是因为家人上了年纪，制作过程费时费力，老人家的身心都已消耗不起。

好友给我讲了红薯粉的大致制作过程，我才了解到这一美食背后的历史和文化，以及务农者默默耕耘的劳苦与艰辛。

每年避开炎炎夏日，务农者要把鲜嫩挺拔的红薯苗精心地扦插在翻松后的泥土里，由于土壤和气温的差异，红薯的成熟时间也是有早有晚，一般的生长周期在四到五个月左右。秋天是收获的时节，务农者通常会用锄头收割，这样会减少果实的破损。一个个裹着泥的红薯块，是大自然的绝妙馈赠。

果实挖满数个箩筐，务农者用硬毛刷把它们仔细清洗，看着大小不一、个别身形怪异的果实，务农者却笑开了花，就像是在给顽皮的孩子洗澡一样。他们洗得如此认真，如果有泥沙没有处理干净，做出的粉就会出现硌牙的现象，几百斤的红薯通常要被洗上好几个小时。洗净的红薯再去皮切块，用机器打碎，用细纱布反复过滤，在锅底形成一层厚厚的纯净的淀粉后，再把淀粉挖出，挂在通风处沥干水分，直到变成硬状的淀粉块，将它们碾为细腻的粉末。

接着点火做锅，将粉末兑上凉水在锅中搅拌，瞬时形成了晶莹剔透的熟芡糊，捞出放凉再添加提前制作好的淀粉，几经按揉就会变成软滑的粉团，务农者通常用饸饹机或是漏勺，把粉团压制拉丝在沸腾的锅中，红薯粉在锅中起舞，便有了它最初的形状。再将粉条捞出放在架子上，进行充分的晾晒，在务农者的整理修剪下，最终形成了整齐有致的红薯粉。

这一番忙碌下来，不知不觉就到了年末。

听了好友的介绍，我顿感愧疚，愧于当初没有好好珍惜这份礼物，因为从小生长在城市，没有体验过农家的生活，把食材的制作想象得过于简单了。只顾贪图美味的享受，却忽略了务农者的伟大。

务农小事，带给人颇多感悟。不要低估任何一件事的成功，世上本没有一蹴而就的捷径，只有坚持不懈地付出。不论何时，成功的硕果都是用血和汗来浇灌的，背后都有着不为人知的耐心与恒心，而我们，都应该珍惜、珍重……

（发表于《广西农垦报》2023 年 12 月 27 日第 4 版）

我在华阳吃涮羊肉

丛　宁

华阳是何地界并不需过度深究，仅是成都周边一个和家乡类似的城乡接合部。这地方没有什么特别之处，但美就美在，它毗邻消费水平飞涨的高新区，但自身物价却很亲民。更令人惊喜的是，这里保留着足够多的烟火气息，菜市场、小街铺、苍蝇馆等一应俱全，让人贪恋。

趁着去洗车的空当，我和王先生决定在华阳吃午饭。

洗车的地方离“餐饮一条街”并不太远，阳光又正好，牵手慢慢溜达过去，惬意得很。饭馆里的人并不多，不像往日那般热闹。独有一家名曰“邓毛肚”的饭肆场面火爆，乍眼一看，便觉得这家店颇为可靠，就差抬脚往里走了。

但大中午的，弄上一身的火锅味儿，总是不太妥当，便接着往下走，想要觅得更让人“心服口服”的饭馆子。在早春时节，就着窗外的灿烂阳光，热热地喝一碗汤，涮一点肉片和青菜，薄薄的一层汗激出来，浑身舒畅，岂不美哉？

没有太多的纠结和考虑，我们路过“老北京涮羊肉”时，便径直走了进去。首先，映入眼帘的便是每个饭桌上放的铜锅，还有在中间立起的“烟囱”里填着燃着火星子的无烟炭，这便是涮羊肉的炊具。

最为令人称奇的是，这汤底竟然就是一桶矿泉水。汤面儿上浮着几大片葱白，锅底几小片生姜，再凑上几颗枸杞，汤底就已经做成了，真是少有的清淡。

不像往日里吃的汤锅，不是鸡鸭肉熬煮，就是大棒骨吊汤，通常来讲，鲜美的汤总是能让店家大夸特夸一通，而对涮的肉不作过多追究。

由此可见，这店家对自家的羊肉很是自信，根本不屑于让羊羔的鸡鸭兄弟们来充数，只想要羊肉在食客的嘴中独自美丽。

切肉间虽不让人随意进出，但是隔着玻璃，人们可以随意参观。

我去洗手间洗手时经过，在这玻璃前站了好几分钟，整块整块的羊肉，在机器的来回切割下，变成一个又一个粉嫩嫩红彤彤的小卷儿，真令人感叹："羊羊这么可爱，我们为什么不吃它？"

对，就是要吃羊，还要吃得尽兴。

桌上已经摆上了三盘羊肉卷，我俩紧紧地攥着筷子，直愣愣地盯着仿佛永远也烧不开的锅，我禁不住嘟囔："怎么还没有开锅？"

王先生道："心急吃不了热乎肉，等会儿就开了。"可明明，我看见他说完之后，咽了咽口水。

"怎么还不开锅啊！"我俩很是着急。可等真的开锅了，我却愣了一愣。王先生眼疾手快，率先端起一盘羊肉卷，一股脑儿地下进了锅里。

可能喜爱"涮""烫"的朋友一定想要狠狠地谴责我们这不懂吃的"痴货"，这样涮，这羊肉片儿不就煮得太过，煮老了吗？其实大可不必担心，我俩定会在第一时间夹起锅中所有的肉片，放在麻酱腐乳碟里慢慢享用，不至于折辱了这锅鲜嫩无膻腥味的羊肉。

可能为了适应蓉城人喜辣的口味，店家还特意准备了蒜香辣碟，不是正宗的"京味儿"，但也甚是顺口，这恐怕是老板做的唯一妥协。

不过一晃神的工夫，红彤彤的羊羔卷已通身成为莹润的乳白，夹上一筷子，蘸一蘸麻酱腐乳，羊羔肉的鲜嫩，麻酱的芝麻香混合着腐乳的咸鲜，缓缓在味蕾上绽放。看一眼王先生，只见他一边喊着：“烫！烫！”一边又作风卷残云之势，一边发出舒服的嗔唤，当真是享受得很。

吃羊肉还少不了糖蒜和酸菜！吃一口羊肉，就上一口，糖蒜的清新和酸菜的爽口在唇间相互交替，精彩纷呈，不知不觉间，又吃完了一碟羊肉。

吃到最酣畅时，我停住筷子，把刚洗好的还带着水珠子的茼蒿，放进锅里烫一烫就捞起来，轻轻蘸上一点腐乳麻酱，又是一番销魂的风味。用菜蔬结尾，将胃里最后一点儿空隙都填满，喝干最后一口汽水，这一餐便也画上了休止符——心满意足地结账去也。

（发表于《四川农村日报》2023 年 11 月 10 日第 6 版）

不再“孤独”的折耳根

丛　宁

我是一名“混血儿”，结合了山东与山西的血脉，又出生在重庆的“混血儿”。很长一段时间里，“家乡”这个词对于我来说，是难以分辨清楚的。但也正因如此，造就了我“南北通吃”的胃，对各色食物来者不拒，香菜不惧，葱姜蒜也都可食，是命定的老饕，天生的吃货。

但小时因脾胃虚弱，常不思饮食。吃饭，可算不上一件享受的事。每当坐在餐桌前挑挑拣拣时，父母常会搬出他们的下饭绝招——凉拌折耳根。

才洗过的折耳根，叶子上还带着水珠子，透着股新鲜水灵劲儿。将根茎和叶子用刀分开，根茎切成寸长的小段儿，叶子也横切一刀，一股脑儿地倒进搪瓷钵钵。

最精彩也最重要的部分开始了——调味。这佐料的选择与多寡，可以说很大程度上决定了待会儿吃半碗还是一碗米饭。凉拌折耳根，下饭与否，佐料是成败的关键。

油海椒是必不可少的，它能直接引爆味蕾，带来热烈而直白的快乐体验。但这油海椒可不是单纯的海椒面泼热油这么简单，这油海椒，也得讲一个新鲜，讲一个香，最好是现泼的热油，滋味更是妙哉。

首先，海椒面的选择上，就有讲究，吃得辣的选朝天椒，吃不太辣的选线椒或者二荆条。而在我看来，朝天椒和二荆条掺着来，才相得益彰。这海椒面里，再掺上些白芝麻，最后迅速地泼上热油，海椒和芝麻的香气瞬间蒸腾而起，已是让人有些醉了。

一勺海椒油，半勺盐，两勺生抽，一勺醋，少许蒜泥和葱花，一个不落地放进搪瓷钵钵里，筷子上下地翻腾，折耳根裹上红油，透着一种红彤彤的可爱，让人食欲大开。

什么不思饮食，什么脾胃虚弱，通通不复存在，本就下饭的折耳根，再加上父母一声声“宁宁吃饭真乖”的夸赞，让我吃得忘乎所以，几乎有些找不着北。

即便现在，我的美食版图已经扩充了几许，但是凉拌折耳根，依旧稳坐美食榜首，不曾褪色。所以，我曾一度以为，人人都是爱吃折耳根的。但哪知，在我眼中其独特的风味，在我的一众朋友中，少有人能欣赏，我多少有些孤独，也就少有机会为自己凉拌上一碟美味的折耳根，即便一时兴起来上一盘儿，也没有那个意味了。

而最近，父母经常来家里照顾我不算康健的身体，这凉拌折耳根，也就跟着重现餐桌，依旧开胃，依旧下饭，而我依旧与父母围桌而坐。

母亲聊着最近买的股票涨了还是跌了，爸爸说着这油渣莲白还得去掉白菜梗才好吃，我唠着最近的小说写作又有什么新的创作思路，一如当年，他们还年轻，我还年少……

吃着聊着，这一钵钵的凉拌折耳根就见了底。我想，孤独已经不治而愈，只想再来一碗米饭。

（发表于《精神文明报》2023 年 12 月 26 日第 3 版）

人间有味是清欢

张文竹

草长莺飞，万物复苏。春风像一位轻盈的使者，无声无息地拂过沉睡的大地，悄悄地唤醒了麦田，吹绿了枯草，融化了冰面。

一阵春雨过后，园子里的桃儿、杏儿、梨儿，都开满了花赶趟儿。红得像火，粉得像霞，白得像雪，亮得让你睁不开眼，又让你有拍不完的美景，闻不完的花香。韭菜也像洗了澡一样，没有了冬天的萎靡，一个个直起了身子，炫耀着头上的水珠。山坡上的野菜也像春笋一般冒了出来，没几天工夫，就长满了整个山坡。还有香椿、槐树、荠菜等植物，争先恐后地冒尖了。

“民以食为天”，吃货们怎么舍得错过这些天然的食材呢？所以春天是不愁吃的。看看、闻闻还不够，贪婪的人们硬是把“春天”端上了餐桌。

韭菜合子

随着温室大棚的普及，吃韭菜早已不再是春天的专属。

即便是在寒冷的冬天，韭菜也是唾手可得。但俗话说“正月葱三月韭”，会吃的人专吃春天的韭菜。从园子里割一掐韭菜，择净、洗好、晾干。在切好的韭菜沫里打进两三个黄得发亮的鸡蛋，一黄一绿，那鲜亮的颜色直逼你的眼。要不是因为对美味的垂涎，你绝对不忍破坏这温馨和谐的画面。放入调料，搅拌均匀，把面皮撑得圆滚滚的，薄皮大馅，吃起来才过瘾。把擀好的韭菜合子放入冒着热气的饼铛中，你会听到滋滋的声音，那是面饼遇到热油发出的交响。还没两分钟，空气就被韭菜的香味填满了，随之而来的，还有淡淡的饼香。刚出锅的韭菜合子直烫手，但是为了早一秒吃到它，谁还会顾忌这些呢？

咬一口下去，又脆又香，满是春天的味道。

炸香椿鱼

你要问我最爱吃春天的哪道菜？答案一定是炸香椿鱼。

在我的老家，几乎家家户户都种着香椿，无论是房前还是屋后。清明前，香椿就渐渐地发芽了。嫩红色的香椿叶，一簇一簇地，日渐繁茂，谷雨前后就可以采摘了。第一次采摘的香椿是最嫩的，香味也最为浓郁，我们叫它头茬香椿。无论是过去还是现在，能吃到头茬香椿的都是有口福的人。

每到香椿繁茂的时候，奶奶都会为我这个小馋猫炸香椿鱼。只见奶奶先在碗里放入面粉、鸡蛋、油、清水，把它们搅拌成面糊。然后把清洗好的香椿放入面糊中。待油温烧好后，奶奶先用筷子让香椿在面糊里打几个滚就可以投入油锅中炸了。裹了面糊的香椿鱼在油锅中尽情地翻转、舞蹈，成型后就像一条条的小鱼。炸至金黄色就可以捞出了。从下锅到捞出，连一分钟都用不了，就可以尽享美味了。夹一条“鱼儿”放进嘴里，酥酥脆脆的，香椿的鲜香在唇齿间迸发，经久不散。

每次这道菜被端上桌之前，都逃脱不了被我偷吃的命运。“香椿鱼儿”，没想到这道菜连名字都这么可爱，难怪还没上桌就被我拖进了嘴里。

槐花坨子

“四月槐花开，花香随风来”，这时，槐花坨子就成了人们餐桌上的美味。从树上刚摘下来的槐花还残留着泥土的香味，把它们洗净后用盐浸泡使之入味。在盆里打入鸡蛋用盐搅拌，再放入一些面粉搅成糊状。在平底锅里放油加热，再把这些面糊均匀地撒在锅里，煎至两面金黄就可以啦。最美妙的吃法是调个醋蒜汁儿，蘸着吃。金黄的坨子酥脆，里面有淡淡的槐花的香甜。这乡野间的美食一定会打开你的味蕾。

荠菜饺子、春饼也是春天的专属。这些舌尖上的美味，诉说着大自然对人们的馈赠，也唤醒着我们渐行渐远的乡愁。

四季三餐，物换星移，变化着的是食材的种类，不变的是人们对生活的热爱，对故土的思念……

（发表于《大连晚报》2024 年 3 月 9 日第 7 版）

家乡的味道

姚慧敏

汪曾祺曾说：“一个人的口味要宽一点、杂一点，南甜北咸，东辣西酸，都去尝尝。对食物如此，对文化也应该如此。”

我的口味虽算不上宽，这二十多年来吃过的美食也不少，但是让我心心念念、难以忘怀的，总是那些家乡的特有的美食。尤其是那被辣椒红油染过的劲道的擀面皮，泡在浓白的汤里面，被葱花和油裹着的豆花泡馍，豆花滑嫩，汤浓郁又传出黄豆的清香，那味道不管我走到何处始终萦绕在舌尖难以散去。在平淡的生活中，家乡的美食就是那些不可多得的妙趣，时不时带给我身心的双重愉悦。

我出生在广袤的关中平原上，三秦大地最不缺的就是泥土，奔腾不息的渭河从我家门后穿过。以前渭河的水很多，都快冲上岸来了，现在渐渐成了浅滩，泥浆混合着沙子缓缓地被水带着流过，河边偶尔会停着几辆拖拉机。

小时候家里穷，院子是爸爸用泥土垒的，一到下雨天，我的鞋底全是泥。踩在被雨水浸湿的泥土上，走路摇摇晃晃地，还怕进到房间里面，弄脏妈妈好不容易打扫好的屋子，泥巴干了后，爷爷就会拿起我的鞋，用力地甩在墙上，那些泥巴被甩出去，鞋上留下黄色的泥土的颜色。虽然那泥让我觉得很不舒服，但是另外一种类似泥的黏乎乎的美食，却是我家里所有人的最爱。它有一个可爱的名字——浆水鱼鱼。我小时候是最不喜欢吃的，因为它不仅制作麻烦，每次都要全家出动，而且听我奶奶说：“小孩子吃多了就会变成笨蛋，考试考个零鸭蛋。”小时候最让人感到开心的事情就是考试考个好成绩，那我怎么能让一种吃食将自己变成笨蛋呢？所以我很多年来都相信吃多了就会变得很笨，就算是妈妈哄骗我再好吃我也不愿意吃。

每次爷爷都要端着一大碗搅团蹲在门口，碗上面浮着红油，辣子将嘴巴染得红扑扑的，在夏天吃得满头大汗，晶莹的汗珠顺着他干枯得像树皮一样的皮肤流下来，掉在碗里，爷爷总说："吃这个一定要咸，不咸不好吃，吃面一定要酸，酸面咸搅团。"

每当看到别人吃得津津有味，我总会忍不住走到街上去买一份擀面皮，那也是家乡的特色小吃。不同的地区有着不同的配菜习惯，有的喜欢加些黄瓜丝点缀，有的则偏爱放入豆芽。但无论如何，擀面皮的最佳伴侣总是非面筋莫属。面筋因其多孔的特性，能吸收汁水，一口咬下便有汤汁流出，酸辣的味道令人回味无穷。擀面皮本身弹性十足，质地偏硬，因此并不受老年人的青睐，主要受到年轻人的喜爱。

当我在外地上大学时，时常怀念家乡的擀面皮。妈妈便会寄来真空包装的面皮，让我能在宿舍里与来自各地的朋友分享这份家乡的味道。他们尝过后都赞不绝口，认为这独特的风味十分美妙。

陕西的四方食里，还有扶风一口香臊子面，估计很多人都没有听过，岐山嗓子面声名远扬，毕竟是在《舌尖上的中国》节目里播出过的，而我们扶风一口香只为我们扶风人所熟知。

扶风臊子面不放辣子，讲究清汤，油炸过的干豆腐切丝，萝卜和木耳还有鸡蛋饼切成大约拇指盖大小的薄片。对于臊子也就是猪肉的选材也十分考究，瘦肉要多，不能太肥腻。一盘子一口香里面大概有六小碗面，油光和葱花漂浮在面上，面条和汤的香味糅杂在一起，一块冲进鼻子里，嘴巴就已经蠢蠢欲动了。我曾听我爸爸说半大的小伙子可以一次吃六盘臊子面呢，也就是三十六碗，这也从侧面显示出我们的一口香开胃又好吃。

小时候爸爸妈妈外出打工经常不在家，偶尔回来一次，爸爸就会掌厨给我们做臊子面，这也是陕西人在外最想念的一口吃食吧。现在人们的活动越来越丰富，还有了臊子面评比大赛。但我最想念的仍然是爸爸给我们做的家常臊子面，或许没有肉，但吃出来的是浓浓的乡情。一根根裹满汤汁的面条在味蕾上跳跃的时候，我想起了家乡的亲人，家乡的小伙伴，还有那路旁站立着的矮树，在街道溜达的小狗，在草垛子上晒太阳的小猫，还有站在拥挤的菜摊前讨价还价的妈妈。

时光如河流入海，一去不复返。那些曾经青涩的孩子，都已逐渐长大，各自散落在天涯海角，踏上了属于自己的人生旅途。然而，无论我们走得多远，那份浓郁的家乡的味道，始终萦绕在我们的舌尖上，挥之不去。

（发表于《金陵晚报》2024 年 7 月 24 日第 13 版）

藏在面里的乡愁

佳　禄

熟悉的歌声在耳边响起，“平遥的牛肉太谷的饼，清徐的葡萄甜格盈盈，榆次太原祁县城，拉面削面香煞人……”山西的美食并没有鲁菜的鲜香脆嫩，也没有粤菜的精美绝伦。但是山西的美食却紧紧连接着每一位在外游子的心！

我喜欢食面。在我心目中，能代表山西人情怀的，当属那一碗热气腾腾的面。

山西境内丘陵起伏，沟壑纵横，重峦叠嶂，其中涵盖了山地、盆地、高原、平原……这丰富多样的地形同时也造就了各具特色的民俗；这各具特色的民俗，同样造就了其独特的面食文化。

山西简称“晋”。在晋中晋北一带，有一面食因其外形酷似猫耳所以得名——猫耳朵。其做法简单而又不失趣味，人们在品尝它的同时还可以近距离地观赏“猫耳朵”诞生。

先将白面或杂粮面用温水和起，和至表面略显粗糙，不软不硬的状态。后放于面板醒一刻钟。紧接着精彩的时刻便来了——只见厨师拽起一坨面团放于手掌，另起一只手伸出拇指，将面团一点点地搓入热腾腾的锅里。不一会儿，新鲜的“猫耳朵”便出锅，随后在“猫耳朵”上浇盖几勺烫菜汁，拌一拌，盛于面前。其形态圆滑可爱，口感清爽而不失香气。简直为当地一绝！

再说晋南地区的“饸烙面”。饸烙面始于汉唐，盛于明清。其悠久的历史伴随着一代代山西人流传至今。和“猫耳朵”相比，饸饹面所散发出的是一种古朴的气息，与猫耳朵不同的是，饸饹面的制作工艺更为繁杂。

首先就体现在和面上——饸饹面的面团讲究软硬适中，柔软而不失筋道，表面光滑而不粘手。其次则体现在工具上——饸饹床全由金属制成，有四脚，四脚之上则有一底部带空的面桶，面桶之上则有一压面板，在饸饹床的上方则有一根长长的杠杆以供人发力。将和好的面放入面桶中，以人力压下杠杆，压面板通过挤压面桶中的面，使得面团从底部小孔落入铁锅，随即又长又圆润的饸饹面便出锅了。

饸饹面粗细均匀，劲道十足，可干拌亦可浇汤。那长长的面条送入口中，仿佛历史从舌尖掠过，鲜嫩美味的汤汁只吮吸一口便沁人心田……每次去吃不同地区的饸饹面都会有不一样的感觉，就像山西多样丰富的地形一样，每种面在当地人手里，也能做出不同的形态和不同的风味。

山西人对于面食可谓是情有独钟。都说山西人恋家，而这独特的面文化便是连接外乡游子的纽带——吃上一碗热气腾腾的面，就代表着吃到了家的味道，吃上这一碗热气腾腾的面，你就相当于回到了久别的家乡。

“平遥的牛肉太谷的饼，清徐的葡萄甜格盈盈，榆次太原祁县城，拉面削面香煞人……”正在我思绪万千时，我的耳边又响起了这句熟悉的歌谣。独在异乡，多想再吃一碗热腾腾的家乡面啊！

古语云：“国以民为本，民以食为天，食以安为先，安以质为本，质以诚为根。”说到我的家乡山西，不只是有那黑乎乎的煤炭和那刺鼻的陈醋酸味，原本家乡悠久深邃的历史、丰富的人文情怀也同样深入人心！

（发表于《农民日报》2024年7月14日第8版）

金陵人吃鸭

清小禾

作为四大古都之一的南京，拥有悠久的历史和别样的美食文化，除了金陵、石头城等著名景点外，南京还是一座名副其实的“鸭都”，南京盐水鸭、烤鸭、鸭血粉丝等，也都是南京极具特色的名小吃。

南京盐水鸭是中国历史上唯一一种低温畜禽产品，和传统的腌腊制品不同。它讲究熟盐搓、老卤复、吹得干、煮得足。传统的盐水鸭加工工序极为烦琐，很注重老卤的质量，认为老卤愈老愈好，常将百年老卤视为珍品。在盐水鸭制作过程中，其鸭肉香嫩的关键在于低温熟煮。经过一个多小时的低温煮制，使得盐水鸭的嫩度达到一定程度，这样还保持鸭肉多汁的口感。真叫人犯馋。

此外，南京人食鸭的花样也很多，六朝时期帝王的餐桌上便有了烤鸭和盐水鸭等几道鸭馔；明太祖朱元璋“日食烤鸭一只”。清代南京史志学家陈作霖在《金陵琐志》中称：“鸭非金陵所产也，率于邵伯、高邮间取之。么凫稚鹜千百成群，渡江而南，阑池塘以畜之。约以十旬肥美可食……而皆不及‘盐水鸭’之为无上品也，淡而旨，肥而不浓。”

《中国鸭肴》还记载道：时南都城流行用鸭制菜，宋朝时期，制鸭店铺多散布在城南地区，尤以水西门为最。对于南京人来说，“没有一只鸭子能活着离开南京”，这绝对是一句中肯的话。

我是地道的南京人，从小也颇爱吃鸭，因此成了水西门鸭子店的常客。这家店离我的店铺很近，他家的烤鸭味道十分独特，吃上一口，让人忍不住再吃第二口、第三口。

这里的烤鸭大多是闷炉烤制，炉内焖着木炭，炉壁里挂了一圈肥鸭，等明火下去后，再用炉膛的余温来烘烤鸭子。烤的时候，炉膛呈封闭状态，因此这种制法也被称为“焖炉”。因为焖炉内水汽不散，鸭子的水分才得以保存，肉质也才更饱满鲜嫩。

待熟后，再将秘制的卤汁浇在烤鸭上。一瞬间，一股香气腾腾的鲜味扑鼻而来，直叫人馋。他家的卤汁在我们这儿堪称一绝，我在做菜时，通常都会配一点儿，那鲜美爽口真让人回味无穷呀！

在南京，鸭血粉丝汤也是必吃的美食之一。在20世纪80年代之前，它一直被南京人叫作鸭血肠汤，以鸭血、豆腐和鸭肠合煮，里面并没有放粉丝。但后来，不知由谁发明，在鸭血汤中加入些许白色的粉丝，于是就变成了鸭血粉丝汤。这也是南京人最爱吃的一种特色小吃，味道不仅新鲜，还富有营养呢。

南京人对鸭子的喜爱，绝对是源于骨子里的，以前是宫廷美食，而如今，已飞入寻常百姓家。欢迎大家来南京感受历史文化的同时，也来古都金陵吃鸭。

（发表于《现代快报》2023年9月15日第15版）

（发表于《河南工人日报》2023年11月14日第4版）

金陵之味活珠子

清小禾

活珠子属金陵美食，鸡蛋即将孵成一个生命但又没有完全成形，蛋里面已经有了头、翅膀、脚的痕迹，这种亦鸡亦蛋的鸡蛋孵化物便叫作“活珠子”。“活珠子”是经传统孵化发育而成的鸡胚胎，因其发育中的囊胚在透视状态下形如活动的珍珠，故称“活珠子”。

其实“活珠子”也有它的历史，这个可以追溯到明朝时期。

南京人常说：“没有一个鸡蛋能在南京孵出小鸡。”而活珠子被南京人也吃出了各种花样。最基础的水煮，进阶版的卤味，爆炒、油炸和烧烤，五花八门，味道也很不错。南京人有多爱活珠子？据说，在母鸡孵蛋的春天，南京一天就能卖出二十多万个活珠子。南京的大街小巷，卖活珠子的小摊子可能是中国最简陋的小摊了。

我们温泉小镇汤山就有，我很小就在一位阿姨那儿吃，一个煤炉上炖个大盆，盆里漂浮着一层圆润的鸡蛋标着记号，在热水里面翻滚着，有些蛋壳已经被敲碎，还能看到里面的小鸡有鼻有眼呢。小摊子旁边支一个简陋的小桌子，几张小板凳四散摆放，自制的调料瓶子里装着各式各样的调料。凳子很矮，几乎贴地了，而且大多又小又不稳，腿要往左右岔开，才能维持住平衡。但有凳子就算是“软席”了，来晚了只能蹲着，可见场面之热闹。

怎样吃活珠子才会更有灵魂？取一枚鸡蛋，选大头那一边先敲一个小口，轻轻拨开蛋膜，吸里面的汤汁，滚烫鲜香。这时候再剥开蛋壳，基本可以看到活珠子的全貌了，三分之一鸡、三分之一蛋黄和三分之一蛋白。而小鸡胚胎也是在大头。一口吸掉鸡肉，入口即化，鲜味在舌尖瞬间扩散，里面的骨头也可以一起吃掉。然后再吃蛋黄，带着血丝的蛋黄也很鲜美。蘸醋、加辣、蘸椒盐、加酱油……

在南京人眼里，一个小小的鸡蛋吃法多种多样，不过很多南京人认为直接吃是对活珠子最大的尊重。活珠子再晚个四五天，胚胎发育长大，有了毛和肉，就成了旺鸡蛋。

老南京人都知道，六合算是南京的“活珠子之乡”了，距今有百年历史。“一揭二吸汁三哏鸡四食蛋黄五嚼蛋白”的口诀就是从六合流传出来的。“六合活珠子汁多肉嫩，口味鲜美”是不少吃货公认的，直到现在，常常有人愿意长途驱车去寻觅这一美味。

秦淮河畔、莫愁湖旁、老门东边、夜市里……活珠子用自己的方式记录着这座城市变迁。谈笑风生间，可以窥见南京的历史与现代、温柔和野性、沉稳及活泼。它们共同构成了南京这座城的肌理，映射出了这座城市最典型和最地道的人间风味。

（发表于《现代快报》2023 年 12 月 10 日第 7 版）

东北落了雪，铁锅炖大鹅

五　星

“鹅、鹅、鹅，曲项向天歌，拔毛烧开水，铁锅炖大鹅。”一首诙谐有趣的东北顺口溜，道出了铁锅炖大鹅在东北美食界不可撼动的地位。铁锅炖大鹅作为东北铁锅炖的形象大使，高举着东北大旗率领铁锅炖大军浩浩荡荡地走遍了全中国，走向了全世界。

铁锅炖，顾名思义，用铁锅炖制的菜肴。大多数美食均以食材、口味命名，比如北京烤鸭、手扒肉、兰州牛肉面、麻婆豆腐、粉蒸肉、糖醋鱼、麻辣小龙虾等，不胜枚举。唯独这铁锅炖，简单直接又略显潦草，像极了东北人的直率坦荡、豪放粗犷。果真是一方水土养一方人，一口铁锅来喻人。

当然，这一口黝黑锃亮的大铁锅除了炖大鹅，还可以炖鸡、排骨、鱼、蔬菜等等。总之，给东北人一口大铁锅，他便能炖下整个世界。

这铁锅炖食材的组合搭配也很是随心所欲，没有固定的菜谱，也没有特定的搭配。打开冰箱，可以是茄子土豆炖排骨，可以是小鸡蘑菇炖土豆，可以是酸菜豆腐氽白肉，也可以是鲶鱼茄子五花肉……喜辣可以放辣椒，喜甜可以加番茄，但不论是大鹅和土豆的碰撞，还是豆角与排骨的邂逅，都是这世间绝妙的交响乐，将原本各自飘荡的灵魂完美地融合在了一起。

铁锅炖的做法也极简单，将食材清洗干净，准备好葱、姜、蒜、花椒、八角，起锅烧油，油热后下食材煸炒至断生，再加入开水、盐、酱油等佐料，小火慢炖至食材软烂即可出锅。出锅时，瞬间满屋鲜香，忍不住想立即大快朵颐。亲朋好友围桌而坐，吃着软烂黏乎的铁锅炖，唠着热切亲昵的家常嗑，大口吃肉，大口喝酒，再高呼“酒后高歌且放狂，门前闲事莫思量”好不悠哉，乐哉，美哉。

都说东北菜很“硬”，最直接的体现便在这分量上。南方人吃东西讲究少量多样，东北人想的是要吃就吃得敞亮。在这一点上，东北铁锅炖首当其冲，满满一大锅，颇有气吞山河之势，展现了东北人不拘一格的做派和不加掩藏的热情。

那么，如此独具魅力的铁锅炖是怎样广为流传的呢？

相传，公元1682年，沙俄入侵东北，康熙皇帝率部北巡到黑龙江流域抗击沙俄。几次战斗下来，大军已是饥肠辘辘。于是，当地百姓对勤政爱民的康熙皇帝非常拥戴，用大铁锅炖制江鱼和野鸡等为他们补充营养，康熙皇帝品尝后觉得此菜郁香浓厚，连声叫好；士兵吃后士气大振。次日一举歼灭了察哈尔的残余部队。从此，铁锅炖名声大噪，在东北地区流行甚广。

铁锅炖最初盛行于东北及农村地区，是将各种食材以乱炖的烹饪手法而生产的菜品，现在已然形成了一种餐饮模式，在全国遍地开花，以其独特的魅力使得众多食客慕名而来。铁锅炖犹如一匹黑马脱颖而出，征服了各地食客的味蕾。

我想，人们爱这铁锅炖，除去其味儿美，更因这铁锅的文化底蕴。铁锅炖将看似风马牛不相及的各色食材汇聚一堂，既保留着原材料自身的特性，又形成了铁锅炖呀！

（发表于《工人日报》2023年12月31日第3版）

最难忘却金陵味

董梦梦

说起金陵味道，人们最先想到的是秦淮河柔波的那份情韵，或是老街旧巷、青砖灰瓦的岁月悠长，抑或茶楼饭店的“秦淮八绝”：永和园的蟹壳黄烧饼、奇芳阁的鸭油酥烧饼、瞻园面馆的熏鱼银丝面……而我心中最难忘却的金陵味道是街边不知名店里的牛肉锅贴和鸭血粉丝汤。

那是大学附近的一条旧巷，门店不大，正值盛夏，门口有一株盛开的三角梅顺着墙壁攀上了屋檐，浓绿掩映中露出点点深红的花，微风拂过，似水珠迸溅，如暗波汹涌。我一眼就喜欢上这家店，拉着那会儿还是男朋友的先生就走进那家店里。

那会儿不是饭点，店里只有老板一人忙活，他虽是江南人却长了关中人那般的身架，店里一张大大的平底锅正滋滋地响着，我们要了两碗鸭血粉丝汤和二两牛肉锅贴，谈话间老板将包好的锅贴整整齐齐地摆上去，一圈又一圈的锅贴前胸贴后背般紧紧地挨在一起。老板抄起个小油壶一转，沿着锅边淋油，蒸汽迅速蔓延，老板盖上锅盖，麻利地将锅斜拉起，在火上不断旋转，霎时浓香四溢。如此进行两次淋油，最后用一把老式铲子铲松锅贴，下面则关了炉门，待锅贴吸干了油，变得黄澄澄的。

老板把我们的锅贴送上桌，还送了我们一瓶带着桂花味的酸梅汤。咬一口锅贴，底部香脆，馅儿亦烂亦酥，回味无穷。那时的锅贴不仅香脆，更有着爱情的甜蜜，我们有了想留在南京的念头，但现实太过于遥远。

后来大学毕业后，先生留在了南京工作，我则留在了家乡，我们两人轮流在南京和家乡之间奔波。每次去南京，先生总要带我去那家店尝尝那香脆的牛肉锅贴，老板招了人，店面也扩大了一倍。门口的三角梅依旧开得如火如荼，我大口地咬着牛肉锅贴，饱满的肉馅伴随着浓郁的汁水充满口腔，心中异地的苦楚被牛肉锅贴的滋味所冲淡……那时我觉得扎实的锅贴粗犷似北方汉子，不符合金陵的气质，却又不拘小节，让遥远的南京平添了几分朴素和亲切，拉近了我们与它的距离。

而今是我们留在南京的第二年了，我们在南京拥有了自己的小家。每每与先生空闲时，我们总会去那家小店，店里上了新的菜品，我们却依旧爱点牛肉锅贴。如果是冬日阴天的早晨，我们会选靠窗的位置，点上二两牛肉锅贴，外加两碗鸭血粉丝汤，喝着鲜香的老鸭汤，抿一口滑嫩的鸭血，嚼一段绵韧可口的鸭肠，喝得浑身热腾腾的……

望着窗外只剩枯叶的三角梅盘曲的藤，心想：明年还会开花的，生活亦是如此，最终都会开出美满的花。

这是我心中最难忘却的南京味道，朴素却又粗犷，为我平淡的生活平添了几丝光亮，在我生命的底色中留一抹澄黄，留一丝香韵……那些记忆中的味道盛满了盈盈岁月，令我难以忘怀，每每想起，都温暖无限。

（发表于《金陵晚报》2023 年 12 月 13 日第 12 版）

壮美广西桂韵浓

李炳森

“海风吹来了三月三，谁家的小伙笑开了颜。打起独木鼓舞蹁跹，围着篝火迎接艳阳天。”婉转的歌声阵阵入耳，让人不由得翩跹起舞。明媚的春风荡漾着，迎来了盼望已久的“三月初三”。

每年农历三月初三，简称“三月三”。在我的家乡，又称“三月三歌节”或“三月歌圩”。也有人称是为纪念刘三姐，因此也叫“歌仙会”，其重视程度不亚于春节。

三月三的由来众说纷纭，传说：古时候，一个住户家里有三个十分漂亮的女孩，有“沉鱼落雁之美，闭月羞花之貌”，于是上门提亲的人络绎不绝。其父母没有找到合适之选。再三之下便想到让小伙当场唱歌，谁唱得好，便嫁给谁。于是三个女儿都如愿以偿，找到自己的如意郎君。

此后，唱歌便成了一种男性求偶的形式，由此发展为歌圩。在我年幼时，奶奶常常讲这个故事给我听，即便是三番几次地讲，我也不会厌烦，仰着小脸期待着。听完后仍是意犹未尽。

在三月三这天，人们会制作五色糯米饭、白糍粑、青团、壮粽、南瓜糯米饭等。广西各地略有不同，但大同小异。相信很多人都对五色糯米饭很好奇，那就听我一一道来吧。

五色糯米饭，因由黑、红、黄、紫、白五种颜色组成而出名。壮族人把五色糯米饭看作是“吉祥如意”和“五谷丰登”的象征。因此，每到三月三必定会制作五色糯米饭，所需的食材不过是田间地头的植物，将其进行染色。

每年这时候，母亲便会去找寻紫兰草、枫叶、鸡血藤、姜黄或密蒙花。簌簌地将这些清洗干净后，用石墩敲打，直至捣烂成汁，这可是一个大工程，有些费时费力。之后提取汁液，分别将几种汁液放进容器内。接下来把糯米淘洗干净，分成五份，一份用清水浸泡成白米，其余四份分别放进相应的汁液中，静静地铺展在其中，等待浸泡上色后，便放进蒸笼进行加工，一股香喷喷的植物清香出来时，大抵是差不多熟了，再根据个人口味加上糖或者盐来调味，五色糯米饭便制作完成。它们颜色鲜艳，像五色娃娃一样，很是可爱。热气腾腾咬上一口，软糯香甜，与舌尖撞了个满怀，穿梭整个唇齿间，犹如豆腐那般嫩滑，简直好吃到哭。

三月三不只有美食，还有精彩纷呈的活动。

在这一天，人们纷纷穿上壮族服饰，来参加活动。节目众多，有竹竿舞、抛绣球、打铜鼓、对山歌、抢花炮等。

竹竿舞，顾名思义便是放置好竹竿后，两排人手持竹竿，持竿者会高声地呼出“嘿！呵嘿”，场面气氛热烈，舞者要熟练，不然可能会夹到脚。而身手敏捷，善于跳竹竿舞的小伙，常常会得到姑娘们的青睐。

对山歌也是这日的火热活动，从古时流传下来，直至发展为山歌。虽是山歌，唱起来也朗朗上口，所以壮族素以“善歌”著称，壮乡素有“歌海”盛誉。人们用唱歌来表现自己的生活，表达情感。

绣球传情，姑娘们在家里提前绣好了绣球——十二花瓣连接成一个球形。据说每一个花瓣代表一个年份，形状各有不同，圆形、方形等，象征着纯洁的爱情。

“碰彩蛋”也是用鸡蛋染成的传情之物，姑娘手中的彩蛋如果不让小伙碰，那就是不愿意；如果合适，就让小伙碰，之后两人一起吃彩蛋，播下爱情的种子。所以，我们家乡至今流传着“碰碰碰，碰出好运气”的寓意。

三月三这一天热闹非凡，即便是省外的人们，也会纷纷赶往广西参与其中。而广西是个好客的城市，只要你来，我们便盛情相待。

流光一瞬，华表千年。一饭一绣球，便是舌尖上的满足，精神上的富足。绣球抛出的不仅是情，更是对民族文化的传承，它犹如接力棒一般，需要我们用心接住，代代相承。

（发表于《广西工人报》2024年4月10日第4版）

爱的五月天

王听年

时光在夹缝中流逝，一个轻盈的转身，日子就和五月相逢。于我而言，五月是一年中甚为温柔的时节。这份温柔，源自那湛蓝的天空上飘荡的洁白云朵，来自窗外郁郁葱葱、姹紫嫣红的山峦间吹来的和煦微风，更来自下班回家时，女儿为我递上的一碗热气腾腾的面条。

雪白的面条卧在瓷白的碗中，红色的西红柿和金黄的鸡蛋穗子带着不加掩饰的热烈，鲜嫩的油菜乖巧地静立一旁，细碎的葱花点缀其上，香气扑鼻，让人垂涎欲滴。

我惊讶地看着女儿，时间像一只藏在暗处看不见的手，把那个牙牙学语的小婴儿打扮成了亭亭玉立的大姑娘。女儿笑眯眯地看着我，贴心地把筷子递到我手中。

面一入口，就知道是女儿用了心思的。面条煮得恰到好处，既不过于软烂，也不过于生硬，爽滑有弹性，保持着劲道的口感。西红柿的酸甜与鸡蛋的香浓交织在一起，恰到好处地中和了面条的平淡，金黄的鸡蛋穗子滑嫩可口，油菜的清甜与葱花的香气在口中弥漫开来，每一口都是对味蕾的抚慰。

我细细品味着这碗面，仿佛看到女儿在厨房中忙碌的身影，她用心地挑选食材，仔细地调制汤底，只为了给我送上这碗充满爱意的面。

“好吃吗？”女儿坐在我对面，眼睛亮晶晶的，满含期待地看着我，“我上网查了很多资料，悄悄学了好久才学会的呢！”我抬头看着女儿，她正微笑着看我，眼里充满了期待，我的眼睛不由自主地湿润起来。

我感受着面条在口中慢慢融化，仿佛无数岁月的流转。曾几何时，我也是这样为小小的她准备饭菜，如今却成了被照顾的一方。我笑着回答她：“真好吃，谢谢你。”女儿听了，脸上露出了满足的笑容。

都说人世间最伟大的爱是父母给予子女的爱，可等我自己作了母亲，才发现天下更伟大的更纯粹的爱恰恰是孩子给予父母的。就像女儿幼时总会拿着沾满自己口水的饼干往我的嘴巴里塞，只为让我尝尝她喜欢的味道；就像女儿总是对我的吆喝责骂毫不记仇，转身就缠着我分享她刚刚知道的冷笑话。

女儿虽小，却已经懂得了在有限的时间里，用她真挚的心意，为我准备一碗美味的面。我站起身，给了女儿一个拥抱。她有些害羞地笑了笑，然后依偎在我的怀里。我抚摸着她的头发，深感女儿才是我的情感导师，论爱的简单纯粹，不掺功利，我不如她。女儿的面，不仅是一碗食物，更是一份家的味道和情感的传递。

我们围坐在餐桌旁，女儿眉飞色舞地告诉我她在学校的生活和学习情况，我则絮絮叨叨分享着工作中的趣事和收获。我们彼此倾听，彼此理解，仿佛时间在这一刻静止了。这一刻，我感到巨大的幸福和满足。因为我知道，在这个世界上，有一个人会永远无条件地爱着我，支持着我。从今往后，我的人生都将被女儿那一碗热腾腾的西红柿鸡蛋面染上温柔的色彩，洋溢着幸福的味道。

愿我们在温暖的五月里，和美好相遇，与幸福相拥，被爱意围绕……

（发表于《甘肃工人报》2024 年 5 月 27 日第 4 版）

过期咖啡

谢明珠

我有咖啡瘾，十几年的瘾，每天至少要喝一到两杯的咖啡，家里也会长期囤各种咖啡，自己所在的城市是个准一线城市，不管是家还是单位附近都有咖啡店，所以对于我而言，喝到一杯咖啡是十分简单的事。

放假回到老家，我的老家在一个小镇，一个无法与城市比拟的小镇，与大城市里每隔几米就有一家咖啡奶茶店不同，这里连奶茶店都是那些小作坊式的冲泡奶茶，更不用说咖啡店了，对于中老年人占比超过三分之二的小镇来说，咖啡在这里根本不会有市场。

因为一些别的原因，晚上没有休息好，早上起来后浑身没力气，睡了一觉就跟没睡一样，哈欠一个接着一个不停地打，更不要说做其他事了。心里便怪自己为什么不带点咖啡回来。

母亲也知道我是想喝咖啡了，她放下洗了一半的衣服，双手甩了甩水之后，顺势在胸口前的围裙上一擦，对我说："家里有咖啡，我给你拿。"

"真的吗？"我感到惊奇，家里怎么会有咖啡呢？

母亲从厨房柜面下的一个抽屉里拿出几条咖啡，递给我说："你去年暑假回来时买的，没喝完就留下了，夏天的时候，下午上班打瞌睡，我喝过几杯，现在天冷了就没喝了。"

经母亲这么一说，我便想起了去年暑假回来的时候也是忘记带咖啡了，后来实在熬不住，就去家附近的几家商店逛了一圈，这里的店铺里只有雀巢、麦斯威尔和一些我听都没听过名字的咖啡，我便只买了雀巢解解瘾。后来回杭的时候，还留了半盒多。

“去年买的，还能喝吗？”我接过咖啡，翻找着生产日期和保质期。果然，这条咖啡早已过期。

“已经过期了，不能喝了。”说完我要扔到垃圾桶里去。

母亲一把从我手里拿过咖啡，不舍地说：“过期了？早知道我天热的时候就喝掉了，扔掉了多浪费啊，这才过期不久，喝了应该没事，你不喝给我留着吧！”

看着母亲那一脸可惜和舍不得的表情，我心里很不是滋味，自己每次网上买咖啡常常买一堆，然后又喜欢喝现磨的，很多咖啡最后都是过期扔掉，而母亲却对着这几条过期的咖啡不舍扔掉，想到这里，我的心里很不是滋味。

“过期了，不要喝了，万一吃坏身体呢，而且才三条，不值几个钱。”我对母亲说。

母亲看着再次被我拿走的几条咖啡，再次嘀咕道：“不值几个钱，你每次都这么说，可是一元钱也是钱啊，你就是太浪费了……”

我把咖啡扔到外面的垃圾桶，回到家母亲还在念叨，这样的话，其实我每次回来，她总是会说几遍，以前总是嫌她烦，嫌她像老黄牛一样勤勤恳恳地干活却不懂享受生活。现在看到母亲连过期的咖啡都舍不得扔我突然便明白了：她不是不懂享受生活，她只是把节俭刻进了骨子里，不愿意多浪费一分钱，毕竟“钱要用到刀刃上”。这也是母亲常对我说的话。

现在想起，一种惭愧之感又涌上了心头。这样勤奋、质朴、节俭、坚毅的母亲，怎能不叫人爱？怎能不叫人钦佩……

（发表于《中国应急管理报》2024年1月25日第8版）

茶慰人生

王　锋

挚友从远方邮寄了一盒茶叶给我，然后在微信上发了几句话：“今年的新茶，望老友品茗时心境舒爽，在浅夏自得一份安宁。”

我轻轻打开包装，仔细嗅吸，带着自然草木的香气。用手抓起一小撮，置于透明的玻璃杯中，热水冲泡片刻，就看见茶针部分浮在水面，随后缓缓下沉，根根分明，犹如千峰耸立。

看着杯中时而轻旋，时而变幻的茶针，我的思绪也开始跟着回忆飘忽不定起来。说起这位老友，不免让我想起多年前去洞庭湖游玩的情景。我一直认为洞庭湖是个神秘莫测的地方，那里有着许许多多的传说，也因此一直心驰神往，希望有时间可以去一探究竟。

几年前，恰逢爱人公休，为了了却我的夙愿，我们决定去遥远的洞庭湖看看。看惯了北方苍茫戈壁、大漠落日的我，在落地的那一刻便被如诗如画秀丽的山水，以及神秘缥缈的洞庭烟波深深地吸引。

接近日落黄昏，带着疲惫的我们徘徊在小巷中，却看到不远处的小院门口，坐着一位面容舒展，双眼炯炯有神的长者，他看起来只有五十多岁的样子，身着一身素衣，坐在一把四方椅子上身体微斜，手里握着一本书，宛如世外高人般聚精会神目不转睛。在他的面前包浆发黄的木桌上还放着茶水徐徐冒着热气。

因为太过乏累，爱人主动上前搭讪：“您好，我们可以坐在这里歇歇脚吗？”

“可以可以，快坐快坐。”被打扰的长者有些惊慌地立即回应。

当他知道我们是外地的游客后变得格外健谈，热情地对本地的历史文化特色娓娓道来，并为我们冲泡了银针茶以慰口渴之急。

在攀谈中，我们知道了长者曾经当过兵，创业过，并且失败过。后来沉沉浮浮东山再起，如今儿女已经长大远走，只有他还留守在洞庭湖边，守着他的一方君山茶园不肯离去。

“来来来，年轻人，喝茶，喝茶，茶慰人生。”伴随着长者耐心地讲解，我们举杯共饮相谈甚欢。就这样，因为一盏茶，我们和长者跨越了年龄的界限，成了忘年挚友。

如今，多年已过，我和爱人从喧嚣浮躁、喜爱咖啡的青年人，逐渐成了追求简约恬淡、从容生活的中年人。每年新茶初上，忘年挚友便远寄银针茶，在品尝那香气四溢的茗茶时，就会回想起当年我们三人对坐一起侃侃而谈品茗的场景。

又是一年浅夏时节，看着杯中舞动的茶针沉沉浮浮，回忆起当年欢聚的场景，慨叹时光匆匆。于是，各种滋味涌上心头，不免慨叹人生如茶，浮沉之间，有起有落，在品茶的过程中，我们也在品味人生的酸甜苦辣，感悟生命的真谛。

慢品着这产自世外仙境微苦清甜的茗茶，看着杯中的千峰翠绿，浮躁不安的心瞬间得到慰藉，不自觉怡然自得起来。

这个浅夏，我们被挚友从远方寄来的一盒香茗所宽慰和疗愈，也顿感当下的生活是多么美好和珍贵……

（发表于《山西晚报》2024 年 5 月 30 日第 15 版）

冷泡茶

王彭波

冷泡茶，用过滤后的饮用水，加上一些茶叶，随后放入冰箱冷藏，一般八到十二小时为最佳。时间到后，取出便可饮用。我第一次喝到冷泡茶，除入口清凉外，最奇妙的地方在于虽然是冷水泡制，又在冰箱里冻了许久，但是茶叶中的清香却保留得特别到位。茶水入口时，水中有香味，香味又覆盖在水上，香甜交织之间，那浓郁的香气又缓缓入鼻，仿佛有一种舒缓精神的奇效，让整个人瞬间心静。

冷泡茶，在我看来有两味：一味冷；一味香。

我知道茶圣陆羽，还是因为听了歌手周杰伦的一首《爷爷泡的茶》。现实中的陆羽是个弃儿，因相貌缺陷，出生不久便遭父母遗弃，还有些口吃。据《新唐书》记载：他被复州竟陵的智积禅师收养，到了六岁时，他给自己取名陆羽，字鸿渐，意思是“漂流在陆地上的一根羽毛”。十二岁时，他受不了繁重的劳作与压迫，离开了寺庙，跑去戏班谋生，以演丑角来逗笑众人，此后又遇安史之乱而南逃。他身世多磨，屡屡遭受命运之神捶打。日后，他醉心茶事，立下志向“喝遍天下的水，饮遍天下的茶”。最终，陆羽走遍了中国十大茶区，品遍天下名茶，最终撰写出中国第一部茶学经典《茶经》，为后世所传颂。陆羽在原本遇冷的生命中，不屈服命运的安排，最终从冷的底色中提炼出怡人的香来，我想这便是冷中留香的不屈精神。

偶然机缘，结识了一个教育集团的创始人。他在辉煌时期，所接触的人都是亿万身家，地位显赫，而他自己也是被鲜花、掌声、各种荣誉所包围。我遇见他时，患有眼疾的他已经隐退不再执掌企业，隐退之后，他担任了一家公益组织的负责人，帮助和他一样患有眼疾的人。

他对我说："再辉煌也已经是过去，眼睛变得不好以后，也低落过，甚至绝望过，那种落差一时难以接受，现在我尽自己所能去帮助同病相怜之人，也算是发挥点余热。"听到这里，真是感慨万分，突如其来的眼疾让他的生命突然遇冷，让他的人生境遇发生了翻天覆地的变化，但他最终还是重拾勇气，并把自己的仁慈与大爱力所能及地播撒给更多同病相怜的人。我想，这便是经历千帆过后，冷中散香的淡然。

一冷一香之间，一留一散之间。看似无言，其实是在诉说：生命只有经历了沉浮孤冷，才能释放出本身蕴藏的力量。

（发表于《现代快报》2023 年 7 月 14 日第 15 版）

第四辑

向着美好

生活　不可能永远尽如人意

可总有些人　在向着美好奔跑

把平凡的日子　活出诗意来

与时间好好相处

周落诗

时间的奥秘同宇宙一样，广袤无垠，神秘莫测，无怪乎哲学家们不厌其烦地对时间进行探索。他们得出的结论，闪耀着真理的火花，如阳光般普照着众生。沐浴在前人智慧之光下的我们，或许可以试着理解时间的本质，进而与时间好好相处。

时间有物理和心理时间之分。物理时间，不分你我；心理时间，则人各有异。众所周知，正午十二点是饭点，但不是所有人准点就会饿，闹铃和钟声是提示，而不是作为主人下达命令，个体的感受更胜过一切，无须因为时间一到，就逼着没有饿意的自己大吃特吃。

在现实生活中，人们常常感知到的是心理时间，而非物理时间，若是有人因为他人学习时间比自己的长，就开始内耗，这就是将心理时间误作物理时间的典型案例。

不同的人有不同的计时方式，有的人习惯计算有效时长，除去当天吃饭、喝水、休息的时间，才算是真正的学习时间。有的人则满打满算，只要当天在学习，不管休息与否，都记录为学习时间。例如，同样是写毕业论文，有人耗时一月完成，有人花三个月完成。在粗估质量时，不免有人会先入为主地认为耗时更长的论文质量更高。却不知，花一个月完成毕业论文的那个人，每天都会写满十小时，且连续一个月没有间断，而后一个人则是每天分配两小时在写论文上，计算时长又习惯将时间扩大化，将开始写作到完成论文的时间都纳入其中。

两种不同的计时方式，与个人的特质和习性相关，并无优劣之分。计时本就有差异，我们无须因时长不如他人就妄自菲薄，陷入自我怀疑的漩涡，试着跳出与他者比较的困境，专注于自身的成长与蜕变，如此才能增加生命的厚度。时间同生命一样，具有长度和厚度两个标量单位，我们常常会被量化的时间数字迷惑双眼，蒙蔽内心，却忘记了自身的感受才更为重要。

知晓时间的本质后，接下来是了解如何与时间相处。有人说“时间是治愈一切的良药”，还有人说“时间从来不语，却道出了所有答案”。时间确实有魔力，然而，这是站在未来的视点看当下，忽视了时间会与我们为敌这一事实。从现在的视点去看当下和未来，就会发现，不少人处在煎熬期，此刻无比痛苦，未来又满是迷茫，时间漫长可怖，像是永远等不来天亮那刻。

深陷苦难泥沼中的人，无数次想逃离现在，直接穿梭到以幸福为名的时空中。然而现实是，我们被束缚在时间牢笼中，永远无法跳出时间屏障，明知痛苦终将过去，必然走向释怀，可反复无常的焦虑和痛苦，直压得人喘不过气，就像走在黑暗迷宫中，七拐八绕，不断碰壁，却依旧找不到出路。

幸好，人类是身体与精神的结合体，身体虽受限，灵魂却自由。不妨设想一下，未来的某一天，天朗气清，清风送喜，喜上眉梢，经过不懈努力，你已经从半山腰到达山顶，也成为那个想成为的人。或许有人会说，这只是在构建乌托邦，建造了一个美丽却无意义的梦幻乐园，终将是空中楼阁，顷刻间就会覆灭。

事实绝非如此，首先，有益的幻想或想象，存在于正在努力的人身上，而非终日躺平、却依旧做着白日梦的人身上，因为只有持续行动的人才具备将梦想变为现实的潜力。其次，倘若连构建乌托邦的愿望和能力都没有，才是真正的可悲，从古至今，人类依靠希望渡过一次次难关，才艰难地走到了今天。“相信”有着无穷无尽的能量，支撑着我们向前迈进，走过满地荆棘，迎来梦想花开。

最后，幻想或想象不完全是建构乌托邦，因为任何事物都有时间差，就像生活中的意外之喜。参加一项比赛，始终等不到结果，经历了无数次的自我否定，以至于几乎忘记了比赛，结果才不紧不慢地来了。其实，主办方可能早在一个月前就确定了获奖名单，而你也赫然在列，只不过要根据规定才能公布结果，因此增加了个体自我怀疑的时间。如果有幸早些得知结果，就不会费心记挂，但大多数情况下，我们都没那么幸运，于是意外之喜才多了起来。

所以，与其顾虑太多，不如持续努力，也许就会发现，你已同理想中的自己越来越接近，也体悟到了什么是“进一寸有一寸的欢喜”。再偶尔幻想一下，相信自己终有一天会出人头地，哪怕时间比别人慢上许多，也请“允许一切发生”，允许高光时刻迟些到来，正如允许自己是一朵晚开的花。

（发表于《承德日报》2024 年 7 月 18 日第 7 版）

春来万物生，万象皆美好

清小禾

唐朝诗人卢仝《人日立春》所云：“春度春归无限春，今朝方始觉成人。从今克己应犹及，颜与梅花俱自新。”春来万物生，万象皆美好。

《月令七十二候集解》如此描述立春节气：“立，建始也。五行之气往者过来者续于此。而春木之气始至，故谓之立也。”这便意味着，立春的气息不仅隐藏在冰雪融解伊始之中，也隐含在草木返青的等待之中。我们一起去看“二月初惊见草芽”的鹅黄，一起去感受“二月春风似剪刀”的温柔，一起在“拂堤杨柳醉春烟”的二月天，放飞满天的风筝……

古人把立春的十五天分为三候：“一候东风解冻，二候蛰虫始振，三候鱼陟负冰。”这个时节，东风送暖，冬眠的虫子慢慢在洞中苏醒，河里的冰开始融化，鱼追逐温暖的阳光上升到水面，像背负着碎冰片游动。

《红楼梦》中对“春”的理解也别有一番风味，主要就体现在“贾府四春”的名字上。贾府四姐妹的名字分别为元春、迎春、探春和惜春。

在我国许多地区，立春要祭祀祖先。如广东《新安县志》记载：“民间以是日有事于祖祠。”立春时供奉祖先的食品也较特殊。据河南《汝阳县志》记载：“设春宴，啖春饼，荐卜、梨。”立春，民间传统食物主要是春饼、萝卜和用葱、蒜、椒、姜、芥五种辛辣食物调和而成的五辛盘等，而在南方则流行吃春卷。

“春牛春杖，无限春风来海上。便丐春工，染得桃红似肉红。春幡春胜，一阵春风吹酒醒。不似天涯，卷起杨花似雪花。”这是一首咏春词，以欢快的笔触描写海南绚丽的春天，寄托了苏东坡随遇而安的达观思想。

辛弃疾的一阕词里对春的描写是那样的美好：“茅檐低小，溪上清清草，醉里吴音相媚好。”在初春，韩愈曾这样描写：“天街小雨润如酥，草色遥看近却无。最是一年春好处，绝胜烟柳满皇都。”

《尔雅》：“春者，天之和也。又春，喜气也，故生。”在春的召唤下，花朵自然不能落后，先开的便是那迎春花了。草在结它的种子，风在摇它的叶子，我们站着，不说话，就十分美好。

（发表于《阿克苏日报》2024 年 2 月 9 日第 4 版）

（发表于《联合日报》2024 年 2 月 26 日第 4 版）

重写春天

徐 妮

朋友问："最近在忙什么？"我回复："行在春风里，看花，看世界。"朋友说："你真有闲情雅致，不像我，每天忙得焦头烂额……"

朋友不知，在过去的十几年里，我也曾如旋风般穿梭于春夏秋冬之间，昼夜不停地追逐着星辰与月光。无暇顾及花开花落，更不知归期是何时。

试想，我曾错失了多少春光？十五年前的春天，我身在洛阳，尽管那一城牡丹花国色天香，但我却无暇欣赏其盛景；九年前的春天，我身处武汉，尽管武汉大学的樱花如云似雪，但我无暇感受其浪漫；四年前，我身在柳州，尽管距桂林烟雨漓江仅百里之遥，但我却未曾品味其韵味；一年前，我身处贵阳，贵安的万亩樱花动人心弦，但我却未领略其壮丽。多么遗憾，多么遗憾啊！

多想，重写春天，重写那些遗憾。当春风吹过山野，吹过农庄，吹过城市，一个瑰丽辽阔的春天诞生。

在祖国的西南腹地——贵阳贵安，平坝农场的万亩樱花园正值盛花期，七十万株樱花竞相绽放，与山、水、石、洞构成奇特的喀斯特地貌。我渴望的不是在熙熙攘攘的人群中匆匆一瞥，而是希望能像鸟一般，从远山翩翩而来，轻盈地飞越红枫湖，循着那诱人的花香，穿越醉人的粉色花海，看蜿蜒清透的蓝色湖水穿行其间，看两片花海隔水相望，欣赏彼此，艳羡彼此。

同样樱花盛开的地方，还有祖国的华中第一城——武汉。我如同大学生一样涌入武汉大学的“赏樱潮”。漫步在校园的小径上，慢慢地看那一树树盛开的花朵，是初见，是新奇，是一刹那的心动，兴许还可以从中分辨出日本樱花、云南早樱、山樱花等樱花种类的微妙区别。当微风拂过，那些粉嫩的花瓣如同雪花般徐徐飘落，带着清新淡雅的香气轻轻地触碰着脸颊，有一种甜甜的初恋的感觉。

但相比起初恋，让人更心动的是祖国的华南——山水桂林。城里是花红柳绿的画，城外是烟雨蒙蒙的诗。我独自坐在一蓑竹筏上，看两岸青山绿水，听船家扯着嗓子歌唱《桂江船歌》。日落余晖，渔舟唱晚。看船家稳稳地站在竹筏上，娴熟地抛出渔网划出一道优美的弧线，继而缓缓沉入江中。这一刻，时间仿佛凝固，所有的喧嚣都化为乌有，只剩下船家、渔网、漓江和远方的山水。

领略过“桂林山水甲天下”的美，再到祖国的中原名城——洛阳，一睹“洛阳牡丹甲天下”的胜景。白牡丹清新淡雅，宛如古典美人，低眉含笑；红牡丹热烈奔放，花瓣层层叠叠红得似火，或娉婷妖娆，或高贵端庄，美得顾盼生辉。此刻，人们仿佛回到古代的雅集：少女们在花魁树下就地设席，谈天欢笑、抽花签、飞花令、斗百草……

趁时光正好，让我们尽情地感受生活的美好吧！想象一下，多年后，当我们沐浴在温暖的春光里，轻轻翻开那本岁月的画册，看着那些美好的瞬间，我们的内心是平静的，还是奔涌的？

年少的我们和年长的我们，似乎阔别已久，然而又会在某个瞬间久别重逢。当下，请允许我以春天的斑斓为调色板，以我的眼眸为笔，蘸一笔花色，以我的心为纸，一笔一画写进我的生命里……

（发表于《钱塘江文化》2024 年第 4 期）

（发表于《今日儋州》2024 年 4 月 2 日第 7 版）

微笑着迎春而行

陈女女

人们总喜欢用转瞬之间、白驹过隙、飞逝而过来描述时光转换之快。想来不无道理，毕竟上一个转瞬还是“几处早莺争暖树，谁家新燕啄春泥”“乱花渐欲迷人眼，浅草才能没马蹄”的初春时光，再一个转瞬已是“燕飞犹个个，花落已纷纷”“花时同醉破春愁，醉折花枝作酒筹”的春分时节。

春分灵动而美丽，花争艳，草葱茏，莺争树，千枝俏，湖波绿，鸳鸯游，百虫叫，嫩笋鲜……这所有的一切，都是春分时节无尽春景尽情展现的写照。在此时，不管身处哪里，都有春意满园。处处燕舞莺啼，桃粉柳绿，杨絮飘飘，海棠烂漫，紫荆妩媚，落英缤纷，姹紫嫣红，流水潺潺。

“春分麦起身，一刻值千金”“春分麦起身，肥水要紧跟”“春分有雨是丰年”“春分风多雨水少，冬麦返青把水浇”……这些民间谚语代代相传，无不凝结着古人的生活智慧。他们以简洁而准确的方式，恰如其分地描述春分这个节气的特点，朴实自然地展现出农家的生活气息。这些谚语不仅是对自然现象的观察和总结，更是古人对丰收的期盼和对生活的热爱。

《春秋繁露》云：“春分者，阴阳相半也，故昼夜均而寒暑平。”春分之独特，在于“分”字——它平分了昼夜，平分了寒暑，也平分了春天。蓝天和白云，平分了春色；青山和绿水，平分了春景；太阳和月亮，平分了春光。可见，春分不仅是一个节气，更是大自然教给我们关于平衡的哲学。

春分的平衡犹如大自然给予人类的无声启示。在纷繁世界中，有诸多事物需要我们去掌握平衡，如理想与现实、小我与大我、得与失、忙与闲……探索平衡的历程贯穿生命始终，我们也能在平衡中寻找快乐和幸福。春分，是季节中更具生机的渡口，所有生命开始扬帆起航，百舸争流。平衡，是人生不凡的境界，所有的智慧都在阴阳和谐中蓬勃生长。

在这个昼夜均分、阴阳平衡的特殊日子里，愿我们每个人都能面带微笑迎春而行，平衡生活的节奏、找准自己的路口，努力用时光雕琢出自己人生枝头上更绚丽的生活风景。

（发表于《中国应急管理报》2024 年 3 月 20 日第 8 版）

一片春心付海棠

清小禾

海棠花有“花中神仙”“睡美人”之美誉，“枝间新绿一重重，小蕾深藏数点红”，每次读到这首诗时，我都不禁会想起我的家乡——南京的莫愁湖。每到海棠盛开时，这里裙裾翩跹身姿婉约的莫愁女便在海棠的衬托下，颇有“掬水月在手，弄花香满衣”的意境。“海棠花红意无穷，如花似叶占春风。”春雨沐花枝，烟雨笼莫愁，雨中海棠绽放依旧，在这方古朴的园子中衬着光亮的青瓦，映着典雅的窗棂，更显风姿绰约，让人沉醉不知归路。

“海棠”一词的最早记载，出现在唐朝贾耽编写的《百花谱》中：“海棠为花中神仙，色甚丽，但花无香无实。西蜀昌州产者，有香有实，士人珍为佳果”。苏轼的一首《海棠》，也道出了对海棠花的无比怜惜：“东风袅袅泛崇光。香雾空蒙月转廊。只恐夜深花睡去，故烧高烛照红妆。”看啊，古人常用“海棠春睡”来形容美人，风姿多么绰约。

作家梁实秋也钟爱海棠花，他在其散文《群芳小记》中，将西府海棠放在第一个来描写，“海棠花苞最艳，开放之后花瓣的正面是粉红色，背面仍是深红，俯仰错落，浓淡有致。海棠的叶子也陪衬得好，嫩绿光亮而细致，给人整个的印象是娇小艳丽。”说起西府海棠，我便不由想起了《红楼梦》中的海棠诗社和史湘云，《红楼梦》里把西府海棠叫作“女儿棠”，史湘云的花签是海棠花，当时抽的花签上写道：“只恐夜深花睡去……”曹雪芹曾有这样的诗句：“偷来梨蕊三分白，借得梅花一缕魂。”张爱玲也是很欢喜海棠花的，她曾说人生有三恨——“一恨鲥鱼多刺，二恨海棠无香，三恨《红楼梦》未完。”

周总理生性雅达，在群芳之中，对海棠花最是喜爱。邓颖超的散文《从西花厅海棠花忆起》中说道：“你不在了，可是每到海棠花开放的时候，常常有爱花的人来看花，在花下树前，大家一边赏花，一边缅怀你，想念你，仿佛你仍在我们中间……”

海棠花的美，也掩藏在古代文人的诗句里，宋朝诗人王淇的“一从梅粉褪残妆，涂抹新红上海棠。”明朝才子唐寅的“自今意思和谁说，一片春心付海棠。”李清照的“试问卷帘人，却道海棠依旧。知否，知否？应是绿肥红瘦。”

“淡淡微红色不深，依依偏得似春心”，海棠花的花瓣基本呈淡淡粉色，更显清雅，自古以来便是雅俗共赏的名花。没有兰花的清幽淡雅，也没有梅花的俊逸冷艳，更没有菊花的傲骨凌霜。但她却以独具魅力的姿色，与牡丹、梅花、兰花并列春花四绝，还为四大名花之首，被誉为“国宴海棠”。

“自今意思谁能说，一片春心付海棠。”海棠花，又称“月下老人花”，她的花语是爱情的守望，更是美丽与坚韧的象征。“海棠花红意无穷，如画似叶占春风。”莫愁湖的海棠又绽开了，今年，我们一起去看可否？

（发表于《清远日报》2024 年 4 月 11 日第 7 版）

（发表于《劳动午报》2024 年 4 月 13 日第 8 版）

悠悠端午情

李炳森

六月，树梢上蝉鸣不绝，偶有微风袭来，夹杂着一阵阵清香的泥土气息，深嗅一口，好似全身舒通，甚是惬意。炙热的仲夏走过了芒种、高考，趁着热乎劲儿又赶上了端午节。

宋代诗人欧阳修有诗云：“五月榴花妖艳烘，绿杨带雨垂垂重。五色新丝缠角粽。金盘送，生绡画扇盘双凤。”看呐，那开得簇拥的石榴红似乎也在迎接这传统节日呢！看呐，它们争奇斗艳，互不相让。金盘里的粽子安静地在一隅，乖巧地躺着。可见今日实是隆重。

相传端午节，是为了纪念伟大的诗人屈原。他是战国时期的政治家、诗人。在端午这天因以身殉国，民间百姓为纪念他，才把五月初五称为“端午节”。

我的家乡有句民谚：“清明插柳，端午插艾。”时值仲夏，乡间的艾叶开得绿油油一片，密密匝匝的。它们外形酷似扇子，叶子呈锯齿状。远远看见，似乎一个个稚嫩的小手掌。每到这时，母亲总会戴上斗笠，一把镰刀，穿梭在艾叶之间。她左手轻轻地抓草，右手娴熟地用镰刀割断，只听到“咻咻咻”曼妙的声音，一把把艾草便躺在母亲的怀里了。一股淡淡的艾草香缓缓散发出，沁人心间，闻之周身舒缓。

艾草有祛除邪气之说，以至于每逢端午到来之际，母亲总会在门口插上一束，祈求顺顺利利，平平安安。不仅如此，母亲先把第一束艾叶插在老家的门把上，经过点缀，老旧的门口瞬间神清气爽，有模有样了。艾草功效之多，可驱寒止血，驱赶蚊虫等。

除了挂艾草，还有赛龙舟、吃粽子等习俗。令我念念不忘的，依旧是母亲端午节包的粽子。

端午节前夕，母亲总会提前一日把糯米泡好，泡发一晚，水面便会浮出阵阵小气泡，就像开了一朵朵小花一样，荡漾开来。一颗颗白色饱满的米粒光滑润泽，母亲说这样做的粽子才会香而糯。

待晨晓时分，公鸡鸣叫时，母亲便摸索着起床，这一日是不可怠慢的。她先把绿豆浸泡着，接着把花生捣碎，随后将五花肉切成长长一片，倒入油盐、酱油、芝麻等搅拌，约莫腌制一小时，即可制作。

这几道工序下来，会花费不少时间。接下来便是包粽子的环节。母亲挽起袖子，将洗好的粽叶放到一旁，拿起三张粽叶，平铺在手里，叶子衔接得当，母亲说："这很关键，若是铺不好，后面包的大米就会跑出来。无论如何做任何事，基础要打好，才能步步为'赢'。"接着她又抓一把米轻轻撒在粽子间，摊开，勾勒出一个可以放馅的形状，把猪肉馅放中间，再撒一些花生和绿豆，接着再撒上大米，覆盖馅料。最后，用粽叶包裹住，待一切就绪，再用粽绳（粽叶的藤）来回几圈缠住，一只肥硕的粽子便诞生了。篮子里干净利索的粽子静静地等候指令，好像也在期待过节一般。

随后母亲将粽子放进锅里熬煮几个时辰，炊烟袅袅，萦绕其间。在不断地添加柴火中，水面沸腾，发出"咕咕咕"声响，等上半小时，一阵阵浓郁清香的粽叶味便散了出来，令人垂涎三尺。

待到粽叶变成浅黄色，馅料味扑鼻而来，这时候粽子终于可以出锅了，我迫不及待地掀开锅盖，母亲在一旁宠溺地提醒道："你这孩子，小心烫。"我小心翼翼地夹起粽子，解开绳子，翻开粽叶，只见金黄透亮的粽子丰满而软糯，粽叶包的粽子果真不一般，轻轻咬下一口，糯米在唇齿间回荡，很有嚼劲，并且带着一股粽叶的清香，吃了让人唇齿留香，这时味蕾瞬间得到了满足。“母亲包的粽子真好吃，那是家的味道啊！”我赞不绝口。母亲说：“没有粽子的端午是不完整的。”我想也是。

“轻汗微微透碧纨，明朝端午浴芳兰。流香涨腻满晴川。彩线轻缠红玉臂……”春雨裹茶，夏雨裹粽。片片粽叶，包裹的不仅是人们对美好生活的祈愿，更是对传统文化的一种传承。粽绳缠绕着不仅是粽子，亦是文化的根基，牵引到每个人的心中，一脉脉相传。

（发表于《山东工人报》2023 年 6 月 21 日第 4 版）

海边端午

张蓝方

夏渐浓，端午至。

门口高挂的菖蒲艾草还泛着清新的山野晨露，粽叶的清香和糯米的香醇却早已沁人心脾，孩子们腕上绑着的五彩丝线在跑跳间跃动，伴着河面上龙舟竞渡的箫鼓争喧声，家门口的阿婆往纵深的小巷里探头高喊：“侬侬，回家吃粽子、洗龙水咯！”

小时候，除了过年，最盼的便是端午节了。天边残月还未退尽，厨房里已经热火朝天。这一头，炉火上的蒸锅蒸腾出粽子的丰腴咸香；另一头，大铁锅里，菖蒲与艾草在滚水中沉沉浮浮，姿态舒展，满室的草木清香。当黏腻米香与植物清香愈发缠绵时，便到了重头戏——吃粽子、草药浴、洗龙水。

食粽的乐趣，这里暂且不提。草药浴与洗龙水，却是我每年端午里最期待的。午时，煎煮得泛黄的艾草水，被倒入专用于洗浴的红色塑料大盆里，微微冒着热气，一脚踏进去，像是踏进温暖的云朵。母亲嘴里一边念着“洗艾草，点雄黄，一年到头是安康”，一边舀水往我身上仔仔细细淋了个遍。随后，母亲取来雄黄，柔软的指腹轻轻点下，额间鲜红的圆，仿佛千百年来的时光又一次印记在这代孩童身上，打下了祝愿美好的结。

“洗龙水”是海南特色的端午民俗。在海南，除了在家洗香草药浴，人们还会前往海边洗浴，寓意避邪禳灾、吉祥如意。对于小孩子而言，洗龙水是一次能够痛痛快快玩水的好机会。因此小时候，我总是在草药浴后心急地数着时间，好不容易日头偏西，倏忽间巷子活了过来似的。大人的吆喝声、小孩的笑闹声、人字拖在地面啪嗒跑跳着、电动车发动弹起烟尘……所有声音汇聚成一句话："去海边，洗龙水。"

人流像浪涌向大海，再没有任何时刻能如端午节时的海滩，密密麻麻的都是人。会游泳的，已经撒了欢向着更远的蔚蓝深处游去；不会游泳的，也要脱了鞋、挽起裤脚蹚进大海，踩着水踏着浪，趁身旁的人一个不注意，一大捧水泼过去，欢声与尖叫在海面经久不息。天际被夕阳余晖染上了一片绯红，人的倒影在粼粼波光中动情地荡漾。

这是我喜爱的端午时刻，既有令人快乐的因子，也有对安康的祈盼。自然、历史与人之间在此刻仿佛有了强烈的情感链接。千百年前，端午带着兰芷清芬，沿着汨罗江将文化与习俗一代代流传；千百年后，我们站在浩浩海边，那些流淌在神州文化血脉中的故事，已然滋养着我们的灵魂。

又是一年端午至，这座海边城市的端午节，依旧热闹喧嚣。正如屈原的楚辞《九歌·湘夫人》里有句诗："时不可兮骤得，聊逍遥兮容与！"美好的时光不易得，且放松神思，自在地度过吧！菖蒲与艾叶已插于堂中，五彩绳被系上腕间，母亲包的小粽子我已经一口气吃了两个，路尽头的阿婆又一次吆喝自己的小孙女回家洗艾草、点雄黄，远处河面上的龙舟蓄势待发，友人打来电话，相约午后去海边洗龙水、祈安康。

恰是这些节日仪式感所带来的记忆，才让我们无论走多远，依然清晰历史的脉络，完成一次次对时间与生命的观照，也自然而然地从心底里唤起对节日的期待来。

（发表于《大连晚报》2024 年 6 月 8 日第 7 版）

花开半夏栀子香

王丽莎

芒种一过，夏日渐深，黄昏时分便是最惬意的。此时月色如水，静谧清凉，我与爱人携手漫步于后山的公园绿道，晚风轻轻吹过，轻拂在脸颊。走着走着，我突然在空气中意外地捕捉到了丝丝幽香，这熟悉的花香，仿佛是从远处的树丛中飘来，又像是从心底深处升起。

“是栀子花！”我欣喜地回头，不由自主停下脚步，去探寻花香的来处。绿道两旁花木繁茂，绿叶的掩映之下，一束洁白晶莹的栀子花正静静地盛开着，总共也就三五朵，但却像是精心打磨过的玉雕，花瓣慵懒地舒展，在月影之下随风摇曳，纯净而婉约，透着宁静的光，有暗香浮动，丝丝缕缕，沁人心脾。

“色疑琼树倚，香似玉京来。”夏日里，我最是偏爱栀子花，爱它冰肌玉骨，芳香馥郁，清丽自然的姿态，最特别的，是它在山道上一路跟随，一路芬芳，如爱人深深的守望，又似平淡生活里的真情，那是一种氤氲在岁月里的清香，亲切又熟稔。

爱人喜登山，每年这个季节，他总会在登山回来时给我带一大束栀子花，插在瓶子里，满室芬芳，经久不散。在那一段闷热纷繁的日子里，山花和他的笑脸一样怡人，花香与他的关爱一样恒久。

记得一个仲夏的清晨，我随他一起去登山，山路边的栀子花已经渐渐泛黄枯萎了，一路上只留下一片幽深的绿。花开花谢，残香零落，太匆匆。触景生情，我不禁心中有些惋惜。突然，爱人攥紧了我的手，指着山坡上的一树新开的栀子花：“你看，这里开得多好啊。在夏天里，栀子花能开几次的哦！”我顺着他指的方向望去，果然，高高的山坡上，一树栀子花迎风盛放，如一片洁白的云霞从天边飘来，绿叶簇拥着温婉的白花，像皑皑白雪，也像一位孤傲清冷的美人。

“喜欢吗？我去帮你采来！”没等我回应，就见他深吸一口气，脚底用力，迈着大长腿快步冲上了山坡，接着，一步步攀住树枝，抓紧草木，顺着岩石，很快就到了半山腰。

我悬着一颗心在底下看着，他已经到达了那片花丛，还回过头对我兴奋地挥了挥手。那热烈的笑容，犹如这一树繁盛的栀子花一样。

望着山坡上为我采花的爱人，我的心中莫名感动。人到中年，他的步履依然矫健，身姿依然挺拔，如青年般热忱、率真，勇往直前。他白色的衬衣在风中轻轻飘动，与洁白的栀子花相互映衬，形成了一幅温馨浪漫的画面。那一瞬，熟悉的温暖再次涌上心头，伴着一种叫作幸福的香气，在空气中弥漫开来。

有人说，栀子花的“栀子”，与执子之手的“执子”谐音，所以，古人常有“栀子咏同心”的说法，以表达相思、相伴之情。宋朝的赵彦端在《清平乐》中写道：“与我同心栀子，报君百结丁香。”一如我此时的心情，多年的相知相伴，必以此生相守来酬。

夜色渐渐深了，但眼前的栀子花却依旧散发出柔和而持久的光芒。我轻轻拉起爱人的手，沉醉在这夏日的花香里，美好的记忆与当下的陪伴重叠在一起，跨越时光传递着温暖与力量。

（发表于《日照日报社黄海晨刊》2024 年 6 月 6 日第 14 版）
（发表于《沧州晚报》2024 年 6 月 17 日第 14 版）

腕间栀子香

劢　励

栀子花开始结骨朵儿，夏天便来了。

没过几日，卖栀子花的阿婆就出现在地铁口、街道边、商场外。她们把含苞待放的栀子花摘下来，或串成手链，或做成吊坠，五元钱、十元钱地卖。有些手链还配着茉莉花、白玉兰，有些配着彩色雪纺纱，甚至挂着铃铛，那便卖得更贵些。

都市的姑娘们上了一天班，个个身心疲惫，顶着地铁的人流高峰回家去。当她们由长长的阶梯爬出地铁口，望见晦暗矇昽的天空，正是腹中空空的时候。这时卖栀子花的阿婆出现在视野中，那一刻不需要任何叫卖，叩动姑娘们心扉的自有那股芬芳。

栀子花戴在腕间，举手投足都是淡淡的香气。让日间的烦恼留在地铁站里吧，走出站口，姑娘们的自我生活便开始了，接着洗手作羹汤都不算劳作，而是辛苦一天的犒劳。吃完饭再散散步，拿支毛笔练练字，人便自我陶醉着，与花香作一处。

这花手链摘下来泡水一夜，次日就像还在枝头一般绽放，层叠的花瓣圆润秀挺，洁白丰盈，好似旋转的舞裙，那碧绿的花托便如舞蹈家纤细的腰肢。它乖巧地香着，不藏一点儿私。谁见了都夸栀子花漂亮，戴着的人更漂亮，姑娘们这一天自然比昨日高兴。

绿色的叶片衬托着小巧玲珑的白色花冠，栀子花的个性并不张扬，也不被文人雅士青睐——或许在他们的心目中栀子花品格不高？他们赞美莲花“出淤泥而不染，濯清涟而不妖”，赞美菊花“宁可枝头抱香死，何曾吹落北风中”，赞美梅花“不要人夸好颜色，只留清气满乾坤”。栀子花也曾出现在他们的诗篇中，但仅仅是作为某种景物出现，如杜甫的诗句：“桃蹊李径年虽故，栀子红椒艳复殊。”栀子花在气候温暖的春末夏初适时盛放，没经什么严峻考验，或许文人雅士便觉得它过于平凡。可他们了解花儿的生态和心态吗？兴许梅花倍感孤单，兴许菊花是畏惧秋日的阴冷才蜷起花瓣，兴许莲花暗恋着栀子花。兴许花儿的世界自有其价值标准和审美标准。

也许，适合栀子花的园地并不在文人雅士的诗章里，而在寻常百姓的温馨院落间。在那里，它恬静地绽放，斜风细雨中向着屋主的窗户递送幽香。栀子花还适宜装点女孩的手腕，随着她们或漫步于街头巷尾，或闲逛于公园小径，那自然的芬芳随行，散播一路的幽梦……

（发表于《教育导报》2024 年 5 月 24 日第 4 版）

爱的山茶花

王　锋

我格外喜欢养花，尤其是经年开花的植物，更甚。随着春天的到来，闲暇间去花市一逛。一走进花市，便瞬间感受到了一股扑面而来的植物香气，还夹带着潮湿土壤的气息。

放眼望去，整个花市里，有各种各样的植物：大的、小的、高的、矮的、开花的、不开花的，真的是应了那句“乱花渐欲迷人眼”。扭头的一瞬，摆在角落的一盆山茶花吸引了我的注意，虽然它的植株不高，但是茂盛而油亮的叶片长满了整个枝干，好像一把墨绿的油纸小伞。叶片的留白处分布不均地盛开着一些淡粉色的花朵，如同一个个娇羞的江南水乡的姑娘藏在了伞下。

我越看越喜欢，情不自已地俯下身，大口大口地嗅了嗅，才发现这香气既不像玫瑰那般浓郁，也不像茉莉那般清甜。它是一种独特的清香，淡淡的，却足以让我着了迷。

这不争不抢的香气让我想起了曾经经历过的关于山茶花的故事。那年，正值阳春三月，我一个人去成都旅行，租了一台车自驾，想去一些交通不便但自然风景很美的地方。我驱车行驶了上百公里，最后来到了一个小村庄。刚一下车，村庄旁那大片广阔的绿油油的麦苗一下子吸引住了我，这让我欣喜不已。正值饭点，我便往一旁的农户家走去，想讨点吃食。

突然间，一株茂盛的植物映入了我的眼帘，它的高度显然已经超过了农家的院墙，满树粉红色的花朵夹杂在绿树当中，带着田野间氤氲的湿气和绵绵细雨。那一瞬，我仿佛走进了人间仙境一般。

这是我初次见到如此庞大的山茶花树。我顿时惊住了。

我莫名地被吸引，不自觉地走进了小院，干净整洁的院子里有几处菜畦，它们用小木棍制成的篱笆围着，菜畦里种着应季的时蔬，小院儿正中竹制的凉棚下放着一张圆形的木桌，桌面泛起了包了浆的深红色。

一个顽皮活泼的四五岁小男孩，正在那棵巨大的山茶花树间来回穿梭攀爬，还时不时“咯咯”地笑着。

这时，一位老人掀开门帘走了出来，嘴里还轻轻地唤着：“你不得爬起，小心摔喽！”

老人个子不高，身材精瘦且匀称，看起来很是硬朗。见我站在院中，他将目光又转向了我这个外来人。我主动上前打招呼：“爷爷，我从这里路过，歇歇脚就走！”

“来嘛，来嘛！娃儿。”老爷爷得知我从外地而来，便热情地邀我留下吃饭。

就这样，我被善意温和地请进了小院，坐在了木桌前，那个活泼的小男孩也好奇地从山茶花树上跳下来坐在了我的身旁。

还没等我再开口，老人又热情地说了起来：“我家老太婆正在烧饭，你不嫌弃的话，中午可以和我们一起吃些。赶这么远的路，怕是饿坏了。”旁边的小男孩也拉着我的衣袖毫不陌生地说：“我家的饭很好吃噻。”

盛情之下，我难以拒绝，便应承了下来。那是我在成都吃过的尤其美味的一顿午餐。在饭间，老人和我聊起院子里那棵庞大的山茶花树。他告诉我，这棵树已经有上百年了，是他家的吉祥树，他小的时候就在树上攀爬玩耍，如今他的小孙孙也像他一样整日在上面玩。这棵山茶花树见证了他和老伴日久弥坚的爱情以及家庭的兴旺。

老爷爷还告诉我，当初他娶奶奶的时候，家里一贫如洗，但是老奶奶喜花，来过他家一次，看到老爷爷勤快能干，便毫不犹豫地嫁给他了。

一阵清风徐来，树叶簌簌地响起，悠悠的淡香又溢了出来。老人缓缓地走向了山茶花树，用旁边放的扫帚将残花向里拢了拢，嘴里还念叨着，“化作春泥更护花”。

接着，他又在树上挑了一朵尤其艳丽的山茶花，走到老太太的侧身，别在了老太太的耳畔，动作娴熟且默契，这应该是他们的一种日常习惯了吧？我心里默想。

他们夫妇二人相互对视，满眼宠溺，小孙孙也在一旁“咯咯”地笑着，让人不由得心生羡慕。

用过午饭，我又踏上了旅行之路，从老人家出来的时候，我捡了一些山茶花摆在了车上留作纪念，看着这些花朵，让我想起了山茶花谦让、寓意美好爱情的花语。顿时，我的心也随之融化了。

老爷爷与老奶奶相濡以沫珍视彼此的爱情，让我对自己的亲密关系重新产生了思考，爱需要在漫长的生活中用行动去表达，更需要在双向奔赴时被呵护，彼此照见，共同成长。

老爷爷把所有的爱都给了老奶奶，而这个春天把所有的温柔都给了那棵山茶花。想到这里，我毫不犹豫地从花市抱起了那盆寓意美好的山茶花，阔步向家走去。我希望这株粉红粉红的山茶花，能把美好的信念与祝愿也传递到我和先生用心守护的小家……

（发表于《北海日报》2024年3月22日第7版）

像夏天般浓绿繁茂

杨　颖

“连雨不知春去，一晴方觉夏深。”行走在时间的阡陌上，一个恍神，才发现春天早已在雨中渐行渐远，盛夏正伴着骄阳连绵不绝地燃烧到了眼前。

夏天里的每一隅，似乎都充满了生命的张力与狂野。菜园里手指大小的青嫩的黄瓜，经过了一整夜的雨，长得胖乎乎圆润润，悠哉悠哉地荡在叶子中间；西红柿像是被人抹了颜料，红得能滴出水来；架上的瓜果连顶头的小花都没来得及凋谢，便已成熟；昨日还在小心翼翼生长的草木，今日早已不管不顾地舒展开了身子……那些深深浅浅的绿，趁着白天黑夜，趁着雨时晴日，摧枯拉朽地铺满了大地。

寻一处幽林席地而坐，喧嚣一瞬间被铺天盖地的绿隔在了远处。身旁只有绿藤新树；辛劳的蜜蜂躲在花蕊里小憩；两只麻雀为了一颗红沙果叽喳地打闹起来；旅燕盘桓吟唱；蝉鸣里混着夏天的温度；雨落空林，草动虫鸣……你听，这便是夏天的声音。它安静得并非悄然无声，它是多么热闹啊。

一沾染上夏天的绿，心也会跟着平静下来，仿佛有一道屏障似的，穿过它，悠然安适的感觉便劈头盖脸地砸过来。时间似乎于此处放慢了脚步，不慌不忙，我们悠悠然地感受着周身的一切——空气中还留有昨夜雨水的味道；清风吹动发丝拂过脸颊，酥酥麻麻的；漫天满地的绿将瞳孔染成了碧色；心跳便成了这隅幽静中最大的声音……风飞叶动之间，心中的每一丝愤懑与妄念，舒畅与衰颓，祈盼与彷徨，皆毫无保留地袒露在这片浓绿繁茂中。心绪的波动犹如一把钥匙，打开了我对生命的觉察、领悟和心动。

忘不了自己曾像密封好的鲱鱼罐头一样，挤在冰冷的地铁里动弹不得；城市里的路那么多，那么长，我却始终找不到方向；繁华的都市却如此荒凉，明亮的万家灯火没有一盏是我的栖身之所……

我像一台没有感情的机器，在时间与名利的催促中，日复一日地打着一成不变的节拍。那时的我忙着追逐遥不可及的东西，却忘了清风是免费的，阳光是免费的，也错过了路边小花的盛大绽放，忽略了小猫舔爪子的悠闲可爱……

鹤见佑辅曾在《夏季的旅行》中说："所见的自然界的一切，统用了浑身的力量站起。太阳将几百天以来所储蓄的一切精力，摔在大地上。"是啊，在夏天声势浩大的浓绿繁茂中，每一处都充满了生命的张力与狂野。

柏油路上开不出向日葵，"以后我要怎样怎样"这句话，说着说着，一辈子就走完了。其实人生根本没有我们想象的那么长。所以，去做一个浓绿繁茂的人吧，像夏天那样。去感受吹来的风，去欣赏眼前的花，去聆听路边的虫鸣鸟啾，去爱当下值得热爱的一切……

（发表于《甘肃农民报》2024 年 6 月 18 日第 4 版）

（发表于《溧阳时报》2024 年 7 月 15 日第 7 版）

棋局消夏

王　锋

我其实不大会下棋，但这并不妨碍我去感受这一小方天地里暗藏的偌大玄机。

要说漫长夏日中的惬意事儿，下棋定能排上名来。棋在古代就被众多人喜爱。宋代苏东坡在他的《阮郎归》里便提到了“绿槐高柳咽新蝉。薰风初入弦。碧纱窗下水沉烟。棋声惊昼眠。”绿树成荫，蝉声阵阵，碧纱水雾，弦乐随风而动。在这个生生不息的好季节里，“嗒”的一声，棋子落盘惊扰了夜眠。如果不下棋，漫漫长夜该如何度过?

如果夜晚下棋是为了打发难挨的长夜。那么夏日的午后就一定是退休的大爷们不能错过的时刻。一群上了年纪的老人，头顶草帽，身着汗衫，手提大号水杯，在炎炎烈日之下寻找一处茂密遮蔽的凉荫，手中拿捏着包浆后温润清凉的棋子。悠哉乐哉，好不痛快。

这个时候，不管是退休的知识分子还是普通的群众，统统将全部身心都投入在了棋盘上，浑然忘了时间的流逝，忘记了身份。树叶随着风轻轻摩擦簌簌作响，同时伴随着“嗒”的落棋声，就恰似一池的湖水随着这一声脆响荡开了涟漪，而这快乐的涟漪在这方寸的厮杀间传递给了下棋的人，就连围观的人也被丰盈了心田。

浮云苍狗，酷暑难耐的夏季，人很容易心浮气躁。如果能寻到一件自己喜爱的事情，专心地做着，心情也便在这流逝中淡然和遗忘。于是，下棋成了众多娱乐活动中不可缺少的一种。

清代的玩家李渔有一个观点：善弈者不如善观棋者。与其在棋盘中博弈得你死我活，不如当个旁观者。而我作为一个旁观者，时常夏日午后闲暇无处可去，便会坐在公园里遮阴下棋的大爷旁，听着他们在棋局间朗朗而谈博古通今，我似乎也醍醐灌顶，余味无穷，甚至还能体悟出一些不同的人生智慧和奥义。

看似小小的黑白二子在这一小方天地间立体地呈现出了阴阳的交葛，经纬纵横的棋盘上诸多个交叉点，实则是联合，却处处暗藏变幻。棋子起露走法的不同，棋盘上便会呈现出截然不同的面貌，再小的一步，可能都会不经意影响到整个结局。

这漫漫人生路，纵横捭阖，浮浮沉沉，输赢都在弹指一挥间。棋如人生，人生如棋，胜固欣然，有趣的体验过程和经历，败亦不是可喜？

我们何不在这个酷热难耐的夏季去凉荫里坐观几局棋，去细细品味时光的消逝和流转，以及把命运把握在自己手里是多么的有趣……

（发表于《黄海晨报》2024 年 6 月 14 日第 14 版）

与繁星一同聆听夏夜

唐瑶瑶

夏日里最舒畅的莫过于入夜后乘凉。搬一张大竹床往屋前一放，四仰八叉往上一躺，凉风一吹，暑气瞬间全消。

举目看星。夜空之上，那无数半明半暗的星星，交织出一幅梦幻的天穹画卷。明末清初学者顾炎武曾说"'七月流火'，农夫之辞也。'三星在户'，妇人之语也；'月离于毕'，戍卒之作也；'龙尾伏尘'，儿童之谣也。后世文人学士，有问之而茫然不知者矣。"而我，与文人学士相差甚远，倒是"茫然不知者"这一描述正与我相符。天上星星那么多，我一颗都叫不出名字，可有什么要紧的？这完全不影响它们在我心海中那波光折射的美。

闭眼静卧。天上的繁星，你且和我一起听听这夏夜的声响吧！

那鸣声清幽，如丝竹声声，是纱衣使者竹蛉吧？它的声音时而高亢，时而低沉，宛如一首颇具韵味的小曲，闻之心静。蝈蝈的鸣叫亦不绝于耳。"诜诜兮""薨薨兮""揖揖兮"，千年前的一首《螽斯》，早已将它的声音镌刻在时光之中。叶螽叫起来倒不像虫子，而像鸟鸣，百啭千声。它在草间悠游自在。纺织娘的声音最易辨别，"哒哒哒"像一台不知疲惫的织布机。同样不知疲惫的还有电报蛉，"叮铃铃"，如同小时候催着上课的铃声，声音连续而急促。土狗子的声音便要低沉舒缓许多，有点像人练气泡音时的喉音，"嘀嘀嘀"。土狗子不是狗，是一种昆虫，学名蝼蛄。它很聪明，会挖出状如喇叭的洞穴放大声量以便配偶听到它唱的"情歌"。

昆虫各自用独特的音韵编织着夏夜的梦幻。如果说它们的鸣叫声仿若乐队中诸多角色的协奏，那青蛙则是这支乐队里当之无愧的鼓手。它以其雄浑而有节奏的鼓点，为整个乐队增添了力量与活力。辛弃疾曾写“稻花香里说丰年，听取蛙声一片”。写的就是夏夜蛙声。那需得是远远地听，此起彼伏的蛙声才会连成一片。倘若像我一样，青蛙时不时在竹床边蹦来跳去，那蛙声会以另外一种面貌呈现：呱呱呱……那是一个个单独跳跃的音符。青蛙从竹床边路过，并不会停留太久，有时跳回稻田中，禾苗发出窸窸窣窣的轻响；有时纵身一跳，跃进池塘，水花溅起“扑通”声。

外公外婆在屋内闲碎细语，说着明天早上几点起来生火做饭，说着明天白天是禾田除虫还是菜地锄草，说着寻常日子里琐屑的家长里短。孩童尽情撒欢，沿着田间纵横阡陌你追我赶。嬉闹声在空旷中不见吵闹，反而让这夜活泼了起来。夜再深一点，就能听到孩子父母的呼唤声了：“伢子（妹子），回家睡觉啦……”

天上的繁星啊，听到那声声呼唤，你会用微光照亮孩子回家的路吧？和我一起听了这么久，这大地上遍布的声响你可喜欢？我可真喜欢啊，造化神秀，烟火人间，尽在其中。

（发表于《兰州晚报》2014 年 7 月 18 日第 16 版）

夏日流萤

王　锋

依稀记得，小时候每到夏夜，满天星空闪烁时，一家人坐在院子里乘凉的情景。空旷的大院儿里，小小的我侧伏在母亲的腿上，在皎洁明亮的月光里听着母亲给我讲星星的故事。经常，还没有等故事讲完，不知从哪儿悄悄地飞出几只萤火虫，恰似流动的幻影。而听故事的我，早就没了耐心，心里就只剩一个念头——要把这流萤，握在手里把玩个够。

随着夜色一重重暗下去，隐匿的流光便一点点飘散开来，起起落落，明明灭灭。母亲在身后追着唤我："该回屋睡觉了！"

"我就不，别管我！"我自顾自地一边追逐，一边回道。

倔犟执拗的我，只顾着玩耍，却丝毫不顾及母亲的感受。玩累了，便终于回屋躺在炕上，这时，母亲一手摇动着草扇一手抚摸着我的发，我便轻轻地进入了梦乡。

一眨眼，很多年已过，母亲身体大不如从前。一天夏夜，母亲突然发病进了急诊，到了凌晨三点检查才结束，母亲虚弱地躺在病床上，像个孩子一样倔强，她翕动着嘴唇跟我说，"你回去吧！别管我。"

我情绪急躁地和她对峙："我怎么能不管你呢？我就管。"

为了疏解我们的争执，我莫名到医院的后院去透气。可意想不到的是，在这一刻，我竟然看到儿时见过的萤火虫。那个我在流光中追逐萤火虫的画面，我曾经对母亲说的话，瞬时浮现在我的脑海中。

我突然体会到了儿时我对母亲讲的那句"我就不，你别管我"

的感受，顿时内心五味杂陈，格外酸楚。

想到这里，我连忙回了病房，坐在母亲的身旁，紧紧握着母亲的手对她说:“妈，你还记得我小时候吗？我在院子里抓萤火虫的场景。”

“记得，你可高兴着呢。”说起这个，她顿时笑着看着我。

“妈，我那个时候对您说狠话，让您别管我，您却一点也不生气。今天您住院了，我知道您心疼我，让我别管您。我刚才也深刻反思了，也终于体会到了当时对你说狠话时您的无奈和难过。妈，对不起！”我摩挲着母亲的手愧疚地说。

“傻孩子！妈妈只有对孩子的爱。”虚弱无力的母亲回应着我。她的话就像儿时萤火虫的流光那样，美好得让人心生希望与力量。

我曾一直盼望着在夏日再见到这特别的飞虫，可许多年都追寻无果。这一次，竟然在医院的后院又看到了儿时的流萤，让我始料未及，欣喜万分。

母亲用她无私的爱，保护了我儿时追逐萤火虫的童心，也教会了我如何对自己的孩子充满耐心和温柔。如今，母亲已近古稀，我也会学着母亲的样子，好好照护和善待孩子。

这个夏夜，流萤用它那美好的光束点亮唤醒了我，也提醒我在时刻保有美好回忆的同时，不要忘了活在当下。唯有当下的一切，值得珍惜和好好把握……

（发表于《陕西工人版》2024 年 6 月 12 日第 4 版）

夏夜捉萤记

刘佶洋

童年的暑假，我常回农村与祖父同住。到了傍晚时分，祖父便对我说："你今晚再去塘边荒草丛捉些萤火虫来养在家里，停电时好作灯使。"我早就想去那里玩，便欣然领命，带着工具出发了。

荒草丛距祖父家不远也不近。我到达目的地时，四周已经完全暗了下来，玉盘似的月亮高高地挂在当空。那一池碧水，在微风中把水中的月影揉碎成缕缕银波。在皓月的银辉下，齐腰高的野草丛中，几棵挺拔伟岸的老树擎开了银绿色的大伞，微风吹过，树枝摇曳，树叶"沙沙"作响，和着晚间的蝉鸣，仿佛在听一场交响音乐会。草丛由于树的缘故，没能穿上月亮为其准备的银色衣裳，只能黑着脸默默伫立，但在风中摇曳的姿态却隐约看得出来。我打开手电的弱光，走进了这一大片草丛，这里便是萤火虫的大本营了。

萤火虫是一种既可爱又敏感的小生灵。说它可爱吧，它们成群地从草丛中飞起，那微光好似群星下凡，在草间嬉戏；说它敏感吧，只要受到强光或噪声的刺激，便熄灭"灯光"，潜回杂草底下，再难搜寻了。因此，我把手电筒的光调至最弱，只为自己不被脚下树根草藤绊倒。

记得上回，我也是奉祖父之命来捉萤火虫。那时我受"轻罗小扇扑流萤"的影响，见有几只萤火虫提着"灯笼"从我身边飞过，便用蒲扇去拍。有时拍空了，它们便调暗"灯笼"的光，继续向前飞去，你若在后面挥舞着扇子穷追不舍，稍不留神儿就被脚下的草藤或树根绊倒；有时拍中了，它们被拍到地上，自此收了光，无迹可寻了。因此，我只能空手而回，祖父便教导我，要多学学《三国演义》中的智诸葛，不要学莽张飞。

这次，我该用什么办法逮住它们呢？我忽然想起周瑜对刘备所施的美人计，不知这招在萤火虫身上是否管用呢？我在书中读到过雌雄萤火虫的区别，我扒开杂草仔细地搜寻，真的在草堆里找到两三只用腹部发光的雌性。我把它们捉进玻璃瓶，由于雌萤火虫不善飞行且爬不上光滑的玻璃壁，这样一来，我便可以放心地敞开瓶盖，让雌性用它们媚惑的“灯光”吸引来众多的雄性求爱者了。这招“美人计”果然奏效，在爱情的召唤下，越来越多的雄性萤火虫纷至沓来，于是，我猛地盖上盖子，搞定！

我提着萤火虫做的“灯笼”回家，在村里的凉亭中看见了祖父，老人家正坐在亭中纳凉。我进亭子“交差”，在听了我“智擒萤火虫”的经过后，祖父直夸我机灵。

我很是得意，祖父忽然问我：“你知道萤火虫有什么用吗？”“照明呀。”“那月亮不一样可以吗？”我一时语塞。祖父说：“这种小虫和高高挂在天上的月亮不同，它们是接地气、能照亮小地方的小东西。”我若有所思。祖父接着说：“所以，爷爷希望你将来能和萤火虫一样，不要总想去做高高在上的大人物，要做一个为人民办好实事、扎根基层的小人物。”我点头答应，祖父脸上露出欣慰的笑容。

如今，十余年过去了，村里的那片荒草地虽然没有了，但爷爷的话却时刻在我耳边回响，时刻激励着我前行……

（发表于《贺州日报》2024 年 7 月 13 日第 3 版）
（发表于《滁州日报》2024 年 7 月 17 日第 3 版）
（发表于《揭阳日报》2024 年 7 月 20 日第 4 版）

街巷深处桐花开

张晓敏

老街上头的环山路，是眺望大海的绝佳处。有一条青石铺成的坡路，直通老街的尽头。暮春的一天，我独自从石板路，一步一步向上爬坡，不觉已是晌午，石板路坡陡，走累了，正好歇脚。蓦然间，看见几棵高大的桐花树，长在巷头的院落里。

抬头望去，一树盛放的桐花，如云锦般灿烂，开得热烈而奔放。高大的桐树上，桐花一串串宛如叮当作响的紫铃铛，散发着醉人的香气，这开在暮春的花儿，那么柔和，那么甜美。

桐花的美，还掩藏在古代文人的诗句里。元稹在贬谪的山野寺中，看到一树紫桐花，那遮天蔽日的紫花独在山野，这壮美的桐花无人得见，元稹写诗告诉好友白居易。白居易心有灵犀，写下了“月下何所有，一树紫桐花。桐花半落时，复道正相思。”他想象中的元稹站在紫桐花下，那月色如水，他也正好思念元稹。白居易和元稹是心魂相照的知己。桐花诗词的书信交往，成就了唐诗中的一段佳话，让我更能领悟桐花之美。

我从桐花下走过，闻着浓郁的花香，思绪也瞬间回到了小时候。那时，二舅家院子里种植了十几棵泡桐树，泡桐的生命力让人感到惊讶，只用两三年，便长成了碗口粗，高丈余，亭亭耸立。绿荫蔽日，泡桐树高大，成材快，板材轻，是做家具的好木材。

有一年，母亲说要打家具，二舅家的泡桐树成材快，二舅听说后，二话没说，把开好的板材，送到我家。用泡桐木打好的大衣橱，使用几十年也没有变形，现在还在家中。如今母亲和二舅都已经离

世，我再看到桐树花，自有一股怀念之情涌上心头，

春将尽，这满眼的紫桐花，是赶赴暮春的最后盛宴。不必为花将落而难过，落花本是无情物，化作春泥更护花。

随之而来的立夏，是一个充满生机的节气。在这个节气里，大自然中的万物开始蓬勃生长，给人们带来了很多美好的物候现象。我们应该珍惜这个美好的季节，与大自然融为一体，享受这初夏静美的时光。

（发表于《中国水运报》2024 年 5 月 8 日第 4 版）

秋意正浓板栗笑

操梅林

皖南层层叠叠的山峦中，总有让人意想不到的惊喜，毛板栗便是其中之一。

每到秋意正浓时，我最开心的便是周末父母带我去“打”毛板栗。父母挎着麻袋和砍刀，戴着手套和帽子。砍刀用来开拓山路，蛇皮袋用来装毛板栗。之所以叫毛板栗，是因为它比市场上买的板栗要小许多。毛板栗有棘手的栗苞，像刺猬，所以要戴手套。之所以称之为“打”毛板栗，是因为毛板栗长在高高的树上，即使是高大的父亲也常常攀摘不到。

母亲嘱咐我站得远远的，然后用长长的竹竿，敲打得树梢沙沙作响，父亲则配合着用砍刀敲击着树干。那些藏在刺手栗苞里的毛板栗掉在地上，不一会儿便装满一麻袋。还有一些“笑”开了口的毛板栗，栗苞还挂在树上，毛板栗经不住打击“突突”地掉了下来。剥去棕色的外壳，毛板栗透着诱人的米黄色，一口一口，甜津津，脆爽爽。母亲常说山路难走，让我不要跟着去，我偏不。

回到家，栗苞堆积在院中如小山。父亲用脚轻轻搓捻栗苞，待到栗苞裂开了“嘴”，躲在里面的毛板栗便被放入盆中。母亲起灶生火，冰糖遇热化水，毛板栗在母亲的锅勺下翻滚，甜腻的气味在空气中跳舞。我蹲在锅台边催促，不一会儿农家版糖炒栗子便出锅了，甜丝丝，粉糯糯。毛板栗太多吃不完，部分被挂在屋檐下风干，待到年前年后，不管是当作零食给孩子们解馋，还是板栗炒肉，都不会让人失望。

南京有一家很有名的“糖炒栗子”店，一年只在板栗成熟的秋季才开门营业。店面不大，却总是排着几十米的长队。同事带回排队两小时“限量版”的糖炒栗子，栗子个头大，栗黑色的外壳里也有焦黄色的板栗，甜味十足，两颗便吃饱了。众人皆夸，我却从没排队买过，早没了当年屁颠屁颠跟着父母爬山“打”板栗的劲头。

《红楼梦》里袭人曾提及风干栗子，我觉得极为有趣，大观园里各种珍馐美味，却也有人和我一样爱吃风干栗子。栗子是袭人回娘家时顺手带回，还是芸哥买来孝敬宝玉的，不得而知。远远瞧见怡红院长廊下挂着一筐竹篮，晚风中竹篮轻轻摇晃，垫脚取篮，抓几把风干栗子裹在手帕中带回宝玉房中。灯火下，有人闲聊，有人习字，有人剥栗子。

夜深秋浓，我已多年不曾吃过风干栗子了。

（发表于《团结报》2023 年 9 月 23 日第 6 版）

冬日枇杷树树香

金玉梅

枇杷在我的心里，是一种奇妙又独特的植物，令我心生敬畏。据《广韵脂韵》记载："枇杷，果木，冬花夏熟。"它秋天叶茂枝繁，凉荫浓密；冬天花开朵朵，幽香清冽；春天枝丫小果累累，甚是喜人；初夏满树之果似珍珠似金丸。怪不得世人说枇杷从开花到结果，占尽了四季的风光。

"枇杷，枇杷，隔年开花。"枇杷的花和果之间隔着一个年，枇杷花又称"隔岁花"。宋代诗人赵蕃在《冬日杂兴》里写道："杨柳迎霜败，枇杷隔岁花。"说的就是这个理。

冬日里的花，不仅有凌寒不畏雪的梅花，还有坚强不屈、充满生机盛放的枇杷花。枇杷花是冬季开花最早的植物，南宋诗人洪咨夔的《仲冬九日还可庵谒墓遂入都》中曰："未放梅梢一个春，枇杷花已玉嶙峋。"

在万花凋落、万叶枯黄的时节，枇杷叶正值生长旺盛时期，枇杷花凌霜傲雪，凛然绽放。宋代周紫芝的《十月二十日晨起见枇杷花》诗曰："黄菊已残秋后朵，枇杷又放隔年花。"还有诗句曰："菊残叶落不跟风，酷爱寒冬为客容。"也说明了枇杷花是开在秋菊之后寒冬之里的。

枇杷的花苞呈黄褐色，毛茸茸的，像等待演出的小娃娃们，穿着黄色的小衣袍，活泼可爱，秀气灵动，惹人喜爱。每朵小花又如一个个小精灵似的，簇拥在一起，争相媲美。枇杷花的每一簇花苞少则十几朵，多则几十朵。枇杷花一簇簇地，似一座座黄色小金字塔，隐藏在翠绿的枝叶间，默默开放。

枇杷因叶似“琵琶”，故称“枇杷”。“雨纷纷，叶纷纷，独有枇杷绽芳菲。”枇杷叶在风中摇，苞在雨中笑，花在雪下香。枇杷花盛开时，花瓣白色素雅，香气清幽远逸。它默默地生长，静静地开放，像一位闭门深居的老者，隐居山间；又像我们身边不怕孤独爱学习的朋友，她们“不喜热闹街市，独爱书海畅游”有一首诗就是赞美一个才华横溢的女校书，在枇杷花丛中闭门深居的，是唐朝诗人王建写的《寄蜀中薛涛校书》：“万里桥边女校书，枇杷花里闭门居。扫眉才子知多少，管领春风总不如。”

说到爱学之人，不禁让我想到了我们阅读群里的小伙伴们，她们大多是女性朋友。吃苦、耐劳，是她们的象征。她们如枇杷花一样，默默无闻地发力。她们随着写作的大潮，顺势而上，一边工作一边不断阅读。她们厚积薄发，通过阅读实现了知识变现，实现了副业自由。

枇杷花没有梨花那么洁白，也没有牡丹那么娇艳，更没有梅花那么受宠，但它也深得历代文人雅士颂扬。如唐代诗人杜甫《田舍》：“榉柳枝枝弱，枇杷树树香。”通过描绘生动优美的景象，写出了诗人心境之安恬。唐代诗人岑参在《赴嘉州过城固县，寻永安超禅师房》中写道：“满寺枇杷冬著花，老僧相见具袈裟。”既赞美花，也赞美老僧放弃世俗的生活，戒骄戒躁，淡然自若。南宋陆游诗：“杨梅空有树团团，却是枇杷解满盘。”夸赞了枇杷的功劳。宋代诗人董嗣杲《枇杷花》：“种接他枝宿土乾，花开抵得北风寒。蛹须负雪疑蜂蛰，毛叶粘霜若猬攒。蕤破极冬悬蜡蒂，果收初夏摘金丸。冻香便觉饴如蜜，树掩卢村月色宽。”也写出了诗人对枇杷生命力顽强和坚持不懈的精神的赞美。

枇杷叶长在秋日，花开在冬日，果成在春日，采摘在夏日，经历风霜雪雨的洗礼，只为来年“摘尽枇杷一树金”。我们阅读群里的小伙伴们也是如此，“冬练四九，夏练三伏”，熬得了孤独，耐得住寂寞，只为稳打稳扎，厚积薄发，静静绽放书香的花儿……

（发表于《清远日报》2024 年 1 月 11 日第 7 版）

（发表于《广西农垦报》2024 年 1 月 17 日第 4 版）

（发表于《大河健康报》2024 年 1 月 26 日第 15 版）

繁霜降，秋色深

万　里

霜降是二十四节气中的第十八个节气，是秋季的最后一个节气，此时秋天开始向冬天过渡。进入霜降后，天气逐渐变冷，露水逐渐凝结有霜，顾名思义，称之为霜降。

传言，天神青女是专司降霜洒雪的仙子。九月十九日青女下凡来到人间，手抚一把七弦琴，清音徐出，霜粉随着琴弦飘然而下，洒在大地上，掩埋掉世间一切不洁。其实霜与雪、雨不同，不是天降而是地生，降的是温度，由水凝结而成霜。所以“月落乌啼霜满天，江枫渔火对愁眠”，唐代诗人张继所写的霜满天，许是对霜一个美丽的误会。

我是极爱秋天的，尤其是经霜滋染过的秋，因为秋色更深，秋味也更浓。如果不能细细欣赏一番，实在是可惜，北方的秋色自不必多说，听说北方的霜降时节已经很冷了，有些地方甚至已开始落雪，香山的红叶也红了。这一番景色虽未能亲自领略，但想想就足以惊艳动人。相比起来，南方的霜降有温婉动人的气质，此时大部分的草木仍是绿蓬蓬，不过银杏倒是黄得整整齐齐，干净利落，水杉树更强韧些，南方的霜估计惹不红它。

果子们还是很喜欢霜的，要知道如果没有了霜，枝头的柿子怎么会心软，栗子也不会笑得咧开了嘴，石榴更不会羞红了脸，桂雨也不愿落后，香气弥散到十里之外。

霜降动人的姿色，惊艳的绝不止我一人，历代文人骚客终是没能抵挡，因此引发了不少诗意。汉代东方朔在《七谏》中写道：“何青云之流澜兮，微霜降之蒙蒙。”唐代诗人白居易在《玩止水》写有：“凄清早霜降，淅沥微风起。”宋代江定斋《列岫亭》：“秋深山有骨，霜降水无痕。”霜不同于深冬飞雪，它来得静谧羞涩，不争不抢，谁能抵挡霜降的魅力呢？

乡里的老人常说霜降是一道分水岭，此话是不错的。即便是在温暖宜人的南方，无论江水如何温暖，霜降一过，待水稻收割，小麦播种完成，南方也要开始准备御寒物资了。随着百草开始枯败，在这秋天的最后一站里，看银杏、赏红柿、踩落叶，和秋天做一次深情的告别，毕竟这霜生秋色要想再见到可要等明年呢！

（发表于《夔门报》2023 年 10 月 25 日第 8 版）

暖炉是冬夜的眼睛

董梦梦

我的老家在苏北，冬天来得很早，树叶簌簌落下，打着卷儿在空中飞舞，人们早早穿上了棉衣。

冬季漫长，火炉变成了农村温暖的心脏。

儿时，每年十一月份，爸爸便在厨房支起了暖炉。那是一个陈旧的铁皮炉，中间炉膛填碳，下面有个抽屉，用于倒炉灰。炉口围一圈扎实的铁皮，四周细细地包上带胶皮的废电线，防止刮伤。炉膛侧面开个小口，再套上长长的铁皮烟筒，烟囱在屋内折了几折，穿墙而出，浓烟排在屋外，屋内便能保持干净。

每个寒冷的冬夜，爸爸便会用我们废弃的作业纸引燃火焰，先放木柴块，白烟升起，好闻的松香木便升腾起来。再倒入几块黑黑的木炭，很快木炭便被引燃，发出噼里啪啦的声音。用火钳轻轻一捅，红色腾空而起，火星四溅。

灶上放一个铝制水壶，很快冒着热气，发出欢快的鸣叫声。我们家整整一个冬天的热水都由暖炉提供，我对它充满感激。我和二婶家的弟弟妹妹围着暖炉，铁皮桌上放着干馒头片，炉膛内放着地瓜、芋头、板栗等食物。不一会儿，馒头的焦香混合着烤地瓜的香甜便弥漫了整个厨房，那种香甜的滋味一直充盈着匮乏的岁月。

暖炉如冬夜里明亮的眼睛，源源不断地给予我们热量和美味。

我家的暖炉夜里从不熄火，爸爸会压一点阀门，灶火压低了火头，火焰不大不小，像一只打瞌睡的眼睛，却能使房间整夜温暖。我的房间紧挨着厨房，不关门便有源源不断的热气涌来，让人感觉很暖和。那时电视上的《聊斋志异》正在热播，晚上睡觉时，我窝在被窝里，想着电视剧里的花鬼狐妖，心里不禁一阵惊悸。但有了暖炉的一丝光亮，心中仿佛有了些许慰藉，便能整夜安然入睡。

暖炉如冬夜里慈爱的眼睛，时隔多年，仍能穿透时光的阻碍，落在我满是眷恋的心上。

冬季日短，爸爸便会很早收工。我最期待的就是下雪天，外面皑皑一片，寂静无人，家家户户紧闭大门，在家里猫冬。我趴在窗上，玻璃窗上结着白色的霜花，外面大雪飞扬，北风呼啦啦地吹动着窗棂。直到那期盼的身影由小黑点变得逐渐清晰，是爸爸回来了，手里还拎着两条鱼。

我和弟弟开心地围着爸爸上跳下蹿，吵着要吃鱼锅贴饼，爸爸笑着应声说好。妈妈笑着放下正在纳鞋垫的针线，接过鱼，刮鳞、剔腮、破肚，在整条鱼身上改花刀。那个专门炖鱼的铝制铁锅端坐在暖炉上，只听“嗤啦”一声，菜籽油的香味混合着鱼的鲜香，在小小的厨房里弥漫开来。爸爸不断地往炉膛里添炭，红色的火舌舔着黑黑的锅底，发出咕嘟咕嘟的声音。我们围在锅边，不断地向锅里张望。爸爸看着我们，黝黑的脸上露出了慈爱的微笑。炉焰摇动，将每个人的影子放大缩小，投射在厨房的后墙上，影影绰绰，有种厚重的亲切感。

时间在滴答滴答声中过去，妈妈揭开锅盖，那一刻，鱼的香气直往鼻子里钻。她吹开锅上的蒸汽，从小盆里拿出提前泡好的玉米面胚，有力度地将面饼拍在锅壁上，不大不小，不薄不厚，刚好围着铝锅一圈。锅盖合上时，她用火钳捅了捅炉膛，火焰变得更加鲜红了，映着她不再年轻的脸。妈妈眉眼含笑，告诉我们鱼马上就熟了。这一刻，我觉得她前所未有的温柔。

我们围着暖炉而坐吃鱼卷饼，热气升腾，浑身滚热。爸爸调小暖炉，让鱼一直咕噜着。蒸腾的锅气、微曳的炉火，每个人的脸上都洋溢着喜气的红色，屋外大雪纷纷，屋内盈盈如春。我们家人围坐的温情场景，深情而炽热。

后来，我们一家搬到了县城，暖炉在日常生活中渐渐隐去踪迹。城里有了地暖，也有美味的火锅，但我总觉缺少家人围坐、灯火可亲的感觉。我时常怀念起儿时温暖快乐的时光，在我心底，那暖炉永远在燃烧，就好像无数个暖暖的冬夜，涌动着火红的丰盈和感动。

（发表于《黄海晨刊》2023 年 11 月 24 日第 15 版）

立冬有暖阳

万　里

立冬，冬之始也。《孝经纬》曰：“斗乾坤，为立冬，冬者，终也，万物皆收藏也。”立冬日，霜重雪凝，河水冰封，天寒地坼，西樵石凝霜，围坐火炉煮老茶，闲话旧时文人诗家，这应是发生在北方。在南方，即使是在寒冬腊月，枝头仍有生命的脉络在坚挺。但对我而言，立冬后，今年的冬季才算是正式降临。

一直以来，我对冬的印象颇为单调，不喜，只觉无边无垠的空旷，没有“乱云低薄暮，急雪舞回风”的壮阔之景，亦没有“六出飞花入户时，坐看青竹变琼枝”的娴静。只是温度的骤然而下，冠以冬的名号，实在索然无味。少时曾读过《沁园春·雪》，其所描写的壮丽的雪景，顿时觉得纵横千里，心神往之，与江南的冬景极为不同。

在南方，下雪之地极少，立冬至小雪期间，还会呈现出春三月的温暖天气，俗称“小阳春”。白居易在杭州期间曾写道：“十月江南天气好，可怜冬景似春华。”作为地道的南方人，儿时也意外见过两场鹅毛大雪，近几年雪色越发地少，虽已临近立冬，但气温依旧维持在二十摄氏度以上，这样的天气，围炉煮饮却掀起了一股热潮。

古书有载：“暖炉生火早，寒镜裹头迟。融雪煎香茗，调酥煮乳糜。”围炉煮茗自古以来就是雅事，就连郁达夫也说：“凡在北国过过冬天的人，总都道围炉煮茗……”在江南融雪煎香茗是不成了，后来就逐渐变成了围炉煮茗，负喧闭目坐，古时称晒太阳为“负喧”，喝着茶晒晒太阳却也不俗。思毕，我捧起一杯暖茶，立于窗前，久思不已。

突然，我看见一缕缕斑驳的光影透过窗子，跃进我的屋子，跳到了我的被子上，顿时，一股芬芳溢了出来，我整个人也欢喜了不少。于是我便决定出去走走，走出屋去，去村落，去古城，去湖边……去拥抱这一抹抹旭日暖阳。

我漫步于青石板路上，光在我的指尖雀跃着，日光如瀑，为万物披上了一件金色的外衣，微风拂过，也带有一丝暖意。而我，走累了就寻一处店家，来一杯热饮，晒晒太阳或同当地老者一同坐在阳光下话家常，看着阳光透过叶隙星星点点洒在地上，落在古城的墙上，铺就在我的身上……

这让我突然又想起了欧阳修先生在《醉翁亭记》里所说的："四时之景不同，而乐亦无穷矣。"是呀，于无味中寻有味，于小景中品大美，于万象无息中闻百音，在平淡里尝百味，这才是生活之情趣所在。而这种情趣，是温暖，是爱意，亦是力量。我也相信：今日立冬，必有暖阳相伴……

（发表于《兰州晚报》2023 年 12 月 5 日第 16 版）

冬天的猫

陈梦瑞

冬天的夜晚，北风萧萧，路上的行人少之又少。我一个人走在回家的路上，正想着要不要顺路去市场买一些明天早饭的食材，突然，被一只小橘猫拦住了去路。

这只小橘猫大概有两三个月大，清冷消瘦，脸和身上的毛又乱又脏，尤其是两个内眼角还留着黄色的分泌物，一看就是个小“街溜子”。可当我停下脚步时，它便赶紧把脸贴在我的鞋子上蹭。我猜大概是天气冷了，它找不到食物，实在是走投无路了，才会找人类讨口吃的。今天它的运气挺好，我口袋里正好有一根火腿肠，可以请它饱餐一顿，而且便利店离得也不远，我还可以请它再吃点鱼肉饭团之类的，填一填它瘪瘪的小肚皮。

见我掏出火腿肠来，小橘猫闻着味儿激动地围着我打转儿。它虽然饿了，但还是舍不得用爪子抓我一把来催促我赶紧把肠放下来。我把火腿肠掰成几段放在路边请它吃，它“喵”了一声就迅速低头吃了起来。为了不打扰它用餐，离开前我补充道：“你赶紧吃哦，不要让大猫把你的饭抢走啊！”它抬头看了我一眼，虽然没有说话，但是用餐速度明显快了很多。猫咪，真的是很有灵性的动物。

记得儿时，母亲曾给我讲过一个故事。在冬天，有一群小猫失去了妈妈在森林里流浪，它们边哭边唱：“我嘴里渴，肚里饿，想睡觉，没有被子！”终于在善良的仙女的帮助下，它们找到了一户人家收养，结束了流浪的生活。这个故事总让我觉得冬天的猫和其他季节的猫有所不同：其他季节的猫总是闲闲地晒着太阳，饿了就去找些东西吃，渴了就去小区或者公园的水池里喝一口。可是冬天就不一样了，能吃的东西突然减少，连垃圾堆都会结上一层厚厚的冰。更别提喝水了，北方的流浪猫在冬天找一口干净且不结冰的水，是真的难。

听人说，流浪猫中十之六七会挨不过冬天。这让我在心里更牵挂起这只萍水相逢的小橘猫。真希望它今晚吃饱以后能找到一个暖和的被窝，明天太阳升起的时候能顺顺利利再找到食物和水，平平安安地度过整个冬天。

其实，我今晚还有一句话想讲给饥饿的小橘猫，也想讲给被生活折磨到疲惫不堪的自己："我们一起加油，没有过不去的冬天，我们也终将会迎来温暖的春天……"

（发表于《山西晚报》2024 年 1 月 11 日第 15 版）

大山里的蜡梅香

罗民燕

最近一周，我所在的城市，日日好风光。

早上在公园里跑步，一树蜡梅花下，驻足着一位年轻女孩，她抬头凝视着枝头的花蕾，专注而深情，仿佛周遭的一切都按下了暂停键，唯有那朵朵娉婷，在冬日的阳光下明媚而生动。

她左手摊开速写本，右手握着画笔，在纸上不停地勾勒，画几笔，抬头便看看，再画几笔，又抬头看看，如此反复。她看着蜡梅，蜡梅也看着她，两两相望，像是要融为一体了。

阳光透过枝叶，淅淅沥沥地洒在她俊俏的脸庞上，有一种与世无争的宁静与悠远。我一直以为，爱花的女孩都是美好善良的，她们的灵魂里，藏着花香，住着花魂。

这让我突然想起一位老师来。

那年，我在大山深处的一所乡村小学上四年级，当时陪伴多年的班主任被调走了，几十个同学万般不舍，只能无奈地掉眼泪。几天后，一个二十岁出头的年轻女老师走进了教室。她长发披肩，如倾泻的瀑布，双眸干净而清澈，像额尔古纳河畔的河水一般。

这个从城里来支教的女老师，从此走进了我们的课堂，也走进了我们的心。她喜欢花，在她的办公桌上，有一只小小的玻璃瓶，每天都有不同的花插在里面，蔷薇、水仙……有时候甚至只是一根狗尾草。

她的衣襟上，也总喜欢别着一朵花，黄果兰、栀子花……每次从她身边走过，总有一股幽香袭来，甜蜜而芬芳。

在那个贫穷年月里，父母都忙着田里的庄稼，根本无暇照顾孩子。每天只要能给孩子吃饱穿暖，就已经很不错了。所以那时的我们，一个个脏得像小花猫，一到冬天，手上、脚上、耳朵上全是冻疮。

记得一个冬日，天寒地冻，屋外的雪下了一层又一层，白皑皑的一片，北风像一头凶猛的狮子，整日没完没了地咆哮着。

而我们的女老师端着一盆热水走进教室，笑呵呵地说："孩子们，天太冷了，我们的手都快冬眠了，快来暖一暖吧！"

我们朝水盆看去，只见几朵黄灿灿的蜡梅花泊在水面上，好像冬日里所有的香，都藏在了它小小的肚子里，吸也吸不尽，闻也闻不完。一瞬间，黑板被染香了，课桌被染香了，地上的雪被染香了，连路过的风也被染香了。

我们的小脏手在水里舞动着，蜡梅花似一条条小金鱼，也跟着欢蹦乱跳，嬉笑声在教室里荡漾开了，仿佛所有的寒意都在花香中退去了。

她的到来，一点点减轻了我们失去班主任的疼痛；她的到来，如同花开一般，让我们的日子，有了明媚和芬芳。

如今，二十年过去了，每次路过花店或者公园，看着一簇簇花开，我总不由得会想起大山深处，那位喜欢花的女老师。顿时，我的身前身后，仿佛正流淌着一条温暖芬芳的河……

（发表于《淮南日报》2024年2月29日第3版）

腊月里的吉祥“谐音梗”

苏笑俐

“腊月说吉祥，一年胜一年。”记忆中的儿时，一到腊月，母亲就会把这句话挂在嘴边，提醒我这调皮的孩子，在腊月里一定要多讲吉祥话，欢天喜地来辞旧迎新。

幼时的我知道在腊月这个特殊的月份，大人不仅不会生气，还会想尽办法来哄着自己，生怕孩子做出破坏喜乐氛围的事儿。我为了尽享母亲温柔的爱，在腊月，净说些惹她生气的晦气话，干一些惹大人跳脚的调皮事情，引得自己捧腹大笑。而母亲也自有妙招解决，最常用的就是“谐音梗”。

小时候，母亲会特地在腊月前夕找我谈话，郑重地跟我说清楚，进了腊月门，好话多说，坏话不说，尤其是“死”“没”这些字眼，调皮捣蛋的事情不能干。这对于我来说，不是明摆着让我说这些字嘛！

“妈妈，这是死猪肉吗？”“妈妈，这是死鱼吗？”每到饭点，我都会在厨房大声喊着禁忌词。母亲像是已做好准备似的，提高了声调说：“宝，是事事如意五花肉、年年有余红烧鱼。”“死”字竟然调皮失效，我的眼珠子轱辘一转，转过身藏起厨房里的勺子，大喊：“妈妈，家里的勺子怎么没了呀？”妈妈笑嘻嘻地回应：“宝，那是‘梅’开五福。”

语言调皮这招眼看无效，我故意又把碗放在桌边，假装不小心打碎。母亲闻声，乐呵呵地说道：“没关系，宝，岁岁平安。”后来，幼时的我觉得调皮已了然无趣，也是为了新的一年能有个好彩头给自己，也有模有样地学起了母亲，说起了吉祥话，做起吉祥事。

如今，我已为人母，面对着调皮的儿子，我也学着母亲的样子，告诉儿子，到了腊月，要把吉祥如意挂在嘴边哦！还学着母亲做起了吉祥菜。豆腐的“腐”与幸福的“福”谐音，被寄予了新年要“富贵”的希望；年糕的“糕”与高升的“高”同音，寓意着新一年步步高升，祝愿新的一年里生活和工作都能更上一层楼。尤其是年夜饭，也会提前叮嘱家里人，无论什么菜都要多留一些，寓意着“富裕”。

这些吉祥“谐音梗”风俗，凝聚了老一辈人千百年来的智慧和经验，也寓意着人们对新年的期盼和祝愿。愿此去经年，在每个深冬腊月，在喜庆的年味中，静待烟火丰程，明天更好……

（发表于《中国水运报》2024 年 2 月 5 日第 4 版）

小寒时节忆友人

李雪梅

有一天，接孩子放学回家的路上，他突然提出，要在小寒来之前送同桌一条围巾，而且是他自己亲手织的，让我教教他。我被逗乐了，好朋友之间送礼物没问题，关键是，为什么要特意提到在小寒来之前送呢？

孩子嘿嘿一笑，说是听老师讲的，二十四节气之一的小寒可厉害了，它到来的时候，就是一年里非常寒冷的日子。因此，他跟同桌约定，要在这个寒冷的节气来之前，送给对方一条温暖的围巾，以此鼓励对方，冬天虽然寒冷，但也要好好用功。

我一听，有意思，孩子们这份心意更是难得，肯定要支持嘛。看到孩子开心的笑脸，我也跟他分享了我和好朋友之间的一件趣事。恰巧，这件事也跟小寒有关。顿时，记忆的闸门便被打开了。

我的老家，在四川一个偏远的小山村里。儿时，家里条件差，整个冬天都没有围巾、手套之类的保暖物品，衣服能穿暖和就不错了。因此，我的手总是会长冻疮，肿得像红萝卜似的，经常被同学们取笑。于是，我很是羡慕那些拥有围巾、手套的同学，也十分渴望在每个寒冷的冬天，能拥有一双属于自己的温暖手套，但也就是羡慕而已。

都说小孩的心思藏不住，我这份渴望应该太过明显，居然被我的同学李惠识破了。李惠是在我上小学二年级的时候转学来的，老师安排她跟我坐同桌。后来，我们便成了好朋友。

那是在我们三年级上学期的时候，那个冬天冷得让人瑟瑟发抖，还没到冬至，我的双手就都长了冻疮，又红又肿。我害怕别人看到，总是尴尬地缩进袖子里。放学后，李惠突然问我家里有没有淘汰掉的旧毛衣，她说自己会织手套，可以教我织一双手套，这样我的手就热乎了。我一听，有道理呀。回到家后，我立即在放衣服的袋子里找旧毛衣。可翻了半天，硬是没找到。因为旧毛衣都被奶奶拆了重新织毛衣了。

次日，我沮丧地把“坏消息”告诉了李惠，哪知她笑了笑，随即从书包里掏出一节毛衣袖子，说是从她家里的旧毛衣上拆下来的，也不知道拆出来的毛线够不够用，说要是不够，她就再把另外一只袖子也给拆了。我感动得一塌糊涂，一想到就要能拥有手套了，很是兴奋。

于是，每天放学后，我们都会躲在学校织十几分钟的手套才回家。就这样持续了大半个月，那年小寒当天，手套终于织成功了，我俩成就感满满，非常开心。虽然手套织得马马虎虎，还有很多线疙瘩，但确实顶用。正因为有了那双手套后，我再也不用扯袖子将“萝卜手”遮遮掩掩了。

此后，每当想起与好朋友之间的点点滴滴，再寒冷的冬天，我的心里都是暖暖的。

想到这些，看着眼前的孩子，我的眼眶湿润了。

（发表于《东南早报》2024 年 1 月 6 日第 10 版）

备新衣，过新年

谢明珠

要过年了，买新衣了，周末带着一家老小逛街买新衣去。母亲一路念叨着："我有衣服穿，就不要买了，你们自己买吧。"我们都知道老人是舍不得花钱，但新年备新衣新气象，故还是拉着她一起去了。

甜妞是最开心的，她一路上左手牵着我的手，右手牵着爸爸的手，蹦蹦跳跳，小嘴巴也"叽叽喳喳"说个不停。一会儿说要吃糖葫芦，一会儿说要吃大餐，不过她所谓的大餐就是麦当劳，对于买新衣服倒是没有太大的感触，只要我们买的她就喜欢。这样一家人出门逛街，快乐最重要。

记忆中，过年穿新衣是一直以来的风俗，也是一年来最期待的时刻。小时候家里条件有限，平日里很少会买新衣服，冬日的保暖衣是母亲扯了棉布请人做的，而毛衣也是母亲买了毛线自己织的，如果小了就拆了重新织，不过母亲的巧手每次都能织出不一样的图案，小时候，胸口的图案总是各种小动物、花朵等。长大一点了，没有这些稍显幼稚的图案，但是她会用各种针法改变毛衣的纹路，有时候是套头，有时候是开衫，在有限的条件下，母亲总是尽可能地让我穿得美美的，以弥补我没有新衣穿的遗憾。

那时的我尤为期待过年，那就意味着母亲会带着我去逛街买一身新衣服，从衣服到裤子，再到鞋子袜子，如果母亲心情不错，她可能还会给我买点其他的。买了衣服拿回家，放在衣柜里，我每天晚上都会拿出来放在身前比一下，站在母亲的老式三门柜的镜子前左右照，最后舍不得再放回衣柜。然后扳着手指头数日子，看看还有几天才到大年初一。

一直等到大年三十晚上，我才会迫不及待地把新衣服拿出来放在床尾，以备第二天一早起来就能穿上它们。第二天，天还没亮，外面就已经响起了鞭炮声，我也早早地醒了，兴奋得睡不着，想起床，侧耳倾听父母的房间里还没有任何响声，知道他们还未起来，我只能耐着性子在被窝里辗转，直到听到母亲起来的声音，我才坐起来，迅速穿好毛衣，保暖背心，最后才小心翼翼地拿过新衣穿上，跑到母亲那里去给她拜年。

这时母亲总会笑我："平时可没见你起这么早。"说完便会笑嘻嘻地给我一个新年红包。

如今，虽然这些事已经过去了二十多年，但在我的记忆中却依然清晰，就连母亲的笑声，也仿佛回荡在耳边。

现在我长大了，自己赚钱了，想什么时候穿新衣服都可以，对过年的感觉也越来越淡了，可我依然会在过年的时候买新衣，唯一的变化就是小时候是母亲带着我买，而现在是我带着母亲和女儿一起买……

虽然，穿新衣服早已经成了一件简单的事，可过新年穿新衣的风俗一直保持着，特别是针对孩子，就连平时最节俭的母亲都会再三叮嘱，一定要给甜妞买新衣服。

大年初一穿上新衣、新裤、新鞋，带着孩子给长辈拜个年这是传统，要永远保留。

现在家人的新衣都已经准备好了，就等着新年那天穿上，过一个热闹喜庆的年。

（发表于《黄海晨刊》2024年1月30日第15版）

年关三味

陈梦瑞

年关为什么叫年“关”呢？带着探究的心，我翻阅了字典，其对“关”有着这样的一条解释：比喻重要的转折点或不容易度过的一段时间。我不禁莞尔，世间还有什么事儿是比新年旧年交替更重要的转折点呢？如此看来，年“底”只强调了旧年的结束，“新”年只表达了来年的开端，只有年“关”恰如其分地讲述了它不同于其他时节的“味道”。

年关有“新”味。老话说：辞旧迎新。在年关里，会常听到“你买新衣服了吗？”“家里的碗筷旧了，新年用新的！”类似这样的言语。连大街上的背景音乐也适时地换成“过新年，过新年，新年到都团圆”这样的歌曲。如果要统计这段时间的高频词，“新”一定稳居前三名。人们喜气洋洋地奔走在集市、商场选购着各类商品，与其说他们是在购物，不如说是通过置办一件件崭新的物件，正在无声地讲述着自己在旧年的酸甜苦辣和对新年的殷殷期盼。

年关有“忙”味。我来山东生活以后，惊奇地发现这个地方的方言有个词叫“忙年”。同事互相问候时也捎带问一句“你家里开始‘忙年’了吗？”从那之后，我便喜欢上了“忙年”这个词，过年的事情可不就要忙起来吗？这样的事情大到全家的年夜饭大扫除，小到孩子们的灯笼糖果零嘴，都得有人来一件件管，一样样去买，这么多的活儿，一个人可办不成，非得举全家之力不可。

家里有耐心又会讲价的人当“采购员”，细心又爱清洁的人当“卫生员”，擅长厨艺的人做“炊事员”，每个人都有自己的“工作任务”，就连牙牙学语的孩子都有一个学会说“恭喜发财”的“工作指标”，就是要热热闹闹地忙起来，忙起来才有年味儿。

年关有“人情”味。进入腊月，家里长辈就会念叨“快过年啦，老家的亲戚又要来串门啦！快去多买些瓜子炒糖，得提前准备起来！”孩子们童言无忌道:“他们这一年都没来啦,还记得咱们吗？”大人笑骂一句，“这是什么话！过不了几天，他们一定来！”说完，再痴痴地看一会儿大门口，目光炽热到仿佛要把门板灼穿，好看一看住在村里的二舅家今年冬天有没有烧热暖气，看一看住在城市另一头的小妹有没有备齐年货，看一看在济南上大学的侄子有没有买到回家的高铁票。最终，心头的万般滋味汇成一句话“好久没见了，真的想念！”于是，一年到头因生活忙碌而忽略的“人情味儿”，在这个时刻愈发浓重。

人生本就是不停遇见又不断分别的过程，尤其是在年关，见人见景，感触尤深。我从不怀疑人间缘分随风起，旧年里每一段没有被妥善放置的关系，因为有了年关的味道，即便是忧郁的人，也会受到鼓舞，多一分“过去往事皆不提，新年迈步从头越”的勇气。在年关里，不仅藏起了旧年的亲切，更是鼓励人们在新的一年里不惧、不畏、不彷徨；且安、且喜、且明朗。

（发表于《山东工人报》2024 年 2 月 7 日第 4 版）

热爱，让日子活色生香

张文竹

求学、工作、结婚、生子似乎是大多数人必然要走的人生轨迹。日复一日，年复一年，我们每天都在拼命向前奔跑，唯恐落在后面。日子久了，难免会变得麻木。而热爱，就像丢进这潭死水中的石子，让我们的生活漾起了一圈一圈涟漪。

泰戈尔曾说过："我们热爱这个世界时，才算真正生活在这世上。"当你找到了你所热爱的事情时，你就会不惜付出时间、金钱、精力，全力以赴去做好它。或许最后，你的收获和付出可能并不成正比。但是，你在其中却会感到幸福，因为你的生命被点燃了。这或许就是热爱吧，我想。

每到夏天，爷爷的菜园总是一派生机盎然的景象。一个个带着嫩刺的黄花藏在绿叶下面，好像在和你玩捉迷藏呢。一畦畦的韭菜像被墨染过一样，翠绿翠绿的。圆鼓鼓的茄子黑得发亮，真让人欢喜。尤其是那架满小院的苦瓜藤，更是为小院搭起了一道天然的绿色屏障。烈日透过密密麻麻的藤蔓和枝叶，投下了斑驳的影子。而这些可爱的精灵，每一个都离不开爷爷的精心侍弄。虽然爷爷年轻时就患了风湿病，两腿站都站不直，每走一步都很困难，但是由春到夏，从松土、育苗到移栽，从施肥、浇水到搭架、除草，每一步他都不敢有丝毫的怠慢。

家人怕爷爷太辛苦，总劝爷爷说："您都七十多了，就别折腾啦，想吃什么菜，告诉我们就行了，我们去买。"可爷爷总是笑着说："能让你们都吃上我种的菜，我心里高兴呀，受点累怕什么。"

对种菜的热爱，让爷爷从生活的琐碎中感受到了幸福。

我上初中时，没有参考资料。每到寒暑假，我都会坐在书桌前，拿出一个厚厚的本子，把这学期老师讲过的重点分门别类地整理在上面，任何一个学科都不放过。直到做完这项工作，我才敢放松。我还经常把要背的古诗抄在纸上，边走边背，等我走到小伙伴家时，这首诗也背会了。原来，正是对知识的热爱，让我投入而专注。而也是这种热爱，伴随我走完了求学之路。

读研时，我们专业有通过汉办出国做汉语教师志愿者的机会。有机遇的地方就有挑战，名额有限，只有顺利通过面试、体检、培训、考核的人才能被派出。而派出后，我们还要顶着压力一边工作，一边完成硕士论文的撰写，这就意味着我们要付出常人双倍的努力，才能顺利毕业。当时，我怀着对对外汉语教学的热爱，毅然决然地报了名。经过一番刻苦的努力，我被录取了。但是当我从培训中得知我们可能会被分到蚊虫肆虐，甚至可能会感染登革热的地区时，心里打起了退堂鼓。但想到我在那儿会收获教学的成就感后，我没有退缩，而是以积极的心态为应对这些不测做了充分的准备。正是我对传播中华文化和探索未知世界的热爱，才让我拥有面对困难和挑战的勇气。

工作后，我又爱上了阅读和写作。闲暇时，泡一壶清茶，捧一本好书，沉浸在书香的世界里，让我度过了无数个原本漫长的夜晚。

心怀热爱，何其有幸？是热爱，让我们平凡的日子变得活色生香。愿为生活奔波的我们，都能找到属于自己的热爱，把日子过得活色生香。

（发表于《通州日报》2024年4月9日第3版）

向着美好奔跑

罗民燕

我常被生活中的一些小事打动到，天上飘着的云、林中欢叫的鸟、田里疯长的稻谷、山间流淌的清泉……在我看来，它们都明媚生动，为平凡的生活增添了无限乐趣。

儿时居住在农村，邻居住着一对七十来岁的老夫妇。他们养育了两个儿子，老大早早辍学去了外地工作，遇到一个知冷知热的女孩，便安了家，逢年过节才拎着大包小包回来看看；老二整日游手好闲，到了四十多岁，也没找到媳妇，还跟着老夫妇一起过日子。

他们与平常的农村夫妇一样，日出而作，日落而息，手掌满是厚厚的老茧，脸上是岁月留下的雪雨风霜。他们又好像与平常的农村夫妇不一样，寻常人家，恨不得把每一寸属于自己的土地，都种满了庄稼。老夫妇的屋前屋后，但凡有空余的地方，都“奢侈”地种满了花。

花的种类很多：玫瑰、月季、水仙、蜡梅、桂花……它们在季节的轮回里肆意绽放，大有“你方唱罢我登场”的架势。

每日清晨，老夫妇便早早起来，在热闹的花间驻足下来。捧着这朵花看一看，凑近那朵花瞧一瞧。隔着绿叶和花瓣，他们的笑脸深深烙在了彼此的双眸里。玫瑰打花苞苞了；海棠被小虫子咬了半边花蕾；风信子也开始喁喁私语，好像是商量着要一起绽放，开它个如火如荼。一片热闹景象。

他们看着看着，乐得眼睛里满是星光，脸颊的线条，也变得柔和起来，整个人，似乎也像那些花儿一样。傍晚，他们披着夕阳归家，暮色笼罩着山林、田野和村庄。老夫妇和他们的花花草草，也泊在一片暮色里，宁静而淡泊。村里人说，他们太奢侈，好好的一片地，若是种上庄稼或者果树，得多收获好多呢，可惜啊，都浪费了。老夫妇也不理会，只管沉浸在花海的世界里，独自欢腾。

生活，不可能永远尽如人意，总有些人，在向着美好奔跑，把平凡的日子，活出诗意来。就像那对老夫妇，他们也有他们的艰辛和烦恼，可他们却把日子，活出了自己心中的浪漫，在每一瓣馨香里，迎接日升月落。我常常为这种朴实而温馨的生活，感动得落泪。

偶遇一个花店，店主是个三十多岁的中年男子，圆圆的脸，矮矮胖胖，算不得好看。见我想买花，男子耐心向我介绍，什么花喜阳，什么花喜阴，什么花爱水，什么花耐旱……每一种花草的特性，他都如数家珍，他的语气里，溢满了对花儿的喜爱与深情。

他介绍完后，便捧着一把百合打理起来，小心翼翼，像是一位慈爱的父亲在呵护儿女。阳光洒下，透过树荫，星星点点般落在他脸上，宛如驮着一片云霞。我被深深打动，如此爱花之人，想必在生活里，对待妻子、孩子和周围的人，也是温柔得很吧？

这个世间，花与花是不同的。有的红得像霞，有的白得如雪；有的性子冷淡，有的喜欢热闹，有的钟爱春天，有的“凌寒独自开”。

这个世间，人和人，也是不同的。有的人生于富贵，有的人出身贫寒，有的人身强体壮，有的人孱弱多病。

但是上帝能让每一朵花和每一个人，都有自己的个性和特点，这个世间才会变得美好、绚丽多彩吧？我想。

新春伊始，万象更新。我也会像他们一样，继续向着我的美好方向，奋力奔跑……

（发表于《东南早报》2024 年 2 月 29 日第 13 版）
（发表于《淮河早报》2024 年 3 月 13 日第 5 版）

第五辑

人生风景

只有看得到天高地厚的辽阔

才能深刻理解人世间的无常变化

旅行不仅是探索我们所生活的这个世界

更是一场回归生命本质的游戏

邀你去看人生风景

刘羽熙

用三年的时间，她沿着横断山脉走遍了川西高原的低谷与高峰，走过了三万里路，她时刻都在与川西的雪山对话，聆听着路上牦牛的歌声。七堇年，这个曾经频现于文学榜单的女作家在沉寂三年后，带着她的跋山涉水之作回归众人的视野。

横断山脉，连绵数千公里，横贯整个云南、四川、青海和西藏的高原深处，对身处在都市森林的人们来说，这是一片神秘的原始世界。这不仅是一场用文字描述的旅行，更是用脚走出来的视觉盛宴，和同伴踏上这趟旅程，七堇年向我们展示了一路上的惊心动魄，在山与水、风与雨的风景变换中，为迷途的人生做出另一番别有风味的解答。

这段情节让我印象深刻：当“我”和小伊把越野车停靠在半山腰，正准备煮面做饭时，忽然碰到了正在下山的牧民。他们手持皮鞭，表情严肃地急匆匆赶来，告诉我们这里不能停车。因为等会儿山上会有野生牦牛群跑下来，它们巨大的冲击力可能会撞坏车子，所以催促我们赶紧下山去。然而，时间已经来不及了，不远处已经可以看到群牛下山带来的尘土飞扬。

“我”和小伊仓皇狼狈地端起还在冒着蒸汽的锅逃回车里，屏息地望着这群横冲直撞的来客，心里祈祷它们不要有过剩的好奇心。很快，这群牦牛如流星般奔跑，以势不可挡的能量冲下山来，在越野车的旁边形成了一道沙尘弥漫的风景线。所幸的是，它们对车子并不好奇，路过的牦牛顶多对着后视镜舔了舔就走开了。大约半个小时后，牦牛终于全部下山了，尘埃落定，两个三十多岁的女子这才大舒一口气。

都说风象星座是“浪子”，他们都崇尚自由，热爱自由。身为天秤座的七堇年对旅行格外地热爱，从不觉得写给人生的答案会仅仅在书本中才能找到，这个从新概念作文大赛获奖后就在文坛展露才华的女作家，风格自成一体，用词华美而不失深刻，写心则入木三分，写景则入情于景，成为众多比她年轻的“90后”少年少女青春成长过程中的同行者。

上述惊险刺激的一幕充分彰显了大自然的力量，也让读者与“我”感同身受，深感人类的渺小和脆弱。在面对自然界的威力时，我们只能敬畏并顺应自然的规律。此次经历也让七堇年对野生动物和自然环境有了更深的认识和尊重，让她意识到保护自然的重要性——只有与自然和谐共处，人类才能在这个美丽的星球上生存下去。

只有看得到天高地厚的辽阔，才能深刻理解人世的无常变化。旅行不仅是探索我们所生活的这个地理世界，更是一场回归生命本质的游戏。屹立千年而不倒的怪石洞窟，一次次征服曲曲折折的高峰与低谷，暗夜中看星光闪烁的峡谷与森林……

用三年时间对川西横断山脉的自然跨越，七堇年给我们呈现的是都市生活中见所未见、闻所未闻的自然风物，在“风与峰”“人与星”“路与雪”“信仰与森林”“夜与海”之间的对话与省思，构成了《横断浪途》的另一种世界。在她笔下，这些原本静默的自然之物拥有了另一种生动而丰富的诠释，让我们在都市楼宇的劳碌迷雾中也能和作者一同深入自然、爱上自然。

（发表于《文学报》2024年6月14日第8版）

我的海边书屋

张晓敏

多年前，我在海边小城买了一套一室一厅的楼房，简单装修后便租出去好多年，后来我收回了自住。我觉得这套房依山傍海，楼层视野开阔而且安静，很适合一个人读书写作。于是，我从网上购买了一个书架。

尽管这套房子面积不大，但从那时起，我便有了属于自己的书房。我想给书房起个有寓意的名字，好比杜甫书斋“浣花草堂”、刘禹锡的“陋室”等。虽然房间里没有挂上书房名字，但我的心里早已想好了它的名字。

拥有了属于自己的书房是让我开心的事情。书房对我意味着什么？意味着我终于有了单独的、像模像样的藏书、读书的地方，如今还成了我写书的地方，更是我独处静思的地方。

我住在十楼，透过窗户就能看到不远处的苍绿山峦，看到楼下高大的香樟树、广玉兰、白杨树，也能看到山顶云雾缭绕，傍晚时夕霞满天。

虽说是书房，其实现在藏书并不多。我也会陆续购书，书架上新书自然会越来越多。

夏日里是读书的好时候。清晨拉开窗帘，打开窗户，清新的空气扑面而来，一股脑儿地涌入室内，很是舒爽。此时人声尚稀，只有窗外的鸟鸣和蝉声，最适晨读。夜幕降临，坐在桌边椅子上，或沙发上捧书夜读，看书时间长了，眼睛干涩，再换一种读书方式——听书，打开手机，找到自己喜欢的书名，双目紧闭静听一段文章，在朗读者充满情感的声音里放松心情，获得写作的灵感。

在书房的光阴里，在雨声、风声和鸟鸣的陪伴中，我已读了三本书。《老人与海》《我的阿勒泰》《我与地坛》，这些书都给了我启迪和力量，让我始终保持对生活的热情和理性。

我在这安静的书房里写一些自己的文字，也会独自去海边看潮观海，感受它的自然变化，记录那些曾经偶然触动过我心灵之弦的细细碎碎的东西。

书房是我的精神之所，我喜欢文学，以书为友、以书房为家，是一种福气、一种缘分。读书让我与文学结缘，文学使我魂牵梦绕。书房丰富了我的精神世界，使我一颗浮躁不安的心，在此落地生根，开花结果。

（发表于《金陵晚报》2024 年 7 月 24 日第 13 版）

心，在书香中取暖

简拾陆

夕阳落下了，屋子里渐渐暗了下来，烛光摇曳着，映照着电脑上的文字，窗外的路灯一点点亮了起来，夕阳所剩的一点余晖，把远处的楼宇装上了一圈深蓝色的边框，世界似乎都安静了。

这个冬日，是我陪伴耄耋之年的母亲居家的第三年。我从书架上取来玛德琳·马丁的《伦敦最后一家书店》，问母亲："今天把这本书读完好吗？"母亲点点头。

《伦敦最后一家书店》讲的是：女孩格雷丝父母双亡后，去了伦敦的一家书店打工，本不爱读书的她，因为邂逅了飞行员乔治，又因为乔治送她的《基督山伯爵》开始了阅读之旅。二战中伦敦几乎被炸毁，人们在硝烟中惊恐地活着。那段时间，格雷丝开始在防空洞里，打着手电筒给大家朗诵书籍。后来她成了行走的读书人，在书店，在防空洞，她朗读着书中的句子，慰藉心灵和鼓舞着那些失去亲人的人们，让他们找到生活的希望，用一本本书拯救着他们的灵魂。她就像一束光，让战火中痛苦生活的人们在书香中抱团取暖。

书读完的时候，母亲睡着了，就像小时候母亲给我讲书，哄我睡觉的样子，只是现在换做了我读书给母亲听。听着母亲均匀的呼吸声，我的心格外踏实而温暖。

这个冬天好像格外漫长，雪下了一场又一场，回到书房，重新煮了茶，点了茉莉花香薰，音响里单曲循环着李健的歌《当你老了》："……只有一个人还爱着你虔诚的灵魂，爱你苍老的脸上的皱纹，我留不住所有的岁月……”

随手翻开史铁生的《我与地坛》，我已记不得这是第几遍看这本书。当年二十几岁的少年突然瘫痪，坐在轮椅上的史铁生，一次次走入地坛，理解着生和死亡，努力与母亲离世和解，他把这些赋予笔端，给自己活着的勇气，书中的文字也一次次温暖着我这个读书人。“但是太阳，他每时每刻都是夕阳也都是旭日。当他熄灭着走下山去收尽苍凉残照之际，正是他在另一面燃烧着爬上山巅布散烈烈朝晖之时。”史铁生理解的生是永恒的吧，“夕阳也都是旭日”。

阅读让我们走进另外一个人的世界，在他们的文字中，看到希望和力量，看到勇敢和温暖。

作家毕淑敏在《愿你与这世界温暖相拥》中写道：“一个人将全部身心安置在非凡的状态，才能变成一缕柔纱，与断垣残壁的世界温暖相拥。”

合上书的时候，天早已经完全黑了下来，我和母亲都老了，幸好还有书的陪伴，这一刻，冬日也变得温暖起来了……

（发表于《厦门晚报》2024 年 2 月 2 日第 11 版）

春光烂漫读书天

刘硕存

整个春天，都是生命力独享风采的季节。春日的风拂过新绿的草尖，大地瞬间被喜悦铺满，空气充斥着新的希望。草木蔓发，春山可望，旖旎的暖阳吻过人间的惆怅，不禁叫人着迷。

春景恰如许，读书正当时。闲坐在桌前，翻开一本《人间草木》，良辰美景终成忆，最是草木有深情。汪老聚焦于日常生活的点点滴滴，如美食、植物、动物及日常用品。通过对这些司空见惯的事物细腻刻画，诠释了作者对生活的深刻理解和独特感受。昆明的雨明亮丰满，又使人动情；栀子花的香浓烈热情，又痛痛快快；长在屋顶的草，悬在空中的仙人掌，谷雨时正盛开的牡丹，连狗尾巴草都带着想象……

汪老的作品在娓娓道来的同时，又给我们一种心灵的享受，充满了诗意的美感，像古代文人墨客的名篇，却又没有文言文的晦涩难懂。淡雅、纯粹、温暖又深情。

当然，汪老最让我欲罢不能的还是他笔下的食物。北京的蚕豆、昆明的菌子、高邮的咸鸭蛋，没有一个能逃出汪老的笔触。从未见过如此认真的作家，写个葡萄，也要从两千年前的张骞写起，认真考证葡萄的来历。连种植也是谙熟于心，三月上架，五月掐须，八月着色。明明是劳动的经历，却把这葡萄的一生写得朴实又欢乐，让劳动都变得诗意盎然。当然顶顶绝的还要数“高烧四十度，只要一碗蛋花汤，晃晃悠悠进考场，居然考中了大学”……这大概是文学史上第一有分量的蛋花汤了吧！

这本书的后半部分叙述了大学的生活，回忆沈从文等师友，以及生活中的一些人和事。正如汪曾祺先生所言："世间普通的事物，平中显奇，淡中有味，既有浓郁的人文关怀，又弥漫着独特的气质！"读这部作品，能让我们在喧嚣又急躁的生活中，停下来，静下来。碧山、白云、暖阳、微风，还有桌上的《人间草木》，这便是独属春日的浪漫。

乱世读鲁迅，盛世汪曾祺。汪老能让人充分享受阅读的美好，翻开他的书，便是和温柔邂逅，也成就了精神的愉悦。

天空的蓝把梨花的白衬得格外纯净。春野浮绿，万物新生。人生似水流年，脉脉流淌，潺潺不语。春天又是读书天，让我们在阅读舒缓的韵律中，感受热情、向上与新生……

（发表于《民族时报》2024 年 4 月 16 日第 3 版）

缱绻在冬夜的那一缕书魂

五　星

一书一茶一盏灯，一风一雪一人生。冬天带着肃杀的寒意，携着北风的嘶吼从天而降，猝不及防。窗外天寒地冻，狂风咆哮，室内春光和煦，云淡风轻。在这样的冬夜，人们大多数都早早地钻进了热乎乎的被窝睡觉去了，而我却不想，因为我还有个浪漫的约会。

风雪交加夜，读书好时节。我最喜在冬夜里独处于书房，泡上一壶清茶，静坐于书桌前，从身侧的书架上信手抽出一本书，点亮一盏台灯。袅袅飘升的热气，弥漫满室的茶香，明媚闪耀的灯光，交织成婉转缠绵的一曲古筝。

是的，我来赴约了，寻那一缕令我心驰神往的书魂。我轻轻地抚摸着书面，感应着它的跳动与期待，翻开书页，它缱绻缭绕，来到了我的身边。高尔基曾说："每一本书都是一个用黑字印在白纸上的灵魂，只要我的眼睛、我的理智接触了它，它就活起来了。"

冬夜里你所品读的每一本书，都住着一个书魂，每个书魂都有着独一无二的特性，诗词里的书魂似古时才子，温润如玉；散文里的书魂似清新少女，清逸俊丽；小说里的书魂似文学巨匠，才华横溢……不一样的书魂带给我不一样的感受，让我开启了一场又一场各具特色的奇妙之旅。

朋友说我沉闷，不似年轻人的生活，整日窝在那一隅之地，翻那枯燥乏味的书，倒不如玩玩游戏、刷刷视频、搓搓麻将来得有趣。我神秘一笑，不语，闷？不存在。我与书魂为友，跨越时空，随陶公一起"采菊东篱下，悠然见南山"，同李白共观"飞流直下三千尺，疑是银河落九天”，与杨万里齐赏“接天莲叶无穷碧，映日荷花别样红”。我整日与书魂为伴，携手并肩，在毛泽东的壮词中，漫步橘子洲头，看万山红遍，感叹踌躇满志，奋发向前；在徐志摩的散文中，泛舟湖上，撑着油纸伞，品味江南水乡的山明水秀；在鲁迅的小说中，看遍了封建礼教的剥削，为时代与人民呐喊。我与书魂为亲，形影相依，于红楼看黛玉葬花，在“一朝春尽红颜老，花落人亡两不知”里哭红了双眼；在三国中观草船借箭，“只消三日，便可拜纳十万支箭”，瞬间折服于诸葛亮的足智多谋；不禁随水浒好汉惩恶扬善、匡扶正义，在林教头刺配沧州道，鲁智深大闹野猪林中，感受到那浓浓的兄弟之情……

冬夜是冷的，书魂是暖的。伏尔泰曾说：“文学就像炉中火，我们从别人那里借来火种，然后点亮自己，再去温暖他人。”冬夜读书，正如同怀中抱一暖炉，温暖了整个寒冬。

冬是暗的，书魂是亮的。蒋勋曾说：“文学是照进现实的一道光，弥合了世界与内心的缝隙，成就更加丰富的自己。”冬夜读书，如同夜色的一抹星光，点缀了整个夜空。

缱绻在冬夜里的那一缕书魂，伴我在书山策马，攀登知识的顶峰；在书海畅游，汲取文学的精髓；在书林漫步，享受人生的静谧。它在不知不觉中帮我认识了这个世界，悄悄地擦去我脸上的肤浅和无知，它让我懂得了什么叫人生。

“严冬无暇顾外物，唯有书籍伴左右。”

天冷了，冬夜的脚步近了，我的约会开始了，你的呢？

（发表于《广安日报》2023 年 12 月 15 日第 8 版）
（发表于《邳州新闻报》2023 年 12 月 18 日第 4 版）
（发表于《精神文明报》2023 年 12 月 22 日第 4 版）

钩钩小指，就这样相伴一生

简拾陆

“白石为凭，日月为证，我心照相许，今后天涯愿长相依，爱心永不移。”这是《魂断蓝桥》的歌词。饶平如老先生九十岁的时候，专门学了钢琴，只为了能常常弹奏这支曲子，用来缅怀爱妻美棠。

展开《平如美棠》这本书时，清晨的阳光正洒在它那红色的封面上，线装的侧缝，让书更有了年代感，而内页里除文字之外，还有一幅幅手绘画，如丰子恺的画风，满满地透着温情和爱。这些都是老先生画的——他与妻子美棠生活中的日常。

饶平如与妻子美棠，从相识相知到阴阳两隔，整整六十年的岁月。他们都出身世家，受父母之命，媒妁之言，却一见钟情。最初的生活很是富足，后来的二十二年两地分离，平如改造，美棠带着五个孩子，艰难度日；再后来平如平反的第十三年，美棠病重，透析了四年，平如寸步不离照顾她，直至离世。

爱妻离世后，平如开始用手绘将记忆里他与美棠六十年的故事画了出来。于是便有了这本《平如美棠——我们俩的故事》。他们一生中没有轰轰烈烈的故事，只有细碎平常的点滴小事；没有震撼人心的爱情，只有一餐一饭的温情。六十年的婚姻里，听不到爱，但是三餐四季里，却刻满了彼此深深的爱。

这让我不仅想起了《浮生六记》里的沈复和芸娘，粗茶淡饭的生活过得有滋有味。也许好的爱情都是相似的吧，你眼里有我，我眼里有你，而我们的眼里只有彼此。生活不易，但你在，就好。我总觉得婚姻里幸福的两个人，一定是眼中只有对方的。

“在遇到她以前我不怕死，不惧远行，也不曾忧虑悠长岁月，现在却从没如此真切地思虑起来。”原来，这就是心里装着爱人的“惧怕”，这惧怕都是甜的，都是执着的。

书的最后附着美棠当年写给平如的书信，信里都是生活的小事，“昨天烧蹄膀汤，孩子们讲从没吃过这么好吃的汤……”“这次做临时工又多了十四元钱，过了一个节，招待客人就差不多了……”

在老先生的画册里，有一句白居易的诗词：“相思始觉海非深。”原来海并不深，怀念一个人比海还要深。时光可以让一个人面目全非，也可以让另外一些人愈加清晰。

合上书的这一刻，我抬头看到了书桌前，我的爱人正专注地读着书，此刻阳光照在他的身上，一晃二十七年了。他和我的两鬓都有了白发，只是我们早已习惯了这样两个人在一起的时光。

我问他：“我们会有一个甲子的相守吗？”

他抬头看着我，笑着说：“一甲子？六十年怎么够呢？”

“那你和我拉钩。”我说，微带严肃。

老公笑得更深了：“不拉钩，也是一辈子。”也许，爱就是不管在一起多久，都是你在闹，他在笑，他懂你的莫名其妙。

“白石为凭，明月为证，我心早相许。”那就钩钩小手指，就这样相伴一生吧……

（发表于《荆州日报》2024 年 6 月 6 日第 7 版）

让人受益终身的健康读本

伍祉睿

众所周知，重症加强护理病房被喻为“离死亡最近的地方”，而薄世宁正是一位在这样一个特殊的地方工作了十八年的医生。每天，他都在重复一件工作——拼尽全力保住患者的性命。这十八年里，他目睹了众多患者的离去，听到了众多家属绝望至极的号啕大哭，以至于他一直在思考：生命究竟是什么？《薄世宁医学通识讲义》正是在此种背景下诞生的。

有一点使我感触最深，薄世宁在探讨自身对于医学的理解时，他认为医生必须给予患者保障的三个层面：活着，有尊严地活着，支持患者实现生命的意义。一层高于一层，最后是对生命价值的升华。探寻生命价值，是人类的终极议题，但是在此之前，必须保证“活着”。

薄世宁在书里强调，医生最基本、最首要的任务是保证病人“活着”。活着，是人类最基本的生存权利，人只有先活着，才有希望，才有更多的可能性。他还认为，在极端情况下，为了能使病人的生命延续下去，医生甚至可以有一些打破理性的、不符合常规的举动；也需要在各种不确定面前，突破障碍，有时甚至需要踏入“禁区”。

他还列举了他的一个真实病例：一位患有急性胆囊炎的四十五岁中年男性接受了手术，手术做得很成功，但是术后却出了问题——病人持续昏迷。薄世宁无论如何都找不出昏迷原因。两周后，病人情况恶化，这使他非常苦闷。后来，他了解到病人有喝酒的习惯，也许此种昏迷是酒精戒断的症状。这时，他萌生了一个大胆的念头——给病人喂一点儿酒。所有人都觉得他疯了，都认为他这么做是不符合常规的，但是他仍然坚持。后来，病人在他喂酒的当天便成功地苏醒了过来。这个例子，是大胆的、是突破常规的，但同时也饱含温度，带有人文主义色彩。它使我深受震撼，颠覆了我对于医学的认知。

然而，仅仅“活着”还不够，患者还希望能够“有尊严地活着”。薄世宁在书中列举了聋哑人、癌症患者等，他们皆因疾病而不得不挣扎，从而失去了尊严。甚至，有些慢性疾病虽不会危及生命，但同样会使病人深陷痛苦，于是有了听诊器、人造耳蜗以及众多先进医学设备诞生。医生希望借助先进技术手段，从物理层面上减缓患者病情，给予患者一定程度上的“尊严”。医学，便戴上科学的面具，帮助人更好地成为人。它的背后，彰显的是人文主义关怀，是无尽的“大爱”。“科学性”的背后，一定是“人文性”。

人类还有更高层次的“尊严”，这也是薄世宁所说的：医学的最高层次——支持患者实现生命的意义。这是精神层面的“尊严”。每个人对于生命的意义的定义是不一样的，医生的职责是帮助患者实现其生命的意义。书中，他还提到了一位癌症患者，在他反复强调过多次后果后，患者依然坚持把孩子生出来。身为医生，在需要确保她生命完整的情况下，实现她所认为的“生命的意义”。哪怕新生命是残缺的，哪怕治疗突破常规，但医学必须给予生命以希望。

通过阅读本书，我认识到对于医务工作者而言，“常规”与“打破常规”，“理性”与“感性”，“科学”与“人文”，都是为患者的生命服务的，医学的最终目的是要帮助更多人实现他们的“自我价值”以及“生命意义”。

（发表于《西安日报》2023 年 11 月 3 日第 7 版）

草木有趣，四季有爱

——《草木有趣》读后感

舒　悦

人间匆忙，总有人放慢脚步，与云同行，与风同乐，悉心体验大自然的美好。

作家殷若衿笔下的《草木有趣》，将她沉浸于大自然的回忆与体验悉数记录，与读者分享她感受到的“天人合一”的美好。

全书以二十四节气为主线，简略介绍每个节气及对应七十二候的特点，围绕节气相关的花信、饮食等内容形成散文，书中内容简洁有趣，手绘插图形象可爱。我将这本书常放在手边，想起某个节气时，便翻开查阅，如此好几年，竟也慢慢学会观察节气嬗递。

寻常的花，在作者笔下，顺着节气慢慢绽放，以时间的维度看花，四季有先后，花苞次第开。在“惊蛰”篇章，她是怎么描绘杏花的呢？

“早春二月，春雨染过江南的山野，杏花便如烟霞般次第开了。”开篇第一句，便让我置身于梦幻之境，这样的粉雾幻境，谁人不喜？接下来第二段，作者介绍了杏花的特点，重点描述了花的颜色如何变幻，从点点绛红的花苞，渐渐变成团簇枝头的粉白，直到快要凋谢时的雪白，作者尤其喜欢杏花将开未开之际的红粉相映。看过作者的描绘，我再看杏花，不禁感叹，这哪里是人间杏花，分明是仙境尤物。

作者的观察不只聚焦于花卉本身，她还注意到杏花开时，往往伴随着初春的雨，比如“沾衣欲湿杏花雨，吹面不寒杨柳风”，再比如“小楼一夜听春雨，深巷明朝卖杏花”等，杏花和雨，在诗人的眼里，是极美极美的风景呀。过不了几日，杏花渐落，作者笔锋一转，写杏花在风中飘飘落落的美态。

因我曾追逐过春天的杏花，所以对作者的描绘更加感同身受。前些年春日，择晴日，驱车上泾河河畔南塬，村头有棵李世民手植的古槐树。树上挂满了祈福红布，站在树下，远眺平原沃野，俯视泾河曲流，塬上塬下杏花绽放，如烟霞一团团弥漫。我好似站在云端的仙女，此刻不受人间干扰，在这里独享仙境花园。

对其他节气的花卉、植物，作者也是如此描绘，从生活场景细处着笔，将她眼中的“天人合一”的美好还原于字里行间，带读者共同感受自然变幻的每一份美好。

美景总是与美食相伴，作者走遍大江南北，选取遍布九州的吃食体验，附在相应的节气篇章里。有一篇写《春笋》，她写了宁波的雷笋和毛笋、杭州的“片儿川”、广西的腌酸笋。然而最精彩的当属古人，宋人林洪说：“夏初，林笋盛时，扫叶就竹边煨熟，其味甚鲜，名曰‘傍林鲜’。”读到此处，我不禁一笑，瞧，古人多有趣，用芳香的竹叶做燃料，当场将竹笋烤着吃，从原材料到燃料到烹饪，都是就地取材，岂不让人鲜掉眉毛？

作为北方人，我对笋吃得少，对竹子也见得少，这篇让我回忆起第一次进竹林的震撼。那是我第一次单独同母亲出游，在杭州钱塘江附近住宿，整个院子笼罩在竹林之中，满眼绿意，翠绿的竹叶探进窗户里，一室清新竹味。院后有小山，竹林成荫，整个竹林把夏日炎热隔绝在外，绿苔铺满地面。和母亲在饭店点了“片儿汤”，绿竹之下，品尝与北方不一样的面食。那碗面，味道清淡，现在想来，却是浓浓的思念。

翻开书页，目光随文字游走于异域风情，思绪却飞回内心的风景；随着故事的落幕，我的回忆也轻轻展开；阅读结束后，在季节更迭之际，我更加深刻地体会到自己与自然的和谐共存；细心探索绿意盎然的草木世界，沐浴在大自然慷慨赐予的四季变换之中，感受温润甜美的爱。

（发表于《联合日报》2024 年 6 月 24 日第 4 版）

唯愿你我，向阳而生

——读李娟《遥远的向日葵地》有感

李　珊

《遥远的向日葵地》是李娟的散文集之一，她用灵动幽默的文笔，奇妙大胆的想象，感性与理性的思想，以一个参与者和旁观者的双重视角，讲述了围绕妈妈和继父，在新疆阿尔泰的乌伦古河畔戈壁滩上种植两百亩葵花地所发生的故事，也在我的心中种下了一片向日葵地，播种下向阳而生的信念。

作者是一位感性的观察者。她真实地呈现了种地的艰辛，感叹着生活的不易。向日葵从种下到收获历经三个月的时间，他们则要忙着铺地膜、锄草、间苗、打杈，要施化肥、洒农药、浇地、雇蜜蜂、砍葵花盘等工序。这还是没有经历恶劣天气和虫害等情况下，可能一场冰雹就会毁灭一切，一个少雨的夏天就能毁掉万亩土地上的全部收入。她真切地感叹着，种地真的是在“靠天吃饭”，农人生存于侥幸之中。

但作者又用充满生命力的文字，塑造了坚韧乐观的娟妈，她在贫瘠的土地上四次种植向日葵，终于让向日葵来到了世界上，用行动诠释了“所谓希望，就是比放弃多一点希望。”她怀着一家人就要整整齐齐的朴素梦想，携带鸡、鸭、猫、狗所有的“家人”搬家，她用爱赋予了每一个动物以思想，性格迥异的赛虎、充满灵性的鸡、鸭、兔、狗，她给小鸡做衣服，给它们取名字，带着一家人去散步等，创造出趣味十足的生机图景，将颠沛艰苦的生活，过得闪亮有趣。作者告诉我生活虽然充满艰辛，但只要心中向阳、有爱，日子就会有趣有希望。

作者也是一位理性的思考者。向阳而生的前提是敬畏与感恩。她认真严肃地思考着人类与自然的关系，她感叹道：“大地雄浑的力量不是地震，而是万物生长啊！这片大地已经没有主人，所有耕种于此的人全是过客。”她思考着：“农人驾驶着沧海一帆，漂流在四季之中。农人埋首于天空和大地之间，专注于作物一丝一毫的成长。农人的劳动全面敞向世界，又被仅仅桎梏于一花一叶之间。”这也带给我感恩土地、敬畏自然的启示。

向日葵故事结束了，但向日葵外，作者的写作不止，向阳的心情不变，李娟说她作为写作者，书写就是自己的一种耕种方式，她依赖并且信任写作。

合上书后，我脑海中挥之不去的不仅是在那片遥远的向日葵地上、广袤无私的大地、坚韧乐观的母亲、性格各异的赛虎、丑丑、跟屁猫、鸡鸭等万物构成的充满生命力的鲜活图景，还有关于生活的思考。

我想，每一个在自己的领域上默默耕耘着的我们，心中都有一片向日葵，都会经历孤独的耕作、漫长的等待，只要我们拥有向阳的心情，每位耕耘者终会等来金黄的收获……

（发表于《兵团日报》2024 年 7 月 10 日第 8 版）

食如明镜照见人心

——读马伯庸《食南之徒》

李 珊

《食南之徒》是马伯庸2024年又一力作。该书延续了马伯庸以往的叙事风格，于历史碎片中大开脑洞，巧妙地将美食与文化相结合，让读者在品读精彩绝伦的美食故事的同时，可以更加了解美食背后的历史文化故事。

该书以一位懒散但睿智的大汉使者兼资深吃货唐蒙探索南越国丰富美食为主线展开，其初心是探索岭南丰富的美食，不料却被卷入南北对峙、族群斗争、权位争夺、国策兴废等复杂的旋涡中，他以一罐味道绝美的蜀枸酱为线索，凭借其对食物的细致品鉴、对诺言的苦苦坚守、对困难的无所畏惧，解密南越王离奇死亡案件，又以蜀枸酱为引，拓宽地理认知，为大汉找寻一条收复南越的曲折路线，拓宽了中原的边陲版图。

食如明镜，照见唐蒙的一颗善良之心。唐蒙本是一位对美食感兴趣的佛系番阳县丞，怀着对南越美食的无限好奇，阴差阳错地被选中与庄助前往南越国。因为一罐蜀枸酱，其与南越土人小女孩甘蔗误打误撞相识。了解到甘蔗母亲被卷入南越王死亡事件，因看到甘蔗仿佛看到了从前孤苦伶仃的自己。善良的唐蒙，看似要寻找枸酱，实则怀着要为甘蔗母亲洗清冤屈、找寻其父亲的承诺，一次次勇往直前，于食物的丝丝缕缕中寻求线索，解密离奇案件。

“镜子能映照出人的面目，食物能映照出人的心情。”两人如兄妹一般的感情，也通过香醇的嘉鱼、清香的壶枣睡菜粥、甘甜的裹蒸糕一次次升温。虽然甘蔗没能看到父亲，惨死于他人之手，但唐蒙用“以大局为重”的方式，通过绘制从长安通往夜郎国，再沿江到达番禺的地理图，助力大汉收复南越，完成了对甘蔗的承诺。你看，食物虽然不会说话，但能告诉对方内心的善良与诺言。

食如明镜，照见甘蔗一家的生离死别的绵延亲情。甘蔗一家是“转运策”颁布下受到影响的小人物。甘蔗母亲甘叶因被陷害为杀害赵佗的凶手，投江自尽，甘蔗继承着母亲的厨艺，做着熟悉的美食，好像母亲从未离开自己。甘蔗的父亲卓长生，因为“转运策”无法与甘叶母女相见，怀着对妻儿深深的思念，于夜郎山寨中，别出心裁地用娄叶和果精心制造出枸酱，然后千里迢迢跨越江河，几经波折，将一罐罐用爱熬制的枸酱转送到甘叶母女手中，维持母女生计。一罐小小的枸酱，凝聚着亲人不能相见的苦楚，浓缩了虽远隔千里爱却永存心间的浓郁亲情。

食如明镜，照见南越武王赵佗的思乡之切。南越武王赵佗不允许一同征战的秦人北去大汉归乡探亲，所以颁布了“转运策”，但他自己却因怀念故土，便在番禺城内建造一座与家乡真定一样的土炕屋舍，并将真定的枣树移植独舍中，每晚睡前都要喝一碗壶枣睡菜粥。这粥对其他人而言，平平无奇，对这位老人而言，却是仅存的慰藉，熟悉的味道使他仿佛回到了魂牵梦绕的家乡。“人会骗人，但食物不会。”一碗粥，照见了一位高高在上的老人晚年内心的孤独，与对故土的深深思念。

食物至真，照见人心。广袤的中国大地上生长着丰富的食材，勤劳的中华儿女用智慧与双手，创造出了风味各异的美食，哺育着万千儿女，连接着万千家庭，更凝聚着中华儿女浓厚的家国情怀。

（发表于《山西日报》2024 年 5 月 17 日第 11 版）

遇见光，追逐光，成为光

陈女女

在人生旅途中，我们会遇见很多人。也许是萍水相逢，擦肩而过；也许是顺路同行，相伴一程。即使人与人之间的相遇不能永恒，但有些人的出现，就像烟火一样绚烂，让我们的世界也变得明亮起来。而这一时刻的绽放，会让我们收获力量，鼓起勇气再往前走一走。如此，我们也能够活成一束光，照亮自己，也照亮别人。

何其有幸，我遇上了青年作家邹佩，从此，开始了我的人生新篇章，成为她写作队伍里的一员。《明天更好》是她的新作品，一部温暖的散文集。里面的每一个故事都让我共情与动容，她的文字温暖、明亮，有力量，温暖了我某些迷茫、焦虑的瞬间。

从办公室文员到青年作家、励志讲师，邹佩的职场之路告诉我们：没有一种成功可以一蹴而就。只要你认准了，那就去做，没有理由。你的未来是什么样，取决于现在的你怎么做；从夏天去健身房、冬天下雪学车以及非洲草原上的毛尖草中，我们明白：那些越过越好的人生，都是因为多熬了这几步；老妇人和棉花袄子的故事中，外婆对外孙女的爱如同宁静的湖水，清澈而深邃。这让我们懂得了：亲情是人类最基本、最纯粹的情感之一，它有着独特的气息，给予我们温暖和安心。

初读邹佩的文章有久别重逢之感。《明天更好》不单单有邹佩追逐梦想的脚印，更有一双善于发现美的眼睛，有对于生命的感悟，有给女孩子的人生忠告。我们内心想要的东西，不只是踮踮脚尖那么简单；所有的收获，一定要全力以赴、奋不顾身；努力是一种生活态度，所以，无论什么时候，能激励你，温暖你，感动你的是充满力量的自己；人生应该如蜡烛一样，从头顶燃到底，一直都是光明的；不指望谁，不羡慕谁，不小看谁，不嘲笑谁，不依赖谁，默默努力，活成自己喜欢的样子；即使身处逆境之中，也要永远保持乐观向上的态度，并一直充满热忱。

今天，她顽强、坚韧、自强不息、乐观、自信、有目标、有想法，她完成了很多人不敢想也不敢做的事情，完成了自己的梦想，成为那个更好、更特别的自己。

读完《明天更好》，我越来越觉得：杰出的人都是相似的，他们明亮但不晃眼，自信又懂收敛，让你仰慕的同时，又能给你持续不断的力量，却毫无优越感，也没有惴惴不安的得失心，只有沉静的自信以及壮阔的谦卑。

如果您也拥有一本邹佩的《明天更好》，细读它，品味它，慢慢地欣赏它，相信那些美好的文字，会为您平凡的日子增添一抹光亮和新绿。

你是平凡却又温暖的天使，此刻的遇见，是我一生的追逐。

（发表于《精神文明报》2024 年 1 月 26 日第 3 版）

心生欢喜　向光而生

——读《明天更好》有感

史金焕

前段时间，我收到作家邹佩的第二部作品《明天更好》，翻开扉页，是邹佩老师的亲笔签字："人也是牢牢扎根于土里，即使没有亮光，也会拼尽全力向上生长。"这句话顿时感动到我，我觉得它很适合我，也适合很多默默努力前行的人。

邹佩，青年女作家。代表作有《青春是一场没有终点的行走》《明天更好》等，《明天更好》是她的又一部治愈系散文集，收录了四十多篇纪实散文。这是一本打开就不想停下来的书，五天时间我看完了这本书。它真诚、质朴、温暖、有力，就像是妈妈柔软的大手，推开了我的心门；又若一道光，照亮了我心里阴霾的天空。看罢，我心潮澎湃，受益匪浅。

书中《你是胆小鬼吗？》不停地叩问我的心灵，触碰我的思想。书里的少女尹希娅是一个有目标和想法的女孩子，虽然出生在一个思想腐朽陈旧的家庭，但她有自己的梦想。在母亲的支持下，在她的努力坚持下，在胆识和才华的滋养下，最终勇敢地站在闪光的舞台上，向世人展示她的才华，实现歌唱的梦想。书里还写道：拥有梦想是每个人的权利，没有谁能够夺走它。一个人如果没有梦想，一切都将失去意义。

是啊，没有梦想的生活仿佛一潭死水，泛不起波澜，没有趣味与生机。这种平淡似水的生活，一眼就望到了尽头。漫漫人生，有梦想才有方向，有方向才有动力，有努力才有收获。我们无法延长生命的长度，但我们可以提高生活的质量，实现自己的人生价值。看着一页页的文字，那一刻，便觉得自己就是那个胆小鬼，喜欢写文字，却不敢尝试，不敢追梦，我真是连胆小鬼都不如!

喜欢看书、写文章，这个爱好从小学开始，延续到中学，又延伸到参加工作后的时日，我从来没有停止过。只是写给自己看，在一本本日记本里，在自己的社交媒体上，在自己的简书里，在自己的微信朋友圈里……有时亲人、朋友看了会喜欢、夸赞，他们也会提议让我投稿，可我都一笑了之。不是不想做，而是没有信心，觉得难登大雅之堂。有时跃跃欲试，又怕失败了，贻笑大方。就这样此去经年……

最近身体劳累过度，引起腰肌劳损，疼痛不堪，索性安心在家休养。闲来无事，阅读与写作成了生活常态，无意间看到邹老师公众号里的一篇文章《父亲的麦子》，便有幸结识了邹老师，也重新开启了我的写作之旅。

从此，我把自己当成一个小学生，准备了笔记本，跟着老师的深度讲解，每天按时上课：早读课、年度课。认真听课，仔细做笔记，课后复习，学习写作方法。平时多输入，勤练笔，认真完成作业。

越学习越觉得自己需要学习的东西太多，越学习越觉得自己又收获颇多，领悟颇多。在以后的学习时光里，我更需要沉淀，需要积累，需要打磨，需要成长。只要我时刻要求自己，只要我足够努力，我相信我会越来越好。不要轻易放弃，成功或许就在前面不远处。

路，都是一步步摸索出来的，这个过程是蜕变的开始，也是成功的铺垫。如果现在看不到结果，也不用计较，只管向着那个方向去努力，其他交给时间。你若盛开，清风自来。

正如《明天更好》书里所写：我愿和你一样，翠绿欲滴，心生欢喜，向光而生，相信明天会更好……

（发表于《盐城晚报》2024 年 8 月 9 日第 5 版）

（发表于《学习强国——盐城学习平台》2024 年 8 月 9 日）

温柔又有力量

——读邹佩《明天更好》有感

李 琳

“人也是牢牢扎根在土里，即使没有亮光，也会拼尽全力向上生长。”这是《明天更好》插图的配文。这句话让我想到了自己的处境，与病魔抗争，几乎看不到希望。曾几何时，我也是一个洒脱淡然的人，经历过低谷和转折，以为自己足够坚强。当病魔来临时，意志受到了前所未有的打击。转院、治疗几乎把我的意志摧残没了，当我快要撑不下去的时候，我遇见了邹佩。她鼓励我写作，拾起曾经的梦想，这也分散了我的注意力。认识她，了解她，最后希望成为她，她的文字温柔又有力量，让我一步一步走出了阴霾。如果你目前也正经历着困顿或迷惘，不妨也来读一读邹佩的《明天更好》。

邹佩是既年轻又有阅历的作家。说她年轻是因为她的年龄，28岁开始出版散文集，《明天更好》是她的第二部作品，从书名里我们便可以知道，这是一位想活出自我的姑娘。读完全书，更加肯定这是能把自己的生活过得热气腾腾的姑娘。说她有阅历是因为她的童年、成长，以及工作后过于曲折和纠结，充满了不寻常的经历。现实中的邹佩落落大方、为人和善。邹佩写的文，笔触细腻、娓娓道来，文如其人，大概说的就是她吧！

《明天更好》是一部治愈系散文集。邹佩对自己要求非常严格，对文字绝不将就，对小细节反复推敲，对小问题抓住不放。这也让她笔下的故事，给人一种身临其境的感觉，不管你是什么年龄段，有着怎样的阅历，你总能在她的故事中找到自己的影子。

邹佩写游记，让你看完后迫不及待地想去，我想这大概就是文字的魅力。不管是有异域民族风情的七彩丹霞，还是远方的戈壁滩，那画面总让人渴望。尤其是她笔下的丽江，看似平铺直叙，但她却能写出丽江的慵懒闲适。对于一个曾经去过丽江的人来说，我想这文字让人无法拒绝。曾经和邹佩、亚东闲聊，她表示退休后有定居丽江的打算，我们笑着说："那就整个小院，三五朋友在一起喝茶聊天。"丽江是一个让你想去很多次的城市，我曾在邹佩笔下的丽江游玩，那段时间，比平时的生活节奏都慢了半拍，洗涤心灵，放下凡俗的纷扰，只想静静地听风声，赏美景。文字可真疗养，既能净化放松下来的身心，又能给人无限的希望和力量。

邹佩写感情。写自己的母亲，从细微处感动着我。这一刻，邹佩只是女儿，母亲也是平凡的母亲，和我们一样平凡的母亲，疼爱着自己的孩子。那颗炽热的心，那种真挚的追寻，让我感受到了年轻和青春的力量。她写孩子，写阿婆，写默默劳作的平凡人。她写亲情，也写他们的爱情，爱情里的女孩子总是漂亮美丽又富含着幸福的……一个一个温暖的故事在她的笔下流淌，就像清晨的山泉水一样涓涓细流，仿佛她的灵感取之不尽，用之不竭。

邹佩写朋友。写她的朋友在北京这座城市，用自己的温暖去温暖着需要温暖的人们。"善良的人终究善良，善良的人最可爱也最好命。"写陌生人送她回家，她愿意相信善良。写城市的白领，最后活成了自己，无论多难，都要永葆一尘不染的心灵。"我们应该为自己而活，珍惜自己的身体和生命，生命自然不会辜负我们。"写外爷患癌去世，重新思考生命的意义。"如果事事都求一个结果，那么就失去最初的意义了。"她写的访谈稿满满都是对生活的热爱。邹佩曾说："女人二十岁之前的容貌是天生的，二十岁之后就是自己塑造的"。读书确实会影响一个人的气质和姿态，这大抵就是"腹有诗书气自华”吧!

邹佩是个真诚而纯粹的人，看明白很多事儿，我想人之所以活得纯粹，应该就是看透了一切。邹佩知道自己要什么，有着什么样的梦想，为什么而活。活得通透且自在，精神富足又有趣。她说，因为责任，因为爱，因为担当，她才一直在写作的路上。人生是一场修行，可以有很多的选择，就看你怎么做。

其实，我们都想找到那个有趣又可爱的人，哪怕在不同的时空也能同频共振。就像邹佩说的那样：“只要你方向对了，用力打好根基，终有一天你必将繁花盛开。”一生短暂，及时行乐。去看一本书，去做一件事，去见一个人，于千万人之中，遇见她和他，这便是生命的意义……

（发表于《四川民族教育报》2023 年 12 月 8 日第 4 版）

·附录·

学贵遇良师，亦贵得挚友

肖 波

幸识邹佩老师，得益于一次由文字缔结的美丽机缘。

儿时起，我就对文字充满了无限的好奇与向往。字符们灵动无比，总能在数不清的排列组合间释放魔力，表达出丰富的情感与故事，最终汇聚成一幅幅瑰丽的画卷，轻易触动我内心最柔软的部分，引领我进入一个又一个奇妙的世界。随着年岁的增长和阅历的累积，我越发察觉到，读书是对世界万物、对他人思想的探索；而写作，则是一个人内心深处对表达自我、对洞悉世界无尽渴望的回应。于是，急切而又莽撞的我踏上了写作之路，希望用文字编织出动人的篇章，让更多的人感受文字的魅力，感受到那份笔锋勾画出的温柔与力量。

然而，当我内心深处那些迫不及待想要一涌而出的思绪与情感，不分先后地喷吐出来之后，却表现得像是丛生的杂草，杂乱无章。笔下的文字看起来支离破碎，那些我曾自以为新颖的灵感和妙句，在一篇篇文章中也堆砌得像是百衲衣上斑驳的色块，毫无美感可言，更无逻辑章法。这样糟糕的作品与我的美好构想简直南辕北辙，也深深打击了我的自信。

梦想与现实的交锋，不断刷新着我的挫败感，一度让我想要掷笔放弃。恰在此时，一次偶然的机会让我得识了邹佩老师，她敬业负责，严谨而又亲切，内心强大且温暖，与她的每一次交流都像是沐浴着初夏时节的明媚阳光，总能感受到生机勃勃的活力。

于是，我加入了邹佩老师的写作课和深读经典课，从基础的写作知识到高级的文学创作，再到报刊类文章的写作技巧等，一步步进行系统而全面的学习。大到立意构思、谋篇布局，小到句子结构、字词点缀，甚至标点符号的使用，邹佩老师无不悉心指导，让我愈加自信而坚定，每一步都走得扎实有力。

在这里，我学会了如何选用合适的文体风格、如何构建严谨的文章结构、如何运用生动的修辞手法，再精心雕琢每一个句子，让它们如音符般和谐悦耳。

在这里，我学会了如何用心去感受生活、如何深入挖掘内在情感、如何发现细节并转化为写作素材，让写作言之有物，不仅仅是文字的铺陈，更是思想的碰撞与升华。

在这里，我学会了如何从多个角度审视问题、如何进行头脑风暴、如何开展批判性思考，并尝试去精准表达那些复杂而微妙的情感和观点，以更加全面和深入的方式诠释、表达世界。

在这里，我还遇到了来自各地各行各业同样热爱写作的伙伴们，大家每天都隔空相聚在微信群中，聆听着邹佩老师对名家著作的拆解精读，对文学内容开展热烈讨论，相互鼓励和支持，而他们的不同背景、经历、思考方式及巨大的能量，也为我提供了丰富的创作素材和灵感来源，更为我的精神世界注入了无穷尽的强大力量。

学贵遇良师，亦贵得挚友。加入邹佩老师的写作课，是我写作生涯中的一个重要转折点，让旧时的文学梦想终于照进了现实，我也终于可以用文字去拥抱痛苦、庆祝快乐，去反思过去、憧憬未来，去倾听自己、感动他人。对写作的热爱与追求，如同初升的太阳，温暖而明亮，引领着我不断前行。我相信：只要坚持不懈地努力下去，我，我们就一定能够在写作之路上走得更远、更稳。

纵然逆境长，仍将诗意藏

陈梦瑞

“生活不是等待风暴过去，而是学会在雨中跳舞。”回顾一年来的学习经历，我惊讶地发现很多一年前想都不敢想的荣誉竟然有一天也是可以属于我的，我再也不需要默默羡慕着别人了。

一年前，我认为自己在写作这个领域算不上是“天赋型选手”——既非汉语言文学科班出身，也没有在报刊上发表过“豆腐块儿”，甚至连一副扛得住业余写作的好身板我也没有。每天在四四方方的办公室里，忍受着身体上的疼痛，写着怎么也写不完的公文，处理着怎么也做不完的公务。“我的一生就该这样过吗？”我揉了揉积劳成疾的颈椎，忍不住问自己，“别人写的文章真好呀，我啥时候才能写出自己的文章呢？”就在我苦苦思索想找到答案的时候，办公室里的电话铃声打断了我的思索，瞬间把我拉回现实。“继续干活吧，还能咋办呢！”我叹一口气。而邹佩老师，就是在我最困闷纠结的时候走进了我的生命，给我带来了希望的曙光。

2023 年 11 月 30 日，我终于鼓足勇气和邹佩老师取得了联系，我第一次向陌生人敞开心扉：“佩佩老师，我再也不想这么浑浑噩噩过日子了，我想通过写作向大家证明我可以是更好的！”邹佩老师温柔地说：“只要努力，就一定会成功的，我会一直在你的背后。加油！”老师这句话让我本已干涸的心灵有了一丝触动，我很用力地对着手机点点头，我知道，从这一分钟开始，我就要开始成为全新的我了。

最初，我将散文写作视为一项任务，一种必须完成的作业。那时的我，面对空白的页面，常常感到无从下手，思绪如同被束缚的鸟儿，难以展翅飞翔。我开始积极参加群内的美文早读和写作课程，课外阅读各种写作“速成”指南，试图寻找写作的“公式”，却发现写作远比任何公式都要复杂和深邃。随着学习的深入和阅读量的增加，我开始意识到，好的写作不仅仅是技巧的堆砌，更是情感与思想的自然流露。我开始尝试放下那些条条框框，更多地去观察生活，去感受周围的人和事。我学会了倾听，不仅是听别人的话语，更是听内心的声音。我开始记录生活中的点滴，无论是快乐的瞬间，还是忧伤的片段，都成为我写作的源泉。渐渐地，散文写作的过程逐渐变成了一种自我发现的旅程。我开始探索自己的内心世界，试图理解自己的情感和想法。我发现，写作可以帮助我更好地认识自己，理解自己的需求和愿望。在这个过程中，我也学会了如何表达自己，如何将内心的声音转化为文字。

在邹佩老师的指导下，我意识到散文的情感并非仅仅局限于风和日丽、顺境无忧之时的悠然自得，它更深刻地体现在逆境的洗礼下，我们仍能保持一颗坚韧不拔而又乐观向上的心，用敏锐的双眼捕捉那些细微而动人的美好。无论是树梢间温柔的月色，还是屋檐角闪烁的星辰。即便人生的旅途布满荆棘与挑战，我们也应学会在重重困难与挑战中寻觅并创造属于自己的诗意，让心灵在每一次跌倒与爬起之间，绽放出更加绚烂的光彩。我将路上偶遇流浪小野猫的故事写成了我的第一篇散文《冬天的猫》，在老师的帮助下这篇文章很快就发表在《山西晚报》上。记得文章发表的那天，我看着手机上的信息笑着笑着就哭了。我被平凡忙碌的生活困住太久，早已看不到生活中的任何希望。而这篇文章的发表，让我又燃起了新的斗志：纵生如逆旅，也当以坚强铸基，以乐观作梁，不断发现生活中的诗意，让写作之路开满鲜花。

然而，写作的道路并非一帆风顺。我也会遇到瓶颈，也会对自己的文字感到不满意。每当这时，邹佩老师就会鼓励我：写作是一场漫长的旅行，需要耐心和毅力。我学会了接受批评，将它视为成长的机会。我开始不断地修改和打磨我的作品，努力使它们更加完善。随着一篇篇文章顺利发表，鲜花与掌声也如约而至：2024 年 7 月我加入了山东散文学会与邹城市作协，数十篇文章登上了《人民日报》客户端、大众网、《山西晚报》《山东工人报》《教育导报》等各大报刊，我本人还被纳入《山东省当代作家名录》。同时，我还将散文写作与单位宣传工作相结合，《从“惊蛰三候”探寻第一书记“成长之道”》《品夏荷三气，打造干部队伍守正创新“红芙蕖”》等多篇宣传稿件获得单位领导和同志们的高度赞扬，接稿、约稿、演讲、授课更是接踵而来。

星霜荏苒，居诸不息。当我回望过去，我发现自己已经走了很远。写作不再是我生活中的负累，而是我表达自己、探索世界的方式。作家博尔赫斯有言：“生活是苦难的，我又划着我的断桨出发了。”是写作教会了我用“没什么能将我打倒”的乐观心态在逆境中寻找力量，在挑战中发现机遇。当老师问我这一年来学习写作有没有什么心得体会，我思忖许久，最后敲下十个字——纵然逆境长，仍将诗意藏。

繁花落尽，终成硕果

孙 伟

2024年的阳春三月，于我，一定是一个值得铭记的日子。在这个孕育着无限生机的季节里，我有幸加入了邹佩老师的写作课。成为邹佩老师的学生，是我最幸运、最正确，也最明智的一个选择。

我出生于20世纪70年代，少年时期的我，因为阿姨是老师，学校里订购的刊物我可以先拿到。所以我废寝忘食地徜徉在文学的海洋里。大量的阅读丰富了我的词汇，开阔了我的眼界，增强了我的想象力，奠定了我日后立志用笔书写人生的决心。

师范毕业后参加工作，也陆续在好几家报纸和杂志发表作品。但后来随着工作的变动、恋爱、结婚生子，写作一度被“束之高阁”，到后来，“用笔书写人生”的梦想竟成为一件想起来就叹息不已的憾事。

五十岁，女儿毕业工作，我终于松了一口气，决定要过一过自己想要的生活。但时隔多年未动笔，下笔竟成了一件令我颇为踌躇的事。写什么？怎么写？有没有人看？能否发表？互联网时代，环境巨变，我早已经找不到写作的方向。经过考虑，我最终决定寻找一位优秀的，在写作行业中可以引导我的良师。

在一位朋友的引荐下，我有幸遇到了邹佩老师，并在邹佩老师的身上，我发现了几个令我“没想到”的地方。

第一个“没想到”，是邹佩老师这么年轻，没想到知识这么渊博。我自认为读过不少书，但比起老师，简直是九牛一毛。她学识渊博，如同浩瀚的海洋，广博而深邃，令人惊叹不已。涉猎知识的广度和深度决定了她的思想高度，跟她对话，才让我们知道，思想高度才是决定一个人作品高度的关键所在。

第二个“没想到”，是老师的授课方式。写作教学真的是一种“润物无声”的艺术，在老师众多授课方式中，每天的晨读，聚焦名著，深入分析名著名篇的写作视角和方法，有助于我们更深入地理解作品内容，把握作者的写作意图和语言表达方式。同时，通过分析这些名人作品，能帮助我们学习名篇中的语言表达技巧，丰富我们的语言积累，提升语言表达的准确性和生动性。如今，越来越多的学员在晨读中获益匪浅，再把邹老师十几年来独特的写法方法和经验结合起来，大家纷纷收获了丰硕的果实，喜报频传。说明这项教学方法是有实践意义和实在价值的，也是实打实的。

第三个“没想到”，是邹佩老师的认真负责，善良美好，极致利他。作为众多学员中的普通一员，我每完成一篇习作，邹佩老师都会逐字逐句反复斟酌，不断提出意见，一改再改，直到满意为止。有时，深夜一点，她还在伏案工作，将作品修改意见发到我们手里。这种不厌其烦诲人不倦的教学态度，实在令人发自内心地敬佩与敬仰。

桃李不言，下自成蹊。

老师博大无私的精神吸引了众多小伙伴加入我们的大家庭。我们群里出现了很多“上稿王”，每天捷报频传，好消息不断，甚至还有一些优秀学员因为文章的发表、获奖、出书等，被政府部门及大型单位等邀请做文字工作、演讲、授课等，真正通过文字改变了命运。我作为其中一员，也是如此，看到自己作品屡屡登上省市级大报的头条，样报样刊稿费不时飞来，心里真是说不出的欣喜与感动。欣喜的是自己在五十岁时终于实现了“用笔书写人生”的梦想，感动的是邹佩老师的辛勤教导才有了现在自信满满的我……

繁花落尽，终成硕果。愿我的小伙伴们，在老师带领下，都把梦想开成繁花，结一树沉甸甸的更有分量的硕果。最后，我还想对邹佩老师说一句：佩佩老师，说心里的，遇见你是我五十岁最大的幸事……

独具魅力，卓越引领

徐　静

“书籍如璀璨星辰，照亮我们前行的道路。”在浩瀚如银河的书籍世界里，我无比幸运地邂逅了邹佩老师，邂逅了这本如明亮北极星般的佳作——《写作范例指南——邹佩写作课百篇报刊文精选》。

这本书的降临，恰似一座智慧的导航灯塔，引领我踏入一个全新的知识宝藏之地。而在这奇妙的旅程中，邹佩老师的引导作用犹如神奇的魔法棒，点石成金。正是因为偶然结识了邹佩老师，我才得以撞开这个魅力无穷的世界，为我的人生开启了一道璀璨如阳光的大门。和邹佩老师学习的这一年里，我也从一个新手到了文章频频发表的“上稿王”，邹佩老师独特的、专业的教学技能，坚韧的、向上的精神状态及热忱饱满的力量，给了我无尽的支持与帮助，才让我在写作与生活中更游刃有余，文章过稿不断。一年时间，我的文章在各大主流报纸杂志上发表超两百篇；在老师的引荐下，我仅用半年时间，就加入了陕西散文学会等组织，也收到了多家文学刊物的约稿邀请、合作邀请等。我的文章更是有幸入选了《写作范例指南——邹佩写作课百篇报刊文精选》这部范本里。

《写作范例指南——邹佩写作课百篇报刊文精选》这本书中汇聚了众多优秀作者在邹佩老师写作课上诞生的上稿佳作。这些文章如同五彩斑斓的宝石，涵盖多个领域，从亲情的温暖到人生的感悟，从美食的诱惑到社会的思考，每一个主题都深深触动着我的心灵。在阅读过程中，我不仅惊叹于大家斐然的文采、深厚的底蕴和流畅的文笔，更感受到了大家在邹佩老师引领下对生活的热爱、对梦想的追逐和对人生的深刻感悟。

邹佩老师的写作课仿佛一个温暖的港湾，这里有众多为梦而战的小伙伴。他们以书做伴，如勇敢的航海家以罗盘为指引，以笔为马，似无畏的骑士挥舞着利剑，追着迎着最热烈的年华。每当我陷入茫然、失去写作灵感之时，我就会细细翻看这本《写作范例指南——邹佩写作课百篇报刊文精选》。因为它是邹佩老师智慧的结晶，也是她引导我们走向写作成功之路的有力见证。它就像黑夜里的一盏明灯，总能为我指出新的写作方向，帮我找寻到内心最真挚的情感，恰似迷路的孩子找到了归家的路。

在邹佩老师的影响下，我明白了成功没有捷径，只有脚踏实地，一步一个脚印地前行。我也终于明白，鲁迅先生弃医从文的决心。想要治好一个人，单靠药物是不够的，要先拯救一个人的灵魂。老师就是治愈我灵魂的那个人。从那天起，我把多余的时间用来读书，写笔记，码字，除了上班，做家务，接送孩子上下学外，我完全把自己封闭在一个自我的状态下，从原来觉得时间多余，到最后的时间不够用，我才真正体会到了，越优秀的人越看重时间，时间越不够用。书中的作者们更是在邹佩老师的指导下，从生活的点滴中挖掘素材，将信念落到实践，追光而遇，沐光而行。我也将以他们为榜样，努力提升自己的写作水平，用文字记录生活的美好。

邹佩老师的写作课独具魅力，特点鲜明：

一、卓越引领

邹佩老师宛如一位睿智的领航灯塔，以其深厚的文学底蕴和丰富的写作经验，为学员们照亮前行的写作之路。她就像一把神奇的钥匙，开启了通往文学殿堂的大门，引领学员们迅速找到属于自己的写作方向，明确奋斗目标，在文学的海洋中扬帆起航。

二、激发潜能

她好似一位拥有神奇魔法的精灵，能够巧妙地激发学员们潜藏的写作潜能。精心设置的课程内容与独特的教学方法，如同魔法棒轻轻一挥，让学员们挖掘出内心深处的情感宝藏与思想瑰宝，将其转化为灵动的文字。即便是那些对写作信心不足的学员，在她的鼓舞下，也能勇敢地提起笔杆，绽放出属于自己的光彩。

三、丰富多元

写作课恰似一个琳琅满目的知识宝库。涵盖亲情类、抒情类、美食类、生活随笔、其他类、评论类等多个领域，几乎囊括了报刊文的所有热点话题。学员们可以在不同的主题领域中尽情探索，拓宽写作视野，积累丰富多样的写作素材，如同在广袤的知识草原上尽情驰骋。

四、强调实践

邹佩老师大力倡导脚踏实地，将信念付诸实践。她激励学员们在社会生活的不同角色中，争分夺秒地挤出时间，不畏艰辛，披星戴月地为梦想而拼搏奋斗。通过持续不断地学习、深入思考和勤奋创作，学员们在实践的磨砺中逐步提升写作水平，就像在烈火中锻造的钢铁，愈发坚韧。

五、启迪思路

邹佩老师的写作课犹如一把智慧的钥匙，为学员们打开写作思路的神秘大门。书中优秀学员的上稿佳作展示出别具一格的写作视角，如同璀璨的星星照亮学员们的创作之路，帮助学员们突破创作瓶颈。让学员们深刻认识到世间万物皆具灵性，皆可在纸上绽放绚丽之花，一花一木皆蕴含深情，一点一滴皆充满爱意。

六、营造积极氛围

邹佩写作课仿佛一个温馨的大家庭，这里汇聚了众多怀揣梦想的小伙伴。大家以书为友，以笔为马，追逐着最热烈的青春年华。在这种积极向上的氛围中，学员们相互激励、相互学习、共同成长，如同沐浴在温暖的阳光中，茁壮成长。

邹佩老师就像一位神奇的魔法师，用她的智慧和爱心，将我们这些热爱写作的人聚集在一起，引领我们在写作的道路上不断前行。她如同明亮的灯塔，为我们照亮前行的方向；又似温暖的春风，吹拂着我们梦想的种子，让它在文学的沃土里生根发芽。我相信：在邹佩老师的引导下，我们一定能够创造出属于自己的精彩人生，实现一个个更大、更远的梦想。

拓宽视野，深掘文思，共赴写作盛宴

宋亚东

在这个信息爆炸的时代，写作作为一种表达思想、传递情感的方式，其重要性日益凸显。前些年，一次偶然的机会让我有幸接触到邹佩老师的写作课程，这不仅让我对写作有了全新的认识，更在实践中收获了宝贵的经验与深刻的感悟。感恩遇见……

一、理论与实践并重，构建扎实基础

邹佩老师的写作课，首先让我深刻体会到了理论与实践相结合的重要性。课程初期，老师从写作的基本要素讲起，包括选题、立意、结构、语言等，这些理论知识如同基石，为后续的写作实践打下了坚实的基础。同时，老师并没有停留在理论层面，首先通过每日晨课讲述大量名家的经典作品并进行详细解读，而后通过无论是自由选题或是规定主题写作实践，让我在实践中不断摸索、试错、成长。这种教学方式，让我深刻理解了“纸上得来终觉浅，绝知此事要躬行”的道理。

二、启发思维，拓宽视野

在邹佩老师的课堂上，我感受到了前所未有的思维碰撞与启发。老师不仅传授知识，更注重引导我们独立思考、勇于创新。她鼓励我们关注社会热点、阅读经典作品、思考人生哲理，从而拓宽我们的视野，丰富我们的内心世界，正所谓“写作的灵感来源于生活而高于生活”。通过老师的引导，我学会了从多个角度审视问题，用批判性的思维去分析事物，这样的思维方式让我在写作中能够更加深入地挖掘主题，使文章更具深度和广度。同时，我也学会了如何在文章中融入自己的见解与思考，使作品不仅仅是文字的堆砌，而是思想的火花与碰撞。

三、注重情感投入，追求文字之美

邹佩老师一直强调，写作不仅仅是文字的堆砌，更是情感的流露与传递。她鼓励我们在写作中投入真挚的情感，用文字去触动读者的心灵。在她的指导下，我逐渐学会了如何在文章中融入自己的情感与体验，使文章更加生动、感人。同时，老师也注重培养我们对文字美的追求，她告诉我们，好的文章应该像一首诗、一幅画，让读者在阅读的过程中感受到美的享受。这种对文字之美的追求，让我在写作中更加注重语言的锤炼与修辞的运用，力求每一句话都能精准地传达出我的思想与情感。

四、持之以恒，不断精进

学习写作是一个漫长而艰辛的过程，但邹佩老师一直鼓励我们要有持之以恒的精神。她告诉我们，写作能力的提升不是一蹴而就的，需要长期的积累与努力。在她的激励下，我坚持每天写作、阅读、思考，不断挑战自己的极限。虽然过程中会遇到挫折与困难，但每一次的坚持都让我离目标更近一步。我深刻体会到，写作不仅仅是一种技能，更是一种生活的态度与追求。它教会了我如何在平凡的生活中发现不平凡的意义，如何用文字去记录、去感悟、去传递。

五、深度与灵魂的对话

在邹佩老师的课程中，我逐渐意识到，写作的最高境界是与自己内心深处的对话。每一次提笔，都是一次自我探索与反思的旅程。我开始尝试在文章中探讨人性的复杂、生命的意义等深层次的话题，这些思考不仅让我的文章更加有深度，也让我对自己、对生活有了更深的理解和认识。通过写作，我学会了倾听内心的声音，学会了与自己和解，更学会了如何以更加宽容和理解的眼光去看待这个世界。

现如今，我已在各级报纸杂志发表文章很多篇，获得多个文学奖项，并出版了自己的长篇小说，同时也加入了陕西省作家协会等，这一系列的成果离不开邹佩老师的悉心指导及全力托举，她的课程不仅让我在技巧上得到了提升，更重要的是让我学会了如何用心去写作、用情感去感染读者、用思考去丰富文章的内涵。这些宝贵的经验与感悟将伴随我在未来的写作道路上继续前行，让我在写作的世界里不断探索、不断成长。感恩遇见，感恩邹佩老师……

Postscript

后 记

写作是这个时代必备的核心技能

写作和沟通是这个时代人人需要必备的核心技能，是个人能力绝好的放大器。拥有写作能力，就相当于在学习、生活和职场中，给自己安了一个超级喇叭，让其发挥出无限价值和力量。

我便是这样产物的受益者。过去十几年来，不管是我在国企、央媒，还是后来自己创业，开办邹佩国文教育公司及做文化系列产品，即便我常工作到丑时，我也从未放弃过读书写作。也正是每天的不断学习新知识，汲取新能量，在新的世界里探索，我才实现了命运齿轮的转动。从清贫到富有，从自卑到自信，从束缚到自由，从孤独一人到遇见数千名来自不同省市，及多个国家同样热爱写作的你们，更从原先我孑然一人的独乐乐到带着更多拥有梦想的同频人，一起把热爱变成事业，实现文章频频发表、获奖、出书，用文字长线创造精神、经济双自由的众乐乐。

曾经的小心翼翼，笨拙缓慢地生长，到如今的独立、自信、丰盈、自由。看到越来越多同频人加入邹佩写作课，我倍感责任重大，也更为坚定了自己将“传递文学火焰”的这条路走好的决心。始终专注读与写。这里的读，不是泛泛而读，而是深读经典、深读自己，深读世界；这里的写，不是泛泛而写，而是书写情感与智慧，书写责任与担当，书写号召主张与一脉传承……

这两年，经济下行，很多行业幅度下滑较大，但大环境越是困难，我们就越要重视基本功！把基本功打扎实，做一个活泼的、眼里有光、脑里有智慧、笔下有力量的新时代文人。这不管在哪里，不管是什么时候，都是极为吃香和受欢迎的。

举个例子：在我们众多学员中，有这样一位当代“史铁生”，他出生时便被诊为“脑瘫”。小时候吃尽了苦头，马蹄足导致走路姿势怪异，嘴角总是挂着口水，没有人愿意跟他玩，常受到嘲弄。但好强的他一直没有放弃努力，不断读书学习，他希望能找到一份工作自食其力。一次，一个同事轻蔑地对他说：“你就是免税工具而已，否则我们公司也不会要你！”他受到沉重打击，内心暗暗发誓，“对于像我这种身体不便的人，老天发给我的本来就是一手烂牌，写作或许是我能抓到的最好的那一张。我一定要用自己的才华赢得尊重和认可！我要像尼采所声称的那样——‘热爱自己的命运’。所有的救赎，都不如自救！”

于是，他重拾自己的写作爱好，走上了文学创作的道路。自2023年4月加入邹佩写作课以来，他认真学习、不断思索创新，反复复盘总结，常举一反三。文章不管是结构，还是情感抒发、思想立意上，都飞速提升。文章频频发表、获奖；各种知识付费、商业合作接踵而来；2023年年底，身残志坚但文采斐然的他被当地政府部门器重，后被人才引进，成绩卓著，备受重用。如今，他依然在文学领域不断耕耘。

在邹佩写作课里，类似这样的学员数不胜数，很多坚守梦想并努力向上的学员，都靠写作提升了自身的核心价值，文章深受各大报纸杂志及单位喜欢，也通过文字实现了更富足的生活。他们身上的追梦故事，也在悄然打动和感染着更多人。这便是知识的传递，光的传递，火种的传递。星星之火，可以燎原！

“把纸上阅读与地上行走相结合”“与作家一起深读古今经典”“产学研协同融合”是邹佩写作课最大的特色，也是邹佩写作课对自身国文事业和多元化发展的理念宗旨。把多年的宝贵经验，所学所思的核心技能，及提升阅读写作的有效方法全盘托出，用来托举更多热爱写作的同行者，这更是我们一直在做的事。同时，邹佩写作课和一些文化单位、影视单位、国企等展开多维度合作，为优秀学员提供更多“文字产业”的长虹效应，让“会读”“会写”成为思想和商业的入口。

事实证明，只要用对方法，始终保持对“读”“写”的敬畏和探求，不息，向上走，以滚烫的心力去书写，去创新，将自我价值深度挖掘、放大，便会爆发式增长。无论这个世界如何变化，写作都能应对。

邹佩写作课学员涵盖了不同国家，不同省市，不同年龄的学员，虽职业各异，但他们都有着一个共同特点——对写作的热爱。为更好传递文学的火焰，让学员已发表过的优秀文章启迪润泽更多想写作、正在写作的思想灵魂，《写作范例指南——邹佩写作课百篇报刊文精选》便诞生了。我们深知：这是众多学员的呼唤，也是这个时代的呼唤。在这本书里，我们收录了来自全国各地部分学员一百五十余篇报刊文作品，涵盖写人记事、写景抒情、历史文化、文学评论等，有表现人间冷暖的儿女情长，有洞察人性真善美的有感而发，有剖析名篇大作的真知灼见。所录作品，已然在《解放军报》《中国文化报》《中国民族报》《中国儿童报》《中国劳动保障报》《中国政府采购报》《中国电视报》《工人日报》《农民日报》《农业科技报》《中国语文报》等国家及省市级报刊公开发表过，文字严谨优美，情感真诚，直抵人心，不啻为赏析佳作，也是众多文学爱好者、文字记录者及初高中生学习写作的范本。

时代在变，文字演绎的方式在变，我们的写作背景和情感表达也在变。但唯一不变的，依然是我们内心对文学，对写作的那颗炽热虔诚的心。从这个层面上来讲，《写作范例指南——邹佩写作课百篇报刊文精选》便是对自我表达、自我价值最好的诠释。在邹佩写作课，在该范本里，“会读”“会写”便是整本书诞生的重要意义。

邹　佩

2024 年 10 月 16 日